"一带一路"倡议下创新创业大学生跨文化能力培养研究

李　辉　王莉芳　车向前　李倩瑗　宣建林/著

科学出版社

北京

内 容 简 介

在持续推进"一带一路"倡议并追求共建"一带一路"高质量发展，以及深化高等学校创新创业教育改革的背景下，研究培养具有全球视野、跨文化能力的创新创业人才是本书的焦点。基于理论指导和实际调研，厘清创新创业大学生跨文化能力的内涵和结构，分析国内外研究现状，探索创新创业大学生的跨文化能力培养模式和保障措施是本书的主要特色。

本书将主要受众定位为开展创新创业或跨文化相关研究的人士，同时对从事高等教育管理研究与实践的工作人员也大有裨益，可为其在教育教学改革和人才培养等方面提供参考。

图书在版编目（CIP）数据

"一带一路"倡议下创新创业大学生跨文化能力培养研究 / 李辉等著. —北京：科学出版社，2025.5

ISBN 978-7-03-076063-0

Ⅰ．①一… Ⅱ．①李… Ⅲ．①大学生–文化交流–研究–中国 Ⅳ．①G648.9

中国版本图书馆 CIP 数据核字（2023）第 140047 号

责任编辑：王丹妮 / 责任校对：王晓茜
责任印制：张 伟 / 封面设计：有道设计

科 学 出 版 社 出版
北京东黄城根北街 16 号
邮政编码：100717
http://www.sciencep.com

北京富资园科技发展有限公司印刷
科学出版社发行 各地新华书店经销

*

2025 年 5 月第 一 版 开本：720 × 1000 1/16
2025 年 5 月第一次印刷 印张：17 1/2
字数：350 000

定价：186.00 元
（如有印装质量问题，我社负责调换）

序

　　"一带一路"建设作为承载时代使命的世纪工程，掀开了世界发展进程的新一页，这是构建人类命运共同体的伟大实践[①]。"一带一路"倡议旨在推进共建"一带一路"国家团结、合作和共赢，实现文明和经济的交流与互鉴，催生一大批涉及各行各业的建设和项目，并需要各国人民的共同参与。当前，"一带一路"的建设和发展，缺乏的是具有国际视野、国际工作背景的复合型人才，培养和造就服务"一带一路"倡议的人才是时代赋予我国高等教育的使命。

　　国务院办公厅出台《关于深化高等学校创新创业教育改革的实施意见》，推动形成了全社会关心支持创新创业教育的良好生态环境。2018年，全国教育大会进一步提出要"着重培养创新型、复合型、应用型人才"[②]。

　　培养满足"一带一路"倡议和创新创业教育要求的复合型人才，不仅需要具备国际人才所具备的专业素质、语言、国际视野，还需要具备与不同文化背景的专业人士进行有效沟通并建立良好关系的跨文化能力；不仅需要具备"全球能力"人才应有的知识、理解力、技能、态度和价值观，还需要具备一定的创新创业专业技能。由此可知，随着越来越多的中国创新创业项目登上更大的世界舞台，具备深刻理解和批判性地审视自身及其他文化的能力——跨文化能力，在创新创业的人才培养过程中显得尤为重要。基于此，本书依托国家社会科学基金"'一带一路'倡议下创新创业大学生跨文化能力培养研究"课题，敏锐地抓住"一带一路"和"创新创业"两个维度的人才培养问题并对此进行了系统深入的研究，着力探索如何建设新型国际化创新创业人才培养模式，对培养具有全球化视野、批判性思维、创新创业意识、跨文化沟通能力与家国天下情怀的当代大学生，具有重大理论意义和实践价值。

　　第一，本书对创新创业教育与创新创业大学生、跨文化能力、创新创业跨文化能力等概念进行了界定，并首次提出了创新创业跨文化能力新概念。在"一带一路"倡议的背景下，本书通过对创新创业与跨文化进行深入辩证的分析，指出了依托语言类专业或课程对创新创业大学生实施"跨文化"能力培养所发挥的作用及其存在的不足之处，进而，提出了以"创新创业跨文化能力"为培养目标的观点。

[①]《习近平主席提出"一带一路"倡议5周年：构建人类命运共同体的伟大实践》，https://www.gov.cn/xinwen/2018-10/05/content_5327979.htm。

[②]《习近平出席全国教育大会并发表重要讲话》，https://www.gov.cn/xinwen/2018-09/10/content_5320835.htm。

第二，本书认为跨文化能力应该是所有创新创业人才必备的重要能力之一。本书坚持辩证唯物主义和历史唯物主义的世界观和方法论，通过资料分析和调查研究，对创新创业和跨文化能力间的关系进行了研究，基于跨文化交际能力（intercultural communicative competence，ICC）模型，对创新创业大学生跨文化能力的内涵与结构进行了解析。

第三，面向"一带一路"培养创新创业大学生的跨文化能力，目前，国内外的研究主要集中在外语教育领域，缺少"一带一路"倡议理念、社会学、创新创业教育学和跨文化能力理论相结合的跨学科视角。本书通过文献和实证研究，系统梳理与总结了国内外高校和国际组织对创新创业大学生跨文化能力培养的背景、主要实践和保障机制，结合发展趋势，分析了创新创业大学生跨文化能力培养的特点。

第四，共建"一带一路"国家的经济发展水平参差不齐，创新创业教育起步较晚，与其他国家相比，发展较不成熟。基于此，本书通过介绍 6 个国际组织及 6 所国际知名高等院校开展跨文化创新创业教育的实践经验，由个别到一般，探寻全球创新创业大学生跨文化能力培养特征，为我国和共建"一带一路"国家后续开展创新创业教育提供有益借鉴。

第五，为了更好地了解"一带一路"倡议下创新创业大学生跨文化能力要素及其培养相关情况，进一步为研究高校创新创业大学生跨文化能力培养路径提供依据，本书设计了"'一带一路'背景下创新创业大学生跨文化能力调查问卷"，主要对创新创业大学生跨文化能力的培养现状和影响因素进行分析，问卷涉及华中师范大学、中国计量大学等十余所不同地区的高校；同时，在前期问卷调查的基础上，本书选取了我国 11 所不同层次的创新创业典型经验高校的教师和学生以及 3 家相关企业的工作人员作为访谈对象，基于扎根理论，构建出了创新创业大学生跨文化能力要素模型。

第六，创新创业大学生跨文化能力培养模式，是在遵循创新创业教育和跨文化理念下设计的有关人才培养过程的运作模型与组织模式。书中围绕多元培养主体以"一带一路"特定需求的人才为培养目标，研究构建了"三合一多"的创新创业大学生跨文化能力培养模式。在培养模式框架下，研究并实践了如何通过课程体系重构、师资队伍建设，以及实践教学体系优化等人才培养的核心环节来保障对创新创业大学生跨文化能力的培养。

第七，本书具体地论述了创新创业大学生跨文化能力培养的保障措施，包括组织保障、资源保障、文化保障和措施完善四个方面。一是高校、政府、企业等育人主体，在培养理念、教学方法和校企协同育人等方面的组织创新思想和行为；二是以课程、实践和产学研深度融合为核心的教学资源保障；三是以制度文化、精神文化、物质文化和行为文化为内涵的文化育人要素在创新创业大学生跨文化能力培养中的协同创新机制；四是创新创业大学生跨文化能力培养措施的再完善。

第八，本书以清华大学和加利福尼亚大学伯克利分校创新创业大学生跨文化教育系统为例，从教育理念、系统实践、系统运行机制等方面，分析案例高校的创新创业跨文化教育系统框架。清华大学构筑了从科研到实践平台相衔接的创新创业教育系统，教育系统进行着资源和信息的流动，在政策的驱动和自身系统需求的双向驱动下，处于不断完善和革新过程中。加利福尼亚大学伯克利分校创新创业教育系统的构成要素主要包含了核心的课程体系、创新创业教育中心、孵化器、加速器、风险投资等，以及规范有序的校园资源包，要素间相互关联，实现资源的输送和系统的运作。

最后，在结论部分归纳总结全书，再次明确了如下主要观点，一是创新创业的实践特质与 ICC 模型的要点高度契合。二是各国在培养创新创业大学生的跨文化能力方面有相同的发展趋势，表现在重视高等教育在地国际化，提升全体学生的国际化水平；将跨文化理念融入课程教育全过程；重视现代远程教育，实现在线互动合作；深度融合跨文化和双创教育，培养国际化双创人才。三是创新创业大学生跨文化提升策略需主要集中在五个方面：营造跨文化氛围，提供跨文化交流空间；鼓励学生参加国际性创新创业活动；多渠道促进学生获得国际性创新创业知识；优化师资队伍结构；组建不同背景的创新创业跨文化团队。四是提出了"三合一多"的创新创业大学生跨文化能力培养模式，"三合"指静动结合的沉浸式课程教学模式、时空融合的开放式教学模式、知行耦合的学训一体教学模式；"一多"是指师生多维互动，其内涵是从以教师为主导到以学生为中心、从课堂讲授到项目化管理、从传统模拟到实战演练，以及主体间师生关系的建立。五是对创新创业大学生跨文化能力的培养，提出需要探索构建企业、高校与大学生都能受益的，校企深度融合、互相促进、良性互动发展的创新创业支撑体系。

李辉同志和课题组成员有较深厚的理论功底和丰富的实践经验，研究团队在教育和管理理论的指导下，选择恰当的分析框架，针对问题进行了深入的理论分析，提出了非常有价值的学术观点和实践理路。本书虽以创新创业和跨文化研究为主，但涉及教育教学改革和人才培养的方方面面，可供高等教育研究和实践工作者、教育行政部门工作的同志参考，特此推荐。

黄妙信

目　　录

第一章　绪　　论

第一节　问题的提出及研究框架

一、问题的提出

随着全球化的深入发展，创新创业人才除须具有一定的创新创业专业技能、关注经济需求外，还须具有"全球能力"人才应具备的知识、理解力、技能、态度和价值观。因此，具备对自身和其他文化能够深入理解和批判的跨文化能力，在创新创业的人才培养中显得尤为重要。"一带一路"倡议作为一种超越国家和意识形态的"全球观"，是中国政府顺应人类社会相互联系、相互依存程度空前加深的历史潮流，着眼于世界和平发展、合作共赢大局，提交的一份思考人类未来的中国方略。随着世界文化交流的不断加深，文化之间的借鉴、模仿、挪用、移植、杂糅、整合与相互渗透已成为人们日常生活的有机组成部分。在此语境中，文化边界渐渐淡化，彼此分享的经验、观念和行为模式与日俱增，人类生存的处境越来越具有多元性和跨文化性，由文化差异所产生的矛盾与冲突也比以往更突出。如何超越自我，建构跨文化认同，进而展开有意义的"一带一路"跨文化认同已经成为一个迫切的现实问题。

在此意义上，作为在全球化进程中构建人类命运共同体的"一带一路"倡议，其跨文化传播具有"休戚相关性"的文化意涵：不仅仅是一个符号，一种品牌，一种传播象征系统，更是一种基于与人们日常生活密切相关的文化认同问题，关乎共建"一带一路"国家人民对人类命运共同体的理解以及自身主体性身份的认同。"一带一路"倡议将超越文化之间的藩篱，弥合本土与他者的矛盾，凝聚价值共识，让人类命运共同体理念不仅在中国人民内部获得最大化共识，更推动其在世界范围内落地生根、深入人心，打通语言障碍、挖掘文化记忆、扩大教育交流，不断增加国际理解和广泛认同。"一带一路"跨文化认同的矛盾除语言障碍外，还源自文化冲突、利益偏差、政治误解等多种因素。从跨文化视野看，"一带一路"倡议进入不同文化类型的国家后会产生不同的复杂反应，总体上可以归为三类：有文化冲突性的区域面临的边界跨越；有文化交叉性的区域实现的社会认同；有文化相融性的区域则会很容易实现价值共识。边界跨越、社会认同是"一带一路"的跨文化认同的必经状态，因文化敏感性的客观存在而遭遇文化边界的阻隔，跨越文化边界是进入文化适应阶段的必要前提，这种理念在社会文化互动中实现社会认同进而产生文化认同，并最终在一种新的社会文化背景中形成价值共识。共建"一带一路"国家，不论在历史传统和语言文字方面，还是在社会制度和宗教信仰方面，都存在巨大差异，而跨文化能力作为"能使不同文化群体的人在相互交往中，在尽可能多地保留自己文化身份的同时，又最大限度地接近于理解对方的能力"（张春海和戎丽宁，2020），是国际化人才培养中亟待加强的能力。

当前，推进共建"一带一路"高质量发展，需要经贸合作的"硬"支撑和文化交流的"软"实力共同推动，这就需要一大批具有开阔的国际视野、具备跨文化能力，能够处理复杂问题、解决实际问题的跨文化型创新创业人才，特别是能引领世界科技发展的创新型人才。共建"一带一路"国家间存在巨大的人文社会差异，跨文化型创新创业人才能在更大范围、更高水平、更深层次上推进互联互通，把握新一轮科技革命和产业变革机遇，为共建"一带一路"国家创造更多需求，培育合作新增长点，塑造新结合点，实现产业发展需求和人才、技术精准对接，推动要素驱动转向创新驱动，为高质量发展注入强大动力。具体来说，跨文化型创新创业人才需要具备以下维度的素质：一是知识维度，在已有的知识基础上持续积累与创新创业相关的专业知识、风险投资知识，以及共建"一带一路"国家的相关法律法规等；二是技能维度，具备在共建"一带一路"国家的社会文化中探索合作机会的能力，以及经营管理的能力；三是态度维度，认同在共建"一带一路"国家进行创新创业的价值，具有在这些国家创新创业的意志；四是意识维度，能够批判性地了解、认识和适应我国与共建"一带一路"国家创新创业文化的共性和差异，开放和包容地面对创新创业过程中的问题和挑战。这四个维度是相互联系、相互促进的动态发展过程。

今天的世界是各国共同组成的命运共同体。战胜人类发展面临的各种挑战，需要各国人民同舟共济、携手努力。教育更须顺应社会需求，通过更加密切的互动交流，深化知识和文化认知，强化对世界各民族现实奋斗与未来规划的体悟，促进各国学生增进相互了解、树立世界眼光、激发创新灵感，确立为人类和平与发展贡献智慧和力量的远大志向。高校是科技第一生产力、人才第一资源和创新第一动力的重要结合点。在"一带一路"建设过程中，如何更好地发挥高等教育对推动共建"一带一路"高质量发展的智力支撑作用，同时促进高等教育的高质量发展，是一项重大时代课题。高校作为人才培养的主阵地，如何在更大范围、更高水平、更深层次上推进优质教育和创新资源的联动共享，培养跨文化型创新创业人才，实现"以创促就"目标，是推进高等教育改革发展的重要突破点，更是响应党和国家"加快建设创新型国家"重要战略部署和构建"一带一路"教育共同体的重要抓手。大学生跨文化能力培养是推动全球经济社会发展和实现我国宏伟战略的必然需求。实践教学是培养大学生创新创业意识、强化创新创业行为、成就创新创业能力的重要教育途径。"一带一路"倡议带来的创新创业机遇为实践教学提供了良好的国际合作机遇。实践教学与"一带一路"倡议的有效融合有助于创新创业教育目标的实现。本书认为，构建基于创新创业跨文化能力培养的实践教学新模式，既是创新创业教育和高等教育国际化的研究重点，也是提升大学生创新创业跨文化能力的现实意义所在。高校应充分发挥自身的教育职能和时代担当，在大学生培养和"一带一路"倡议需求之间架起一座桥梁。

二、研究框架

本书将分析"一带一路"倡议下创新创业大学生跨文化能力培养的现实性、时代性、针对性和迫切性，依据"为谁培养人—培养什么样的人—怎样培养人—如何保障人的培养"的思路，以创新创业大学生为研究对象，从培养目标、培养模式和保障机制等方面探索构建创新创业大学生跨文化能力培养体系，在已有研究的基础上，从知识、技能、态度和意识四个维度，重点研究"一带一路"倡议下创新创业大学生跨文化能力结构和形成机制。

（一）"一带一路"倡议下创新创业大学生跨文化能力的结构解析

本书拟通过文献研究法分析在"一带一路"倡议下，我国对创新创业大学生跨文化能力培养的新的具体要求，分析跨文化能力和创新创业的关系，梳理、归纳、总结创新创业跨文化能力的具体内涵，研究跨文化能力在意识、态度、知识、技能等不同维度的组成要素和内在关系。

（二）创新创业大学生跨文化能力的形成机制

本书基于大规模的调查数据，以实际需求为导向，从教育客体的视角分析创新创业大学生跨文化能力形成的主要影响因素与系统结构因素，探索不同教学内容、教学模式对跨文化能力形成的影响效果差异，揭示创新创业大学生跨文化能力的个人认知形成路径机制、辅助技能形成路径机制及核心技能形成路径机制。

本书共分为九章内容。第一章为绪论部分，主要关注研究问题的提出、研究综述等背景介绍。第二章为"一带一路"倡议下创新创业大学生跨文化能力培养的理论建构部分，主要分析了理论基础以及跨文化能力与创新创业的关联及内涵。第三章、第四章主要研究国外创新创业大学生跨文化能力培养比较研究及典型案例，以期为我国"一带一路"倡议下创新创业大学生跨文化能力培养提供有益的经验借鉴。第五章对"一带一路"倡议提出后我国创新创业大学生跨文化能力培养现状进行调查研究。第六章探寻"一带一路"倡议下创新创业大学生跨文化能力培养模式与实施路径。第七章提出"一带一路"倡议下创新创业大学生跨文化能力培养保障措施，包括组织保障、资源保障、文化保障与措施完善等部分。第八章对"一带一路"倡议下创新创业大学生跨文化能力培养的实例进行分析研究与总结。第九章在全书的基础上，得出了"一带一路"倡议背景下创新创业大学生跨文化能力培养提升的相关结论。

三、研究价值

（一）学术价值

1. 探索创新创业跨文化能力的概念及内涵

本书对跨文化能力的概念进行探索梳理，结合"一带一路"倡议下创新创业能力培养实践过程，对 Byram（拜拉姆）的跨文化能力理论进行继承和发展，探索提出创新创业跨文化能力的概念，并对其内涵进行研究。

2. 丰富跨文化和创新创业教育理论内涵

本书在实践教学理论中融入跨文化能力培养内涵，对发展"一带一路"倡议下的创新创业教育、跨文化能力培养的实践教学体系构建具有重要价值；对国内跨文化能力理论和创新创业教育理论是有益的补充和扩展，为"一带一路"倡议下的创新创业跨文化能力培养实践提供了理论指导。

（二）应用价值

（1）支持"一带一路"倡议下高校跨文化能力培养实践课程和实践资源的合理、科学设计。本书面向"一带一路"倡议下的跨文化人才培养需求，对创新创业跨文化能力培养实践教学中的具体实践要素、相互关系、权重比例、实践方法、教学组织运行机制、可操作性等核心要素进行系统性研究，力图实现高校对实践课程和其他实践资源的科学设计，对于高校实现国际化教育具有重要的现实意义。

（2）全面掌握"一带一路"倡议下我国高校创新创业大学生的跨文化课程、师资、实践的建设现状和问题，为创新创业大学生跨文化能力培养课程体系、师资建设、实践模式提供参考。构建符合我国高校发展需求的"一带一路"创新创业大学生跨文化能力培养课程体系新模式，加快"一带一路"倡议下高校创新创业大学生跨文化能力培养课程体系研究。

（3）形成跨文化能力培养的实践教学组织运行机制。本书从机制构建的多角度出发，全面剖析大学生跨文化能力培养的教学组织运行机制的内在资源构成，对在"一带一路"倡议推进下，实现"全球能力"人才培养目标中的多元文化协同育人机制具有重大的战略价值。

第二节　创新创业大学生跨文化能力培养研究综述

一、国内外创新创业教育发展现状

（一）国外创新创业教育现状

创新创业教育肇始于欧美发达国家，目前世界创新创业教育最为活跃的地区也处在发达国家。世界主要发达国家纷纷推出各自的创新发展战略，构成新一轮增长竞赛。例如，美国颁布的《美国竞争力计划》《美国创新战略：确保我们的经济增长与繁荣》《先进制造业国家战略》，欧洲的《欧洲 2020 战略》《地平线 2020》，德国颁布的《德国 2020 高技术战略》，英国推出的《以增长为目标的创新与研究战略》，日本推出的《创新 25 战略》等，频率之快、密集程度之高前所未有，可视为全球第四次创新创业浪潮的到来（张茉楠，2016）。创业教育首次提出是在联合国教育、科学及文化组织（United Nations Educational，Scientific and Cultural Organization，联合国教科文组织）发表的《21 世纪的高等教育：展望与行动世界宣言》，其认为创业教育是第三本教育护照，从广义上来说是培养具有开创精神的个人；狭义的创业教育是指为创办企业所需要的创业意识、创业精神、创业知识、创业能力及其相应实践活动的教育（Busenitz et al.，2003）。高校的创业教育是指"设定创业遗传代码"，主要以培养学生的创业思维方式、创造力、抽象思维能力、机会识别能力以及商机转化能力为主（Kuratko，2005）。美国作为创业教育发展和研究一直位于前列的国家，对创业教育的内涵理解可以分为"功利性"和"素质性"两个阶段，美国早期对创业教育的内涵界定带有一定的功利色彩，Hills（1988）认为创业教育最重要的是提高对创办企业的认识。随着创业教育在美国的不断发展，美国学者对创业教育的内涵认识也不断变化，并开始向"素质性"特性转变，如 Pokrajčić（2004）认为创业教育不是以学习创业知识最后开办公司为目标，而是需要在经营中培养一种创业意识以及强化其创业活动的内在动力。作为创业教育领先高校的斯坦福大学，对创业课程的内涵也有其特色原则，Eesley 和 Miller（2012）对斯坦福大学的课程理念进行研究，发现创业课程体系的构建需要把握文理结合、教学与研究结合，并且还受发达国家创新创业教育的影响；一些国际组织也对创新创业教育给予了高度关注。例如，1989 年联合国教科文组织召开的"面向 21 世纪教育国际研讨会"提出了继文化知识证书、职业技能证书之后的"第三本教育护照——创业教育"的概念。1995 年《联合国教科文组织关于高等教育的变革与发展的政策性文件》，指出在"学位不等于工作"的时代，社会对高校毕业生的要求不仅是现有职位的求职者，更应该是新的工作岗位的创造者①。1998 年 10 月联合国教科文组织在巴黎召开的世界高等教育会议大会上发表的《21 世纪的高等教育：展望和行动世界宣言》中明确指出，为方便毕业生就业，高等教育更应关心培养创业的技能和精神②。1999 年 4 月第二届国际技术与职业教育大会进一步强调，面向 21 世纪的挑战，培养创业能力应成为改革教育与培训的一项重要内容，这种能力无论对工资就业者还是自主就业者都很重要，应通过普通教育和职业教育来培养③。

（二）国内创新创业教育现状

国内创新创业教育兴起于改革开放初期，在科技及经济发展需求的驱动下，创新创业研究在国内日渐兴起。2002 年 4 月教育部将清华大学、中国人民大学、北京航空航天大学、武汉大学、上海交通大学、西安交通大学、黑龙江大学、南京财经大学、西北工业大学等 9 所院校确定为开展创新创业教育的试点院校。

2010 年教育部发文《教育部关于大力推进高等学校创新创业教育和大学生自主创业工作的意见》，提出："大学生是最具创新、创业潜力的群体之一。在高等学校开展创新创业教育，积极鼓励高校学生自主创业，是教育系统深入学习实践科学发展观，服务于创新型国家建设的重大战略举措；是深化高等教育教学改革，培养学生创新精神和实践能力的重要途径；是落实以创业带动就业，促进高校毕业生充分就业的重要措施。"④自此伊始，创新创业教育课程初步形成，围绕创新创业教育，我国普遍开设有理论、实务、实践三方面的课程。例如，华东师范大学开设了创业教育课；哈尔滨工程大学开设了创业理论、创业实务和创业实践课；北京航空航天大学教育培训学院（前身为创业管理培训学院）开设了创业管理课程、创业企业设立及研发等课程；西南科技大学开设了创新教育与实践、创新设计选修课、创造性思维及训练选修课。同时，不少学校建立了创新创业方面的实践教学机构，一般称为研究生创新创业中心、研究生创新中心或研究生创新实验中心，如重庆理工大学、大连理工大学、重庆大学、国防科技大学、河海大学、

---

① 《联合国教科文组织关于高等教育的变革与发展的政策性文件》，https://www.pkulaw.com/eagn/9b08cdf66b44cfb42dc826fb4bc4013ebdfb.html。

② 联合国教科文组织 1998 年世界高等教育大会宣言，https://jwc.bua.edu.cn/info/1172/1078.htm。

③ 联合国教科文组织——第二届国际技术与职业教育大会，http://www.ipa.org.cn/Show.aspx?Id=144。

④ 《教育部关于大力推进高等学校创新创业教育和大学生自主创业工作的意见》，http://www.moe.gov.cn/srcsite/A08/s5672/201005/t20100513_120174.html。

东北林业大学、湖南大学、西北农林科技大学、西北工业大学、东南大学、山东大学、吉林大学、南京理工大学、浙江大学等。

2015 年 5 月，为进一步提高学生的创业意识，增强学生的创业实践能力，教育部强调学校要健全创新创业教育课程体系，强化创新创业实践①。

通过对中国知网数据库的检索，截至 2022 年以"创新创业教育"为主题检索到论文 30 821 篇（包含报纸和图书类目），其中硕博论文 331 篇，会议论文 897 篇，期刊论文 25 753 篇，此外，以"创新创业教育课程"为主题检索到论文 4036 篇（包含报纸和图书类目），其中硕博论文 43 篇，会议论文 54 篇，期刊论文 3199 篇。由此可见，有关高校创新创业教育在微观层面的研究在国内早已有之，并且有一定的研究成果。现阶段，我国高校创业教育已进入分层、多元发展的新阶段。

总体而言，相比于国外创新创业的发展，我国的创新创业教育虽起步较晚，但已经从初期被动适应世界高等教育发展趋势向规范化政策不断完善、回应社会需求的创新创业教育发展。同时科学、有效地组织管理体系和社会支持体系，为推动高校创新创业教育的健康、有效发展提供保障。目前，许多国际组织对创新创业教育给予了高度关注，并大力支持。然而国内的社会保障体系还不健全，因此，亟须建立高校与社会组织、政府机构及企业之间的紧密联系。不论是国外还是国内，高校都是大学生创新创业实践的第一阵地，许多示范性高校营造了良好的创新创业校园环境，开设了各类创新创业课程，并创立了许多实践机构，极大地培养了大学生创新创业的能力。

二、我国大学生创新创业能力培养进展与现状

（一）大学生创新创业的政策支撑

教育部制定的《面向 21 世纪教育振兴行动计划》提出，要"加强对教师和学生的创业教育，鼓励他们自主创办高新技术企业"②。清华大学在 1998 年举办了第一届"清华大学创业计划大赛"，后来各个高校也进行了推广。共青团中央、中国科学技术协会、中华全国学生联合会在 1999 年联合举办了全国第一届"挑战杯"中国大学生创业计划竞赛，标志着创新创业教育的理念全面进入我国高校。在 2000 年的全国高校技术创新大会上，教育部规定大学生（包含硕士研究生、博士研究生在内）可以保留学籍创办高新技术企业，极大地推动了大学生的创业激

①《国务院办公厅关于深化高等学校创新创业教育改革的实施意见》，http://www.gov.cn/zhengce/content/2015-05/13/content_9740.htm。
②《国务院转批教育部〈面向 21 世纪教育振兴行动计划〉的通知》，http://jyt.hunan.gov.cn/jyt/sjyt/xxgk/zcfg/flfg/201702/t20170214_3989965.html。

情和梦想。2002 年 4 月，教育部将清华大学、中国人民大学、北京航空航天大学、武汉大学、上海交通大学、西安交通大学、黑龙江大学、南京财经大学、西北工业大学 9 所高校确定为创业教育试点院校，标志着我国大学生创新创业教育的正式启动。此后，政府各项政策不断出台，支持和鼓励高校开展创新创业教育和大学生创新创业活动。2015 年，我国创业基础就业创业指导方面的必修课和选修课纳入学分管理，创新创业教育开始在我国高校百花齐放。2019 年，《教育部高等教育司 2019 年工作要点》提出持续深化高校创新创业教育改革，大力开展创新创业创造实践活动，打造"创新中国"，同时提出深入推进高校创新创业教育改革，全力打造创新创业教育升级版，完善创新创业教育质量评价体系[①]。《教育部办公厅关于做好深化创新创业教育改革示范高校 2019 年度建设工作的通知》则表示建设创新创业教育优质在线开放课程、建设"专创融合"特色示范课程等[②]。由此可见，我国政府对创新创业教育非常重视，做出了详细部署，提出了具体要求，支持力度较大且创建了创新创业教育试点单位，逐步开始在总结经验的基础上，推广创新创业教育，以达到深化高等教育改革的目标。

（二）大学生创新创业高校平台建设

浙江大学是国内最早开展创新管理以及把创业教育纳入学校教育体系的高校之一。1999 年，浙江大学在国内率先创办创新与创业管理强化班（Intensive Training Program of Innovation and Entrepreneurship，ITP）。经过二十余年的探索，该班培养了上千名具有较强创新能力、创业精神的高层次复合型人才，诞生了 200 多位创业者。在《浙江大学 2018 届毕业生就业质量报告》中，浙江大学共有 54 名大学毕业生选择自主创业。2018 年"浙大系"企业有 12 家上市。截至 2022 年，浙江大学开设了一百余门创新创业课程，创新创业主题还渗透到越来越多的专业教育课程中。中南大学作为首个教育部高等学校创业教育指导委员会秘书处设立高校，同时也是我国首家大学生创业教育与培训示范基地和我国高校首家"模拟公司创业实训项目"试点单位，通过实施"创新创业 + 专业教育计划"，在大学生课程中共设置 2 个课程必修学分、2 个创新创业实践和系列文化素质选修学分，建设创新创业教育专门课程群，立项支持建设创业基础类、大学科类和素质拓展类创新创业课程 60 门（项）。中南大学还通过建设实践平台系统、项目训练系统、比赛训练系统等，将专业实践能力与创新创业能力相结合。2018 年，山东大学新

---

① 《教育部高等教育司关于印发〈教育部高等教育司 2019 年工作要点〉的通知》，http://www.moe.gov.cn/s78/A08/tongzhi/201904/t20190425_379670.html。

② 《教育部办公厅关于做好深化创新创业教育改革示范高校 2019 年度建设工作的通知》，http://www.moe.gov.cn/srcsite/A08/s5672/201904/t20190408_377040.html。

增"信息时代的创新与创业""新媒体创意思维"等15门创新创业课程,新增创新创业指导教师70人,使双创(创新创业)指导教师总数达到239人,共开设创新创业教育课程66门次,参与学生5278人次。山东大学还建设创新创业教育课程群,修订人才培养方案,打造出"稷下创新讲堂""齐鲁创业讲堂"等品牌课堂。

教育部已先后认定两批共计200所创新创业教育深化改革示范高校。2019年3月公布的《教育部办公厅关于做好深化创新创业教育改革示范高校2019年度建设工作的通知》要求,各示范校要结合本校学科专业优势和特色,充分利用现代信息技术,整合创新创业优质教育资源,积极推动高水平教师领衔打造创新创业线上"金课"。每所示范校2019年度要重点立项建设1~2门创新创业教育优质在线开放课程,并于2019年8月底前完成上线。上海财经大学高度重视一流本科人才培养,将创新创业教育融入财经专业教育,着力建设教育、研究、实践和孵化四大创新创业平台,探索基于财经院校"服务+"特色的创新创业人才培养模式。四川大学以课堂教学改革为突破口建立了独具特色的创新创业教育课程体系。北京交通大学围绕创新创业教育确立了建设一支专业化师资队伍、打造一支服务的咨询队伍、编写了一系列高质量的创新创业教材的"三个一工程"目标(李江等,2017)。

同时各高校纷纷创立了大学科技园。大学科技园是近些年兴起的创新创业扶持平台,主要功能是依托高等学校的人才、学科和教育资源,为科技型企业创立、发展提供各项服务,为大学生创新创业实践活动提供基础和保障(周玉青等,2019)。

(三)大学生创新创业的竞赛引领

我国高校创新创业教育虽然起步较晚,但已在全国高校迅速推行发展,形成了以课堂和竞赛为载体的创新创业教育新模式。"挑战杯"全国大学生课外学术科技作品竞赛自1989年首次举办以来,始终坚持"崇尚科学、追求真知、勤奋学习、锐意创新、迎接挑战"的宗旨,在促进青年创新人才成长、深化高校素质教育、推动经济社会发展等方面发挥了积极作用,在广大高校乃至社会上产生了广泛而良好的影响,被称为当代大学生科技创新的"奥林匹克"盛会。

中国国际"互联网+"大学生创新创业大赛是我国深化创新创业教育改革的重要载体和平台,自2015年至2022年已经连续举办八届,成为中国乃至全球最大的双创盛会。大赛以"我敢闯,我会创"为主题,实现"更中国、更国际、更教育、更全面、更创新"的办赛目标,坚持以赛促学、以赛促教、以赛促创,持续深化创新创业教育改革,优化大学生创新创业环境,及时帮助大学生解决创新创业过程中的实际问题,支持大学生创新创业。"互联网+"大学生创新创业大赛的连续举办，使得创新创业教育的巨大影响愈加凸显。大赛已经成为创业教育改革的重要抓手，引导各高校主动服务国家战略和区域发展，开展课程体系、教学方法、教师能力、管理制度等方面的综合改革。

由上可见，随着国家将创新创业作为国家的发展战略，教育部不断出台各项政策，我国各级政府和各类高校对创新创业教育的扶持力度不断增强，高校创新创业教育生态不断优化。各个高校不断加强对创新创业人才的培养，大力营造创新创业的校园环境，开设多种创新创业的课程，建设多种实践平台体系，激发高校学生的创新创业热情，同时为大学生提供孵化成果的平台。尤其是近些年创新创业大赛的火热开展，教育部积极鼓励学生参加各项创新创业竞赛，在竞赛中不断提升自我，对提高学生的心理素质、沟通协作能力、执行能力和主动性以及对责任意识和敬业精神的培养起到了极大作用。

现阶段，各高校普遍开展了创新创业课程，但都是作为选修，因此学生往往不能更深入地了解创新创业的内容，并且各个高校和社会科研单位、企业没有建立起紧密结合、互利互助的合作关系，学生的成果转化还存在一些障碍，同时我国大学生参加创新创业大赛还存在如对竞赛信息掌握不够、找不到合适的参赛项目、缺乏导师指导等问题。

三、国内关于"创新创业能力"的综合研究现状

（一）以创新为主题的研究

对于创新能力的界定，国内学者对其理解和使用有较大差异。赵桂荣（2002）指出创新能力是指利用已积累的知识和经验经过科学的思维加工和再造，产生新知识、新思想、新方法和新成果的能力。张建林（2008）认为，从创新能力表现形式来看，创新能力的本质在于创新，具体表现为产生某种新颖独特且有社会价值或个人价值的思想、观点、方法和产品的能力。还有的学者从整合的角度出发，认为创新能力是个人知识储备、创新思维和创新个性的多维以及多层次的综合表征。其中，知识储备是创新能力的基础，创新思维是核心，创新个性是保障（吴巨慧，2003）。

（二）以创业为主题的研究

联合国教科文组织在 1989 年召开的"面向 21 世纪教育国际研讨会"上首次将创业教育作为一种教育理念提出，认为创业教育是开发和提高学生创业基本素质和创业能力的教育，会议指出"要把创业能力教育提高到目前学术性和职业性教育所享有的同等地位。创业能力教育要求培养思维、规划、合作、交流、组织、

解决问题、跟踪和评估的能力"（国际 21 世纪教育委员会，1996）。关于创业能力的含义，国内学者主要有以下几种认识和表述：创业能力是三种能力，即专业职业能力、经营管理能力、综合性能力的综合，暗含很强的实践性（毛家瑞等，1992）；创业能力是经验、知识、技能经过类化、概括化后形成的，在创业实践活动中反映为复杂而协调的行为过程（朱新宁等，2020）。

（三）以创新创业精神、意识与能力培养结合为主题的研究

大学生的创新创业精神与能力培养已成为高等教育亟须解决的关键问题之一。大众创业是扩大与增加大学生就业的重要途径；万众创新是实现产业结构调整与经济转型升级的重要途径。国内以"创新创业能力"为主题的学术论文数量较多，目前研究普遍认为创新创业能力是一个多元复合型概念，拥有丰富的内涵。从教育角度来看，创新创业能力强调大学生的创造能力、创新素养和创新技能，同时也重视他们的自我创业意识和创新操作能力。这意味着他们应具备独立自主地去发现问题、解决问题并提出自己的新观点的能力，还须具备创业意识、对创业有所追求的能力。

总体而言，我国的创新创业能力研究的主题逐渐由单独的创新教育和单独的创业教育逐渐演变成以创新和创业相结合的主题。创新创业研究的内涵越来越丰富，对大学生提出的要求和挑战也在不断增加。社会高速发展的经济水平对我国高校的创新创业教育的不断完善提出了迫切要求。

四、我国大学生创新创业教育发展、态度倾向与培养模式研究现状

（一）大学生创新创业教育发展相关研究

大学生创新创业首先需要具备创新创业意识，这是创业能否成功的必备条件。而现实是现代大学生的创新创业意识明显滞后于急需年轻人创新创业的社会现实要求（殷志等，2017）。

中国传媒大学创新创业教育中心联合世界知名风投机构 500 Global，在清华大学、中国人民大学等十余所高校教授导师及知名企业机构高管的参与支持下，共同编制了《2021 中国大学生创业报告》。该报告对来自我国 275 个城市、1431 所高校的 13 742 位大学生进行调研，根据 10 791 份有效问卷数据显示，本次受访大学生中，96.1%都曾有过创业的想法和意愿，14%已经创业或正在准备创业。①《全

①《我校联合 500 Global 发布〈2021 中国大学生创业报告〉》，https://www.cuc.edu.cn/news/2022/0325/c1901a19 1965/page.htm。

球创业观察中国报告》显示：我国参与活动质量在提升，机会型创业比例逐渐升高，相当一部分的创业者认为自己提供的产品或服务具备创新性，创业生态环境也在不断改变，且青年是创业活动的主体。

李娜（2019）通过调查研究发现，大学生创新创业能力总体题目的平均分为3.65 分，处于中等偏上水平。创新创业内驱力平均分为 3.67，创新创业领导力平均分为 3.62，创新创业行动力平均分为 3.67，创新创业领导力得分略低于创新创业内驱力、创新创业行动力得分。从协作共情、踏实肯干、实践能力等 14 个二级维度来看，除协作共情能力水平较高外，其余整体处于中等偏上水平。其中，大学生协作共情、踏实肯干、自我认知三种能力处于较高水平，而企业管理、自信果断、资源整合三种能力水平稍低。

（二）大学生创新创业态度倾向相关研究

1. 大学生对创新创业活动的积极态度研究

《2021 中国大学生创业报告》数据调查说明，高校大学生的创新创业热情依然很高，有过创新创业意愿的大学生占在校大学生的 96.1%。

李慧静和张翔（2016）在基于哈尔滨市 7 所高校的抽样调查分析中提出，大学生学习意识不断提升，为创新创业奠定了基础。调研结果显示，大多数大学生都具有自主学习的意识，能够主动学习科学文化知识；当问及受访者"是否能够完成学习任务"时，84.2%的学生选择"是"，当问及"认为自己是否能够主动学习"时，有 77.3%的学生选择"是"，说明当代大学生学习意识不断提高，自主学习能力不断增强；有 82.1%的大学生认为自己能够经常去图书馆借阅或浏览图书，说明大学生具有主动学习、获取知识的意识。

葛龙等（2013）提出，随着创新创业教育深入到我国各大高校，大学生的创新创业意识普遍较高，知道和了解创新创业项目的占了 90.1%，这表明高校在创新创业计划项目的宣传、动员方面已初见成效。62.8%的人每周愿意利用 3 小时以上的时间参与有关创新创业的活动，可见大学生对创新创业活动的积极性较高。

2. 大学生对创新创业活动的消极态度研究

刘伟和邓志超（2014）通过问卷调查，分析总结了当前我国高校创新创业教育的状况：大学生对创新创业教育的认知度较高，创新创业意愿较强，创业价值取向差异较大；创新创业教育的受重视程度不够，没有得到与专业教育的同等地位，师资缺乏，课程体系不健全、政策不到位等问题是大学开展创新创业教育的主要障碍；大学生对创新创业教育方式的需求呈现多样化，与创新创业教育实践相关的活动最受青睐；大学生的创新创业教育意愿和行为受到创新创业环境的影响较大，政府、社会组织和大学等多方主体须营造良好的创新创业环境。

龚乐和魏长龙（2020）在进行地方应用型本科院校大学生创新创业能力和探索能力研究时发现，极少数学生动手能力强，善于钻研，勤于思考，善于用创新性思维解决问题。与重点大学相比较，地方应用型本科72%的学生自主学习、探索意识不强，习惯性只完成老师规定的课程作业和相关实验任务，缺乏创新思维和创新能力。仅有19%左右的学生遇到自己感兴趣的内容后，会就该内容进行深入了解。有部分学生会选择创业，但基本上都是开饭店、开网店、打印复印、服装租赁、教育培训等形式，结合自己专业进行技术创新的较少，既有技术又独具特色的少之又少。

陈广正（2019）认为，大学生创新创业能力的获得途径和实践体验比较匮乏。调查发现，当大学生被问及"您认为大学生应主要通过什么途径提高创新创业能力"时，有84.33%的学生选择"学校开展的各类创新创业类实践活动"；77.22%的学生选择"通过自己实践参与专业项目或者竞赛活动"；88.76%的大学生认为需要多参加一些创新创业类的比赛或活动，以锻炼自身的创新创业能力；90.31%的学生认为企业实践能提升学生的创新创业能力。调查显示有76.19%的大学生没有参加过创新创业类的比赛，58.25%的大学生没有参加过创新创业类的社团或者参与过其组织的活动。可见，大学生创新创业实践体验和经验获得比较匮乏，大学生对学校开展的专业项目、竞赛活动等创新创业类实践活动有较高的期望值，并希望得到更多的企业实践。

总体来说，虽然抱有创业理想的大学生占到大多数，但是有勇气真正实施创业的人数所占的比例极小，绝大部分大学生仅停留在创业意向阶段，难以向实践转化。在现阶段创新创业的教育下，大学生创新创业的热情有所提升，但大部分大学生创新创业的能力、意识、技能等还远远不能同当前我国高速发展的经济社会对创新创业的要求相匹配。

（三）大学生创新创业能力培养模式研究

1. 理论模式

王占仁（2015a）教授提出"广谱式"创新创业教育研究，重点阐述了"广谱式"创新创业教育的科学内涵和高校"广谱式"创新创业教育的体系架构以及"广谱式"创新创业教育的理论价值。理顺了创新创业教育与就业教育的关系，促进了二者的衔接联动；贯通了创新创业教育与素质教育的本质、特征和目标，夯实了创新创业教育坚实的理论基础。

2. 实践模式

2010 年《教育部关于大力推进高等学校创新创业教育和大学生自主创业工作的意见》指出，大力推进高等学校创新创业教育工作。韩立（2017）提出高校创新创业教育实践形成了三种主要模式：学科导向型模式、实践导向型模式和综合型模式。

许德涛（2013）在对比各个院校典型的做法之后，归纳了三种模式。第一种以中国人民大学为代表。中国人民大学将素质教育与创新创业教育结合，以课堂教学为主导，将第一课堂、第二课堂相整合。第二种以清华大学和上海交通大学为代表。在专业知识的教授过程中融入创新教育和综合素质培育，并为学生创业提供所需的技术咨询和资金。上海交通大学始终贯彻三个基点（素质教育、终身教育和创新教育），并催生了一批学生创新成果和创业企业。第三种以北京航空航天大学为代表。此模式以提高学生的创业知识和技能为目标，是一种创业技能培训教育。

洪柳（2018）基于核心期刊和 CSSCI（Chinese Social Sciences Citation Index，中文社会科学引文索引）数据库文献数据情况，发现有学者认为我国大学创新创业教育主要有高校自我运作模式、基于创业园技能训练的依托模式、政府政策文件资金推动模式；还有学者提出要构建高校体验式创新创业教育模式，创建体验式教学实践平台。

李瑞星（2016）总结创新创业教育的三种模式。一是创新创业学院（创业研究所）模式。创新创业教育关键在于培养学生的创新精神、创新思维能力、创业技能，重点是创业精神的培养，科技创业项目的转化，创业以科技引领型的企业为主。二是创业孵化基地模式。创业孵化基地致力于"孵化企业、转化科技成果、搭建创业平台"，努力营造良好的创业环境。三是创新创业教育体系。该体系实现了创新创业教育、创业培训和创业实践的三位一体，构筑了集师资、课程、活动、实训、孵化于一体的创新创业人才的培养机制，为大学生提供了成长成才的平台，也是高校培养创新创业人才的基石。

3. 理论与实践相结合的综合模式

林鉴军等（2018）提出基于"三全育人"理念的教学模式，通过多样化课程教学形式，提高学生积极性，创新教育教学形式；开展模块化教学和翻转课堂教学，重视创业实践环节，实现理论学习和能力提升并举，加强创业创意的后续孵化和落地，实现创业教育教学的部门联动。

降雪辉（2015）构建"网络创新创业"教育模式。陈爱雪（2017）从年级、学生和高校三个维度出发，概括总结了创新创业教育发展的三个模式。在开展创新创业教育的同时，要尽可能地做到因材施教，针对不同层次、不同阶段的学生的专业特点、成长特点，切实有效地开展教育，提高教育效果。构建"理论奠基＋模拟实践＋重在实战"三位一体的模式。这种教育模式以通识教育为基础，以理论课程教学为途径；通过模拟实训和实践等教学手段和方法，让学生尝试开公司、办企业等，不断提升学生的创业能力。构建"基于泛在学习"的教育模式，如"微课"就是一种泛在学习方式，并将成为一种新型的教学模式，深刻影响传统的教学模式，通过这种模式学生可以进行自主创新学习。

（四）文献述评

从《2017 中国大学生创业报告》可以看出，被调查的大学生希望高校或其他机构提供展示平台、强大的师资力量、有力的资金支持、有效的考核办法和奖励机制等。这说明虽然我国创新创业能力培养的模式已较为丰富，但不是每所高校都善于运用已有的理论去发展或者模仿示范高校的创新创业培养模式，大部分高校学生的创新创业需求没有被满足。这要求各高校继续探索创新创业培养模式，并将已有成果落到实处。同时我国在培养大学生创新创业能力时，现有模式很少涉及学生团队合作培养的问题，更加没有注意到培养学生的合作交流能力，更加忽视了学生对跨文化交流的需要。在"一带一路"背景下，教育部更加重视教育的全球化、学校之间的跨国合作，但是相应的学生这方面的能力却很欠缺，国内对涉及此方面创新创业教育模式的探索少之又少。

同时，诸多学者或从理论角度，或从实践角度进行了深刻的探索，并提出了各种创新创业的模式。但是我国大学生对于创新创业模式的了解程度较低，在选择创业模式时存在模式单一的问题。同时大部分大学生在进行创新创业时，没有完整地进行自我思考，往往是机械地跟随学校给予的模式进行创新创业，没有根据自我需求来考虑实际问题。所以大力培养大学生创新创业思维意识是当下亟待解决的问题。

五、我国高校跨文化教育发展及其研究现状

（一）跨文化教育发展及其研究

跨文化教育也引发了国内学者，尤其是比较教育和外语学科专家以及一线教师的关注和研究。笔者以"跨文化教育"为主题词，以 1992 年联合国正式提出"跨文化教育"为时间节点，发现 1992～2022 年在中国知网中发表的论文共计1835 篇，学位论文 247 篇，其中硕士学位论文 232 篇，博士学位论文 15 篇。史

贵全和徐炳亭（1995）呼吁跨文化教育视域下的大学英语课程设置要认真考虑与跨文化教育相关的专业和课程，以应对国际形势的挑战；张红玲（2012）界定了外语教学中的跨文化教育概念。徐斌艳（2013）梳理了国外跨文化教育的发展阶段和德国、爱尔兰与西班牙三个国家跨文化教育的不同特点；黄志成等介绍了跨文化教育的内涵及其对中国教育所产生的现实意义（黄志成和魏晓明，2007；黄志成和韩友耿，2013）。此外，有学者如胡文仲（2013）从专业英语教学的角度出发，将跨文化教育与专业英语的教学目标及实现路径联系起来。蔡烨（2022）认为国际的经济文化交流日益增多，因此，在高职酒店英语教学过程中，教师更要培养学生的跨文化交际能力，帮助学生在多元化的环境下更好地与人沟通交流，使其未来能在工作岗位上更好地进行服务，做好跨文化交际。同时分析高职酒店英语教学中培养学生跨文化交际能力的意义以及现状，提出了相应的跨文化交际能力的培养策略。王瑞英（2022）指出，为促进全球化各国的民心相通，培养学习者人类命运共同体意识，跨文化交际能力已成为我国当代外语教育的重要使命，而跨文化交际教学模式与教师的培养一直是大学英语教学改革的瓶颈，并构建了中外教师合作视域下的跨文化交际教学模式考查其对学习者跨文化交际能力及教师发展的作用。朱帅（2020）指出，现阶段教育应推动文化先行，发挥文化的基础性、先导性和广泛性作用。跨文化交流表达的是一种多元包容的价值观，必须以跨文化交流为抓手，以文化交融的魅力吸引其他国家积极参与，促进全球化。柯飞（2021）针对普通高校如何提升跨文化交流人才的语言有效性和文化针对性等问题，以国家"十四五"规划对高质量人才的需求为导向，尝试运用风险评估理论设计调查问卷，对当代大学生跨文化交流能力进行评估。针对评估中揭示的大学生跨文化交流能力不均衡、缺乏风险应对能力等问题，以及传统跨文化交流教学方面存在的不足，结合我国国情和新时代教育发展方向，从师资建设、教学方法和资源保障等方面提出了解决方法，以期为提高普通高校学生未来工作适应能力提供借鉴。

（二）跨文化能力理论发展

　　2013 年，联合国教科文组织发布《跨文化能力：基本概念与行动框架》，明确指出"跨文化能力"是指具备跨文化的敏感性和对待不同文化的正确态度，能够理解并与不同文化背景的人们进行有效和恰当互动的能力（UNESCO，2013）。更确切地说，跨文化能力是一种对于其他文化的"胜任力"，其内涵极其丰富，既包括跨文化互动的意识，也包括在日常生活中应对更加多样的环境所需的实质性知识、技巧和能力，如批判性思维能力和自我反思能力等（张红玲，2012）。
　　关于跨文化能力核心要素的构成，不同学者对跨文化能力有各自不同的理解。

其中，英国学者 Byram（1997）的 ICC 模型最具影响力，他认为跨文化能力包括知识、技能（解释/关联技能、发现/互动技能）、态度和批判性文化意识四个层面；Fantini（2000）认为跨文化能力也包括四个层面：知识、技能、态度、意识；张红玲（2012）认为必须既培养态度和意识，又传授知识，还要提高技能，只有三管齐下才能实现提高跨文化能力的目标。总体来看，国内外学者对跨文化能力的内涵形成了较为相似或相同的观点和看法，认为跨文化能力主要由四个维度构成，即意识、态度、技能、知识。

进入 21 世纪，不少中国学者投入中国大学生跨文化能力构成的研究当中，受前期国外研究的影响，大多都延续了"知识、态度和技能"的框架（杨盈和庄恩平，2007；潘亚玲，2008；杨亚丽和杨帆，2013；吴卫平等，2015；宋彩萍和郝永林，2017），但是很多中国的专家学者会针对中国语境对跨文化构成框架进行补充修改和重新解释。除 Byram 等提到的内容外，对于跨文化知识，有中国学者认为还应该包括跨文化交流与传播的概念知识、全球化及其相关术语的内涵和语言知识；跨文化态度还应当体现逐渐增强的批判性，对其他民族文化持有尊重和宽容的态度，对本民族的文化保持责任感和认同感；跨文化技能方面又多次提到了对语言应用能力方面的要求，以及一些合作、移情等方面的能力。此外，包括跨文化意识、价值观和调适能力都可以看作态度或技能的一部分，都可以涵盖在"知识、意识、态度和技能"框架之中。

当我们说跨文化知识时，我们指的是交际者在交际过程中所具备和实际使用的知识。具体来说，它包括自己本国和外国的社会文化知识，以及关于所处社会的知识，不同的学者对"社会文化知识"持有不同的看法。例如，有人将其分为大文化和小文化，有人将其分为知识文化和交际文化，也有人将其分为公共文化和秘密文化，但也有学者将其分为高等文化、大众文化和深层文化。来自不同文化的人习惯了不同的交际模式和不同的非语言交际方式，如手势语言和肢体语言，要成功地进行跨文化交际，必须掌握相关的文化知识。

跨文化态度是指一个人在进行跨文化交流时所采取的积极态度。Byram（1997）将积极的态度定义为好奇、开放和不带民族中心主义的判断意愿；文秋芳和王立非（2004）提出的对文化差异的容忍也可以被视为跨文化态度，并且认为我们在跨文化交际中应该理解、尊重和宽容，而不是厌恶和憎恨其他文化，也不应只将本民族的文化视为最好的文化。

20 世纪 80 年代中期，中国的跨文化交际研究已经起步，但跨文化能力的理论建构始于 90 年代。学者从外语教学角度分析跨文化能力，在批判性地吸收西方文化视角的基础上提出了自己的理论。林大津（1996）指出，跨文化能力涉及行为、知识、心理和道德伦理因素，其评判标准是得体、有效和正当。许力生（1997）认为，跨文化能力由社会语言、语篇、语法和策略四个层面构成，其中语法和策略层面较少受到文化制约，因而更具普遍性，也更为重要。高一虹（1998）认为，跨文化能力由"道"与"器"两个基本层面构成："道"是本，是健全的人格以及由此形成的"能产性"交际取向；"器"是末，是知识、技巧与功效。戴晓东（2011）认为，跨文化能力包括跨文化敏感性、跨文化意识和跨文化交际的灵活性。蒋瑾（2015）提出，跨文化能力是文化意识、态度、知识、技能的能力组合。概言之，国内外学者普遍认为跨文化能力是在跨文化语境中和他者互动的能力，是一种综合的社会和交际技巧，由跨文化意识、知识和技能三要素构成。学术界对跨文化能力的探讨是开展跨文化能力研究的基础和前提。国外学者研究发现，跨文化能力包括认知技能、情感品质和行为能力三个维度（Chen and Starosta，2005）。同时，有学者指出，在跨文化交际过程中，跨文化能力要强调交际的有效性和得体性（胡文仲，2013）。

我国对跨文化交际的研究主要集中于外语研究和外语教学领域，学者的关注点聚焦在外语教学中跨文化能力培养的问题上。有的学者结合国内外语教学实际情况，从理论角度和实践经验提出跨文化能力培养模式，孙有中（2016）提出在外语类专业教学中从思辨、反省、探究、共情和体验五个方面提高跨文化能力。在我国，人们对跨文化的重要性认识还比较浅，在我国的外语教学中，对交际能力的培养未予以足够的重视，致使许多学生掌握了不少语法知识和词汇，却不能在实际的社会交往中运用。这主要是由我国传统的外语教学方法造成的。在日常的外语教学中，把教学过程看成传授理论知识的过程，忽视了语言的实际运用和培养学生运用语言的能力，致使大部分高校学生虽然能够熟悉词汇和语法的使用，但是在跨文化交际方面往往会出现问题。

（三）跨文化课程

美国跨文化通识课程设置以"核心课程"与"分布必修型"两种模式为主，类型虽有校本化差异，但都有其鲜明的共性特征。以斯坦福大学为例，跨文化课程领域包括文化、观念与价值（cultures，ideas and values，CIV），世界文化和美国文化三个子领域，其中 CIV 是跨文化课程的核心。以哈佛大学为例，跨文化通识课程重视国际知识和国际问题的学习，课程内容以当代世界文化为主，重点介绍印度、东亚、非洲等文化，同时涵盖世界各地不同历史时期的文化和与文化有关的重大事件。此类课程将各国重大历史事件与当今国际关系联系起来加以分析，使学生能思考当代国际现实问题，其教育理念是重视他国文化的思维和行为模式的变化，而不是浅尝辄止地呈现表面的异域文化符号，这有利于美国学生在全球化背景下深入地了解与探讨外国文化（袁西玲和崔雅萍，2010）。

跨文化教育在德国的发展已有四十余年，柏林工业大学的跨文化教育课程广受学生喜爱，从课程设计上来看，2003 年以来该课程基本实现了稳定的模块化教育。经过几年的理论研究和教学经验积累，该课程主要分为两大模块。第一个模块是基础课程，主要教学目的是培养学生基本的跨文化交际的能力，为他们成功进行跨文化交流实践打下扎实的基础。课程具体围绕跨文化交际的基本概念展开，如文化、交际、能力等。通过小组讨论、情景模拟、角色扮演、社会调研等各种方法使学生从认知上、情感上和行为上充分认识、比较、体验、反思跨文化及跨文化行为。第二个模块是实践应用。在这一模块过程中，学生可以将在第一模块习得的知识、能力具体运用到和外国学生合作的项目中，使其在与外国学生的交流、合作中不断增加跨文化交际的知识，提高跨文化交际的能力（陈正和钱春春，2011）。

自跨文化教育引入我国之后，特别是我国高校开始开设相关课程之后，学者就对最早开设该课程的美国高校的课程设置方面进行了调查和研究。20 世纪 90 年代后期，越来越多的高校开设了与跨文化交际相关的课程，如"跨文化交际学""语言和文化"等课程，这些课程都具有较强的文化性（阎啸，2010）。这一部分研究主要针对课程内容的整体描述，结合我国情况提出改进课程的相关建议。胡文仲（2006）对美国高校 20 世纪和 21 世纪初的跨文化交际课程在教材、教学方法、教学内容方面的沿革进行了梳理和分析，并且对我国高校跨文化交际课程使用的主要教材进行了调查、统计，就中美两国高校的课程内容进行了对比。他指出，我国的教学方法仍然是以讲授为主，认为讲课只能传授知识，对于跨文化交际能力的提高并不一定十分有效，鼓励我国教师应用个案研究、小组活动等方法，并建议多利用电影等多媒体材料。也有学者借助互联网进行了类似研究，如黄彩媚和陈云（2023）利用搜索工具，对互联网上的跨文化交际课程大纲进行了分析，重点分析其教学内容和教学方法。有学者也开始关注我国课程设置的状况及存在的问题，为我国跨文化交际课程的改进出谋划策。林大津（1999）分析了"跨文化交际学教学大纲集"，总结了美国高校跨文化交际课程中的重点内容，并指明美国高校的教学方法主要包括"泛文化方法"与"定文化方法"。同时他还根据胡文仲对于我国开设跨文化交际课程大学的统计，得出"这门课程在我国还未成气候"，并分析未成气候的原因是学科理论探讨严重不足、缺乏令人满意的教材和"需要"意识不强。潘崇塈（2006）调查比较了我国综合类院校、外语类院校和理工类院校的英语专业课程设置情况，提出要建立培养跨文化交际能力的课程体系，包括跨文化交际课程、中西文化比较课程群，加强跨文化交际实践教学环节。祖晓梅（2004）通过分析对外汉语教学领域中文化教学的两种模式，提出设立跨文化交际课程可以改善对外汉语教学中文化教学的状况，认为跨文化交际课程的内容主要集中在与语言和交际密切联系的文化，涉及的是双向或多元化的内容，教学方法将贯彻以学生为中心，以任务为本的基本原则。阎啸（2010）认为我国跨文化交际课程内容缺少深层次方法论方面的内容，存在综合性、前沿性和学术性过强，教学方法仍然停留在传统的讲授上，课程资源的挖掘和开发不足等问题。

第三节　重要概念界定

一、创新创业教育与创新创业大学生

孙钦秀和高汉峰（2013）研究后发现，建设创新型国家，建设知识经济社会，促进我国综合国力的提高，离不开"双创"教育。余江舟（2015）认为社会主义核心价值观与大学生的观念相通，开展"双创"教育可以有效提高学生素质。王焰新（2015）、吴惠英（2016）等认为，发展"双创"教育可以实施扩大就业战略，通过创业来改善就业拥堵现象，它是保障大学生充分就业的一个重要举措。宋妍和王占仁（2015）发现，社会发展与进步对"双创"教育的理论与实践产生了全新的需求，这就要求其发展要顺应时代潮流，带动生产力的发展。

"创新"一词可以解释为"带来新想法、新产品或新工艺的行为"，"创业"则是"把建成企业的想法实现的一个过程"，即创新创业教育要注重培养学生发现"新"想法、产品和工艺的意识，还要注重培养学生实践的能力。

首先，广义上而言，高校创新创业教育是培养具有开创性个人的教育。有学者提出，创新创业教育需要从思维和行为两方面去培养学生，通过开展创新创业教育理论和实践活动，培养学生的创新思维和创业能力，将学生培养成有一定创新素质和创业能力的复合型人才，即"创新创业教育"是包含了"创新教育"和"创业教育"科学内涵的综合性、系统性教育，其价值取向包括培养学生的创新创业教育和创新创业思维，塑造创新创业行为方式和创新创业人生哲学，选择合适的创新创业生活方式和创新创业型生涯。但是从广义上阐释要培养开创性的个人，不能直接和具体地表明创新创业教育的内涵，往往需要进一步阐明创新创业教育对学生的培养要求。

其次，狭义上而言，高校创新创业教育是一种培养学生具备一定创业能力和能够进行创业活动的教育。狭义的创新创业教育是要创造一种新的职业和工作岗位的教学实践活动，一种让大学生走上就业和创业之路的教育改革实践活动。这种狭义的创新创业教育把重点放在创业上，在一定程度上忽视了创新的重要性，把创新创业教育狭义化为职业教育。

最后，创新创业教育是一种新的教育思想和理念，其本质是以培养创新人才为根本指向的全面教育改革与创新活动。它不仅强调传统教育与抽象经验的融合，更注重创新思维的培养。同时，创新创业教育是一种面向全体学生的教育理念，旨在通过系统化的教育实践，推动学生的全面发展。从教育思想和理念出发，有学者认为创新创业教育是一种素质教育，培养学生创新精神和创业能力的素质，本质是面向全体学生、为其终身可持续发展奠定坚实基础，核心内涵是要以

构建培养创新创业人才为指向的高等教育为目的，更新和升华学校师生的教育观念，深化高校教育教学改革，从重视知识传授转向重视能力和素质培养，增强学生的创新创业精神和创新创业意识，培养创新创业能力，从而提高人才培养质量（唐嘉芳，2008）。还有学者认为创新创业教育在本质上是激发人的创造天性的教育活动（周志成，2011）。从时代背景出发，创新创业教育是为了缓解一定就业压力而提出的，在建设创新型国家和人才强国的过程中，我们强调创新的重要性。雷家骕（2007）认为创新教育和创业教育都旨在培养学生的创新精神和实践能力，创新教育与创业教育是相辅相成的，因此创新创业教育是一个辩证统一体。从教育的本质和目的出发，创新创业教育不能脱离对人的个体发展的培养，这种发展包括个体的素质、知识和技能。

综上所述，基于本书背景与目标，本书将创新创业教育界定为以培养学生创新创业意识、创新创业思维、创新创业精神和创新创业能力等创新创业素质为核心的新教育理念和模式，是旨在全面改革传统教育教学、切实培养创新创业人才的教育。

基于《教育部关于大力推进高等学校创新创业教育和大学生自主创业工作的意见》文件所指出的"要在专业教育基础上，以转变教育思想、更新教育观念为先导，以提升学生的社会责任感、创新精神、创业意识和创业能力为核心"[①]，根据创新创业教育的概念，本书将创新创业大学生定义为：具有社会责任感、创业能力和创造精神、具有充分的知识积累，具备相应的创新创业的能力，能够积极投入创新创业的实践活动中，不断开拓、探索，为社会创造价值的大学生。

二、跨文化能力

跨文化能力研究是一个跨学科和多学科交叉的研究领域，涉及人类学、心理学、社会学、语言学、教育学等不同学科领域。目前针对跨文化能力含义的认知主要集中在两方面：一是由于跨文化能力与跨文化交际能力的渊源关系，跨文化能力被理解为"个人在跨文化交际中能被他人接受和理解的言行"，侧重与某一种语言相联系的"文化能力"；二是对于跨文化能力的理解超越了交际中的语言使用，将跨文化能力理解为"个人在跨文化交际中表现出有效而得体的综合能力"（Fantini et al.，2001），这一概念界定趋势为更多的学者所接受。而许多专家学者也对跨文化交际能力进行了界定与阐释，认为跨文化交际能力涉及知识、态度和技能三个层面：在跨文化交际中首先要掌握相关文化知识，包括对中外文化异同

---

① 《教育部关于大力推进高等学校创新创业教育和大学生自主创业工作的意见》，http://www.moe.gov.cn/srcsite/A08/s5672/201005/t20100513_120174.html。

的了解，其次要对异国文化持开放包容的态度，知识和态度可以形成跨文化的敏感性，最后是技能，指跨文化交际时能采取恰当的方式，调适交际策略。这一概念也基本等同于"个人在跨文化交际中表现出有效而得体的综合能力"，即跨文化能力。在过去的相关研究中，"跨文化能力"与"跨文化交际能力"也经常互换使用。根据各位专家学者的研究，本书将"跨文化能力"定义为基于个人的跨文化知识、技能、意识和态度等能力维度，在跨文化情景下进行有效而得体的活动的综合能力。

三、创新创业跨文化能力

有关创新创业跨文化的理论研究始于第二次世界大战以后，其实证研究始于20 世纪 90 年代。国内外学者从不同方面深度探讨了跨文化能力对创新创业带来的影响。Busenitz 和 Lau（1996）尝试通过构建理论模型解释文化对认知过程和认知结构的作用，探讨跨文化的创业活动与创业认知是否存在相关性，这种创业认知包括知识信息、能力与意愿，以及集体和个人创业行为之间的关系。Mueller 和 Thomas（2001）尝试寻找影响创业特质的文化因素，并考察创业者和非创业者是否因文化差异而在价值观、动机、信仰等特征表现出不同，得出创业特质在不同国家的文化背景下具有跨文化普适性的结论。

2002 年，教育部将 9 所院校确定为开展创业的试点院校，部分创业试点院校结合自身情况、社会发展趋势，提出了许多创造性的创业教育理念。在首批创业试点院校中，武汉大学提出培养具有"全球视野"的人才，黑龙江大学提出培养"具有国际竞争力"的人才。尽管学界对创新创业跨文化能力概念还没有一个明确的界定，本书基于现有研究者对创新创业能力和跨文化能力研究成果的基础上，认为创新创业跨文化实践能力是创新创业能力和跨文化能力的交叉概念，是两方面能力因素相互支撑、互为影响的作用结果，知识、技能、态度和意识等是人才培养过程中创新创业跨文化能力所具备的核心素质维度。

首先，跨文化素养是指在一个文化异质化、多样化的世界中，个体能够与他人适恰地交际并且完成相应工作任务的各类品质之综合，是每个大学生应该具备的品质（姜亚洲和黄志成，2018）。其次，开展创新创业教育是深化教育改革，推进"大学生创业引领计划"，实施素质教育的需要。创新创业能力是培养我国大学生应掌握的基本能力之一。最后，跨文化素养不限于针对外语人才、外交人才、对外经贸人才而言，而是面向所有受高等教育者，并且与创新创业能力同等重要，都是国家培养未来公民的基本内容。这既说明两者的培养并行不悖，也表明这两大素养对学生未来就业以及未来发展会产生一定的经济效益影响。所以培养大学生的创新创业跨文化能力是十分必要的。

第二章 "一带一路"倡议下创新创业大学生跨文化能力培养的理论建构

第一节 "一带一路"倡议下创新创业大学生跨文化能力培养的理论基础

本节从两个方面出发，系统介绍"一带一路"倡议下创新创业大学生跨文化能力培养的理论基础：一是从跨文化研究的视野出发，集中介绍了 ICC 模型，并探讨其与创新创业的关联和创新创业大学生跨文化能力培养研究的适切性，为后文理论模型的构建、调查问卷、访谈设计及其分析打下基础；二是从管理学视野出发，聚焦了协同演化理论、组织创新理论、资源基础理论等理论，为后文创新创业大学生跨文化能力培养保障机制研究等奠定研究基础。

一、跨文化交际能力理论

（一）ICC 模型概述

一般意义上认为，1959 年爱德华·霍尔《无声的语言》一书的诞生标志着跨文化交际学的肇始（Hall，1973）。自 20 世纪 80 年代以来，国际上有关 ICC 的理论框架和模型大量涌现。这些学者的理论框架或模型颇具影响力：Bennett（2015），Byram（1997），Fantini（2000），以及 Lussier（2011）。在这些模型中，Byram（1997）的 ICC 理论模型是这一研究领域内最有影响力的模型之一，它包含以下五个要素。

（1）态度——好奇心和开放的心态，不急于对自身文化做出肯定的判断而对其他文化做出否定的判断。

（2）知识——对某社会群体及其产品，对本国及交际对象国的行为方式，对社会和个人交往的一般过程的了解。

（3）解释/关联技能——能够结合自身文化中相关的文档或事件对来自另一文化的文档或事件进行阐释。

（4）发现/互动技能——能够获取某文化或文化活动的新知识，并且能够在实际交流中综合运用态度、知识和技能。

（5）批判性文化意识——能够依据明确的标准对来自自身文化以及其他文化和国家的观点、行为和产品做出评判。

除上述五个要素以外，Byram（2015）还认为，以交际式语言学习为基础的交际能力（communicative competence）是 ICC 形成的重要影响因素。为此他采取了不同以往的方法重新定义了交际能力，使之与自己的"跨文化代言人"概念相契合。Byram 认为，"跨文化代言人"应当成为外语学习的最终目标，从而取代交际式语言学习理论所支持的，以培养具备本族语语言能力为学习目标的理论模型。ICC 模型如图 2-1 所示。

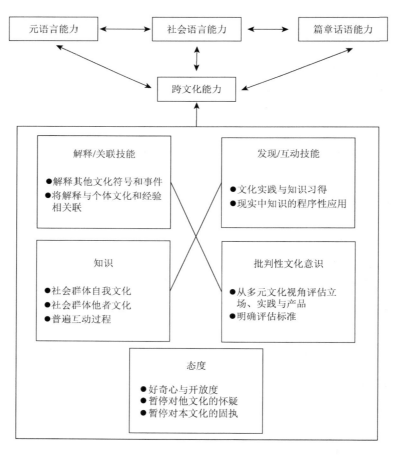

图 2-1　Byram 的 ICC 理论模型

综上所述，Byram 的 ICC 理论模型有两个显著特点：第一，将以交际式语言学习为基础的交际能力的概念融入其中；第二，将批评性文化意识置于 ICC 理论模型的核心位置。第一个特点反映出 Byram 对先前理论的改进、提升，因为在 ICC 研究领域，语言能力一直未得到应有的重视。跨文化学者通常忽视发展语言能力的重要性，这就如同外语教师通常忽视发展跨文化能力的重要性一样。第二个特点事实上容易引起争议，因为不同的文化和国家可能对什么是普世的价值观及其内涵有着不同的理解。例如，民主和人权，不同国家的理解可能会有很大的出入。

总之，Byram 强调外语是跨文化交际的天然媒介，外语能力在跨文化交际能力中有着极为关键的重要性。跨文化能力是跨越语言文化差异，建立良好的互动关系，成为胜任的文化中介人，即跨文化语者的过程。他认为跨文化交际能力具体是由语言能力、社会语言能力、语篇能力、跨文化能力（态度、知识、解释/关联技能、发现/互动技能、批判文化意识）所构成。

良好的跨文化交际能力可以为大学生提供机会去丰富他们的知识，建立并加深他们对特定现象或文化环境中所涉及的意义、行为和信仰的理解。他们能与不同文化背景的人进行交流，从而推动跨国界、跨文化的创新创业项目的发展。

（二）ICC 各维度内涵及其与大学生创新创业的关联

Byram 的 ICC 模型及其与大学生创新创业的关系具体阐释为以下内容。

1. 知识

在 Byram 的 ICC 模型中，知识由两大类组成：其一，关于自己国家的社会群体及其文化的知识，以及关于对话者国家的类似知识；其二，关于个人和社会层面的互动过程的知识。

根据 Byram 的理论，在跨文化交际中，"知识"这一维度是相互关联的。比如，人们在一个社会群体中获得的知识可能会以相反的方式呈现给其他人。也就是说，一个人获得知识的方式直接影响到他们将获得什么知识。值得注意的是，人们获得的知识可能不是"客观"和"正确"的。相反，有些可能被刻上了偏见和成见。如果把知识放置在话语中，人们不仅可以获得知识，加深对他人的理解，还可以完善他们现有的知识。

有关个人和社会层面互动过程的知识密切相关。有关社会化过程本身的知识并不能自动获得，但却是成功跨文化交际的基础。Byram 断言，有关事实、数字和传统的陈述性知识很重要，还须辅之以程序性知识，即人们应具备在具体的社会环境中采取适当和明智的行动方式。

因此创新创业的大学生不仅应具备关于自己国家的社会群体及其文化的知识，也要熟悉对话者国家的相关知识，尤其要注意培养自己关于个人和社会层面的互动过程的知识，并且学生还要保证自己摄取知识的来源渠道正确，不能吸收带有文化偏见的知识。

2. 态度

Byram 强调了在跨文化活动中发言人和调解人的态度的基本作用。态度是指：研究者在跨文化交际中保持着的好奇心和开放性，以及能够暂停对其他文化的怀疑和坚定自己文化的信仰的能力，更关注于跨文化交际的情感层面。研究者在跨文化交际时极为容易对来自不同社会群体和文化背景的人的信仰、行为和文化意义的态度表现出刻板印象或偏见，进而导致跨文化交际活动失败。负面和正面的刻板印象都可能阻碍相互理解。但随着人们对自我和他人了解更多，态度会在跨文化互动过程中被改变，人们可能会意识到他们对其他个人或文化的有限的、单方面的和不正确的看法和态度。

文化差异可能会增加错误认识和误解的可能性，使文化冲突难以解决。对他人和其他文化的好奇心有助于将差异转化为创造性接触其他事物的机会，好奇心也是建设性地解决文化冲突的先决条件。此外，对文化差异的开放态度为人们提供了从多个角度感知他人的机会，这十分有利于调解和弥合文化差异。更重要的是，保持跨文化的态度有助于获得新的知识和加强跨文化交际所需的技能。

Byram 在跨文化交际能力里面提到的"态度"维度要求大学生在跨文化交际中保持好奇心和开放性，对其他文化保持积极态度，去除负面和刻板的印象，从而将文化冲突降到最低层面。

3. 技能

态度和知识都受到跨文化交际过程的影响，而技能则更加注重个人在跨文化交际中如何具体地利用技能进行实际应用。由于知识并不是一成不变的，因此个人不仅需要掌握获得知识的技能，更重要的是掌握创造知识的技能。而技能则有助于帮助人们获取知识和创造知识，跨文化交际能力的技能分为两大类。

（1）解释/关联技能。该技能是指从自己和他人的角度解释和分析数据，并找到其中内在关联的能力。这种技能需要借鉴学习者现有的知识，这些知识的来源包括正规教育或者是与不同文化背景的对话者的直接互动或间接互动。

（2）发现/互动技能。该技能则要求学习者具有获得某种文化习俗新知识，以及在实时交流和互动的前提下运用这些知识、态度和技能的能力。"技能"维度启示大学生可以通过自己对其他文化的好奇心来汲取现有的知识，以保持对不同思想、信仰和身份的敏感度，并提高解释/关联和发现/互动的技能。

4. 文化意识

尽管人们会对他人的价值观和行为保持着好奇心和开放态度，但人们根深蒂固的信念可能会导致对异质文化的不良反应和拒绝。所以在跨文化交际的过程中，文化调解员应具有批判意识。批判性文化意识（critical cultural awareness）是指根据明确的标准批判地评价自己和其他文化与国家的观点、实践和产品的能力。

批判性文化意识强调个人在接受事物之前对事物进行思考和审视的能力。批判性文化意识与个人的价值观联系紧密，个人的价值观会影响人们对其他人的价值观和生活方式的看法。批判性文化意识还强调，人们除应具有解释文化差异的技能外，还应根据自己和其他文化的逻辑标准建立自己的批判性思维。Byram 认为，批判性文化意识不仅提高了技能和态度的可转移性，而且能帮助人们学习其他语言和文化从而应对在其他语言和文化环境中的跨文化交际。"文化意识"维度启示大学生应具有批判性文化意识，能够以别人的眼光看待自己，从外部和其他角度看待世界，接纳异质文化，生成并坚持自己的批判性观点。

5. 内在关系

跨文化交际需要个人融会贯通知识、态度、技能和批判性文化意识这四个维度，从而实现成功的跨文化交际。如若学生兼具这四个维度的跨文化交际能力，则既可以站在他人和其他文化的立场来看待和思考问题，也能够以别人希望得到的方式与他人互动和回应，从而提高跨文化交际的效率。Byram 对 ICC 各个维度之间关系的展示，如图 2-2 所示。

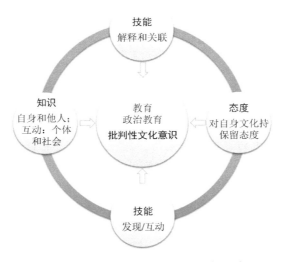

图 2-2　Byram 的 ICC 模型各维度关系

从图 2-2 可以看出，Byram 将批判性文化意识放在四个维度的中心位置，处于最重要的地位。技能、态度、知识都为形成批判性文化意识服务。由此可见，应注意培养学生跨文化交际的技能、态度、知识，从而使学生拥有良好的批判性文化意识，更好地为创新创业打好基础。

（三）ICC 之于创新创业能力的适切性与解释力

Byram 的 ICC 模型对创新创业大学生有着高度的适切性。

首先，创新创业的实践特质与 ICC 模型的要点高度契合。创新创业活动是人们开展以创新为核心、灵魂和基础的推动经济社会发展的实践。从本质上看，创新创业活动是不同于重复性实践或适应性实践的创造性实践。创新创业活动的实践特征体现在主体上，是创新创业精神、意识和能力等独特个性的展现。对创新创业之主体——人的观照，正是 ICC 理论的核心所在。作为人自主、自觉进行的创造性实践活动，是创新创业者独特个性在创造性实践活动中的展现，ICC 能够为在跨文化语境下展现出的创新创业精神、意识和能力提供较强的解释力。

其次，ICC 全面观照了创新创业行为的三类人类基本的认知旨趣。按照德国哲学巨擘、法兰克福学派代表人哈贝马斯和阿佩尔的观点，人类有三种基本的认知旨趣（兴趣），即技术旨趣（控制客观化的世界）、实践旨趣和解放旨趣（表 2-1）。

表 2-1　认知旨趣理论要义

要点	技术旨趣	实践旨趣	解放旨趣
行动领域	劳动	交往	统治
行动类型	工具性劳动	交往行动	被扭曲的交往
关注	控制	主体间的沟通	解放、自主、负责
学科类别	经验—分析学科	历史、解释学学科	批判取向的学科
方法论	规律性假设的经验	解释学方法	自我反省

技术旨趣是人们通过获取知识来帮助其实现对自然和社会的技术上的控制的一种基本旨趣。这是人作为自然存在物为延续生命，而通过劳动对自然进行生产、改造的需要。它属于工具理性的范畴，是一种旨在为追求行动的效率和利益的最大化而产生的合乎人的生存需要的行为模式。技术旨趣强调行为的法则、规则和控制。在 ICC 模型中，无论是关于自己国家的社会群体及其文化的知识，还是关于个人和社会层面的互动过程的知识，涵盖的都是研究客体的工具性知识。

就实践旨趣而言，人与人之间还存在沟通理性，有了沟通，才有在实践中达成进一步共识的可能。人类与自然之间的知觉性认知交换以人与人之间的解释性认知交换为前提,而理解有时也会发生局部中断以借助于一种准客观的说明性科学来分析其对象从而达到理解的目的。ICC 所强调的"解释/关联""发现/互动"的技能正是这一沟通理性的体现,因为其反映的是某一个主体对另一个主体实践行为及实践成果的协商性认可(表 2-2)。这种基于"实践"的主体间共识也是知识获取或生产的一种重要方式。

表 2-2 认知旨趣理论与 ICC 的关联

知识	旨趣	方式	标准	在 ICC 中的体现
经验的	技术旨趣	如法律	论据	"知识"维度
假设有能力共享知识,因此需要:⬇				
解释的	实践旨趣	理解	协商	"技能""态度"维度
假设可用解释的充分性,因此需要:⬇				
批判的	解放旨趣	意识形态/价值	实践	"意识""技能""态度"维度
根本的、合理必要的知识形式				

就解放旨趣而言,人们的解放旨趣反映在追求超越、发展和进步的动力之中。而利用和发展这种旨趣的关键在于人们从强加于身的限制和扭曲的交流条件下获取自由的能力。这种能力主要基于个体的理性行为、自我决断和自我反省。这与 ICC 强调的跨文化交际的过程中文化调解员应具有批判意识不谋而合(表 2-3)。批判性文化意识是指根据明确的标准批判性地评价自己和其他文化与国家的观点、实践和产品的能力。

最后,ICC 理论对"一带一路"倡议下的创新创业大学生跨文化能力研究具有极强的解释力。在全球化背景下,全球的大学越来越强调创新创业教育,全球大学的教育体系也正面临着转型和升级。我国高校在深刻践行"一带一路"倡议时,需要以知识的传授为核心的教育范式转向体验和知识相结合,创新创业的培养模式也越来越强调能力和人格的双重培养。从全面实现现代化、由世界大国成为世界强国的高度,我们需要努力培养更多具有国际竞争力的一流人才,这体现在我们培养的人才要具备"科学素养、创新精神、实践能力、国际视野、人文情怀和社会责任",不仅要有知识,更要有文化,不仅要有智慧,更要有担当、有胸怀,不仅要关注中国,更要关注世界、关心全人类。而其中,创新精神又是最重要的素质之一，创新精神的核心应该包括过硬的专业知识和批判、创造性的思维。ICC 理论关于知识、态度、能力、意识维度的阐释可以很好地应用于学生的能力培养中。

二、协同演化理论

"协同"一词来源于希腊语，意味着多元主体、多类要素基于某种共同目标的达成而进行系统性的调控。将协同思想渗入到高等教育的人才培养领域，意味着人才培养主体走向更完善的沟通合作，实现高校内部协同培养和外部协同培养的有机统一。学校内部的协同培养，即学校内部各院系之间、职能部门之间协同培养，实现多样性、个性化的学科交叉创新培养。外部协同是指学校利用社会上的各种有利资源，即联合其他学校、政府、行业、企事业单位等各利益主体开展的外部联合培养。协同创新参与主体间的协同作用主要包括协同研发、合作研究、教育与技术产业化等模式，其目的在于减少创新成本、降低创新风险、合理配置创新收益，实现参与主体间创新资源的有效共享与优势互补。解学梅和刘丝雨（2015）通过识别协同创新的多维模式，强调协同效应在中小企业的协同创新模式和创新绩效中的中介作用。奉小斌和陈丽琼（2015）结合知识搜索与协同创新理论，探讨了外部知识搜索、知识整合及企业协同创新能力之间的关系，研究表明市场知识搜索既直接影响中小微企业的协同创新能力，也通过互补性知识整合和辅助性知识整合对协同创新能力产生间接影响。万幼清和胡强（2015）在分析产业集群协同创新风险传导相关内涵的基础上，从风险传导要素和风险传导流程两个方面探讨了产业集群协同创新的风险传导机制；同时，依托于产业集群协同创新系统的运作过程，从技术协同、管理协同和制度协同三方面进行了产业集群协同创新的风险传导路径研究。学校系统通过积极地与环境进行物质、技术、信息等的交互，通过重塑学校系统已有的技术与环境载体，更新学校系统内部主体的发展观与学习观，从而推动学校系统突破原有状态，达成更高层次的系统发展与效能提升。学校与政府、企业、行业协会、其他高校等通过体制机制创新搭建协作平台，结成深度交叉融合的利益共同体。

三、组织创新理论

国内学者基于人力资源管理条件进行组织性的研究文献并不多，本书选取其中具有代表性的文献进行简要概述。蒋建武等（2010）使用理论分析的方法探究了人力资源管理对组织创新的影响，在分析组织创新的研究状况基础上，从知识资本、组织学习和组织氛围三个角度探究人力资源管理对组织创新的影响，认为人力资源管理有效促使了企业组织创新能力的提升,基于此得出了实施创新型的战略人力资源管理;孙锐和赵晨(2016)以上市的高新技术企业为研究对象,采用理论与实证相结合的方式探究战略人力资源管理对组织创新的影响,他们利用500家高新技术企业的调查问卷数据,进行实证分析,认为战略人力资源管理能够提升组织的创新能力水平,其主要影响路径是提升企业的组织销售能力,并将这种能力广泛应用于组织产品、流程和管理创新等方面。王明静(2018)对战略人力资源管理、组织创新氛围与研发人员创新的影响进行深入分析,认为战略人力资源管理能够有效地激发企业研发人员的创新能力和创新潜力,为企业带来良好的发展机会并提供源源不断的发展动力。

四、资源基础理论

资源基础理论起源于1984年沃纳菲尔特(Wernerfelt)发表的《企业的资源基础论》。20世纪80年代末,资源型企业观对管理研究产生了广泛影响。该理论是基于一个企业的资源和能力是异质的观点,并强调收购一个组织的持续竞争优势主要取决于组织内的关键资源。Barney(巴尼)提出了内部资源的来源已经成为一种竞争优势必需的基本条件,即稀缺性、不可模仿性和难以取代性,这后来成为判断企业核心资源的基础,也成为之后众多学者的主要研究方向,企业若能达到这些基本条件或者其中的一种,便构成了其竞争优势。

资源基础理论归根到底是一种竞争优势理论,对于竞争优势,不同的研究学派也有不同看法。在古典经济学的设定中,市场中资源可以自由流动,企业也可以自由进出,信息完全对称,无法令企业产生追求超额利润的动力,组织之间的生产要素配置会渐渐趋同,利润相差无几,市场达到均衡,最终形成了零竞争优势。但现实中利润差异是客观存在的,市场无法达到完美均衡。产业结构学派认为,行业的进出障碍、资源分布情况决定了企业利润,创业者可以通过分析产业情况并选择进入合适的行业,之后配合一系列竞争战略来获取竞争优势。产业结构学派的观点更加强调不同的竞争优势来自不同的产业结构特点。数据分析发现,从长期来看同一产业内部利润的差异程度比不同产业之间的利润差异程度要大得多,因此,最关键的超额利润还是来源于创业企业自身。基于此,有学者提出创业企业的竞争优势更受自身因素的影响,应该将竞争优势的来源集中于内部因素,从资源的角度来探讨竞争优势,且无法被模仿代替的资源才能在复杂动态的外部环境中、机遇与风险并存的市场上为创业者带来利益并形成创业企业的竞争优势。回顾资源基础理论的分析框架,资源能够为创业者带来竞争优势的关键在于资源的分布是不均衡的,资源在经营主体之间不完全流动。限制资源的事前事后竞争,具体来说可以是创业者突出的个人能力、管理技能、无形资产以及组织的制度文化、人力资源、信息等。在资源基础理论中，资源是中心，资源的获取与组合是影响绩效的核心因素。

以上四个理论从管理学视野出发，强调了高校内部协同培养和外部协同培养的有机统一、人力资源管理对提升组织的创新能力水平的重要作用、资源的获取与组合对竞争优势形成的作用，对于本书讨论"一带一路"倡议下高校创新创业大学生跨文化能力培养保障机制提供了理论支撑。

第二节　跨文化能力与创新创业关联探讨

一、跨文化能力与创新创业能力的概念共通性

跨文化能力与创新创业能力的共通性是它们都涉及多方交流互动，不是个体的孤军奋战。跨文化能力是在文化多元的环境中，个体基于一定的跨文化知识储备，所展现出的能够与不同文化背景者进行顺畅、适恰沟通互动，包括语言表达、非语言行为、文化习俗遵循等方面的实际操作能力。1991 年，东京创业创新教育国际会议从广义上把"创新创业教育"界定为：培养最具有开创性个性的人，包括首创精神、冒险精神、创业能力、独立工作能力以及技术、社交和管理技能的培养①。从以上的两个定义分析，交际和社交是跨文化能力和创新创业能力的交集和共同点，都要求人们能够运用一定的方式或工具传递信息、交流思想，从而成功地完成某种特定目的的活动。在大学生创新创业国际大赛中，跨国分组和组队解决多边区域性问题是常见命题，这使得跨文化能力的重要性显得尤为突出。因此，跨文化能力与创新创业能力相辅相成，互为补充。

二、跨文化能力与创新创业能力的共同面向

跨文化能力面向所有受高等教育者，与创新创业能力同等重要，两者都是国家培养未来公民的基本内容。2016 年，世界教育创新峰会与北京师范大学中国教育创新研究院共同发布了《面向未来：21 世纪核心素养教育的全球经验》研究报告。报告对比分析了 5 个国际组织和包括中国在内的 24 个经济体的 21 世纪核心素养框架。从全球范围来看，许多国家对核心素养的选取都反映了社会、经济、科技、信息发展的最新要求，内容虽有所相同，但目标都是为了适应 21 世纪的挑战。结果表明，最受国际组织和各经济体重视的七大素养分别是沟通与合作、创造性与问题解决、信息素养、自我认识与自我调控、批判性思维、学会学习

---

① 《高校教育要厚植创新创业文化》，http://www.moe.gov.cn/jyb_xwfb/s5148/201509/t20150907_205648.html。

与终身学习,以及公民责任与社会参与。沟通与合作包含跨文化能力,是学生的基础素质;创造性与问题解决以及批判性思维体现为创新创业素质,是学生必备的创新创业能力。报告还阐述,根据收入水平分类,高收入经济体尤为关注的素养包括了创造性与问题解决、跨文化与国际理解这两项。这既说明两者的培养并行不悖,也表明这两大素养对学生的创新创业项目产生一定的经济效益影响。

从以上可见,随着国际化和全球化进一步加速,跨文化能力研究吸引了各国学者的关注,其中跨文化能力概念及理论模型是本书的重中之重。由于世界各国政治、经济、文化交往日益频繁,当今世界的全球化趋势加速发展,各个不同文化间的沟通、交流和彼此依赖的关系达到了空前的程度。但是当人们同其他文化的人进行沟通的时候却经常会出现各种各样的误解、冲突甚至是跨文化交际的失败。因此建立在个人的跨文化知识、技能和态度基础之上的,在跨文化交际实践中所表现出来的,进行有效和恰当沟通的能力就显得尤为重要。

三、"一带一路"倡议下跨文化能力与创新创业能力的国际化培养旨向

自国家创新驱动发展战略实施以来,关于大学生创新创业人才培养的研究就被不断地提出。随着中国国际地位逐步提升,国际影响力持续增强,"一带一路"倡议出台,中国企业向共建国家"出海"的步伐也不断加快。随着创新创业领域的研究成为热点话题,大学生作为创新创业的主力军,自然也成为该领域研究的关注对象。近几年,关于"国际化""一带一路"视域下大学生创新创业能力培养的研究处于不断深入和细化的历程中。总体来看,"一带一路"倡议下大学生国际化创新创业人才培养路径的重点落在了提升创新创业能力、相关专业能力和跨文化能力三个方面。

在创新创业能力提升上,不少学者探索并思考了面向国际化的高校创新创业人才培养。例如,田峰等(2018)借鉴新加坡南洋理工大学的国际化人才培养经验,提出面向国际化的高校创新创业革新方案,包括营造高校创新创业意识和氛围、丰富高校创新创业课程体系、打造高校创新创业师资、完善高校创新创业教材、增强高校创新创业实践平台等五个方面。陈审声(2021)认为我国高校创新创业人才在"一带一路"倡议背景下,存在着市场开拓、跨文化交际和科研创新三种能力偏弱的情况。在此情况下,地方高校可以通过树立复合型创新创业人才培养理念、提升创新创业教育师资水平、构建全方位融合的创新创业人才培养模式、搭建多层次的创新创业教育合作平台等途径,促进创新创业人才能力水平的提升。陈尧等(2020)剖析了当前高等教育国际化及国内双创教育的政策和技

术的现状，结合国际化视域下的双创型人才培养实践，总结出国际化双创人才的培养路径，为培养出更适合行业和学科发展的优秀人才提供参考。在专业能力提升上，国际交往，特别是外语相关专业的创新创业人才培养受到学者较为广泛的重视。例如，盛冬梅（2021）将大数据与外语专业人才培养机制相结合，构建了外语专业创新创业人才培养方案、外语专业课程教学方案，从高校、政府、企业三个方面构建了外语专业创新创业人才培养的保障措施。张艳波（2019）分析了"一带一路"倡议下翻译人才的需求指向，提出了翻译专业创新创业人才培养及其完善路径，以此提升我国翻译人才在国际市场上的影响力和竞争力。傅顾等（2018）在研究创新创业理念如何融入会计国际化专业教育中，提出把实务界出现的新动向和新做法作为背景资料融入教学案例中，力求使学生熟悉国际惯例和市场规则，成为具有全球视野和战略思维的复合型、创新型人才。

　　这些国际化创新创业能力培养的研究仅以较少篇幅介绍了跨文化能力的提升，跨文化人才培养的阐述往往浅尝辄止，培养路径停留在课程体系优化、师资优化、拓展国际交流平台和活动、促进留学交流等宽泛的介绍上。例如，张兄武和谢冉（2016）在"一带一路"倡议下的建设工程国际化人才培养研究中，提出要以提升工程技术能力为核心深化专业课程教学改革，以增强与项目所在国交际能力为重点从而加强跨文化交际能力培养。张映婷（2021）提出在英语教学课程中充分挖掘跨文化及创新创业元素，激发学生的跨文化及创新创业意识，实践线上线下混合新模式及三个课堂联动教学的交互模式，采取多维度、多元化的考核体系，以此来培养兼具英语技能、跨文化素养和创新创业素养的国际化人才。唐静和赵烨（2018）认识到当下外经贸人才缺乏跨文化能力的培养，提出要从人才培养交流与合作、人才平台建设、海外高校跨国联合培养等方面来加强共建"一带一路"国家之间的合作。王莉芳等（2020）在探索西北工业大学国际化复合型创新创业人才培养新模式时发现，该校通过国际化培养平台为复合型人才提供了更多海外学习、创新理念融合、国际项目参与的机会，同时选用具有多学科国际化背景的教师来指导创新创业人才的培养。谭雪萍（2020）则建议开办国际化的创新创业赛事，积极利用国际组织的实习机会、海外大学的实习资源助推跨文化素养和创新创业能力的提高，将留学生分散到各学院，引导其参加本校创新创业团队来增加中国学生的跨文化沟通机会。

　　上述研究虽然都提到了创新创业大学生跨文化能力培养的可行路径，但并未结合"一带一路"倡议提出后的人才培养转变需求做出系统而全面的探究。而跨文化在创业过程中既影响到个人层面的创业决策、认知，又影响整体层面的创业趋势，出色的跨文化能力还能使创新创业人才在国际交流合作中实现有效沟通，开拓国际市场，更好地实现"一带一路"建设。综上可见，"一带一路"倡议下创新创业大学生跨文化能力培养的研究具有广阔的前景以及重要的现实意义。

第三节 基于 ICC 模型的"一带一路"倡议下创新创业 大学生跨文化能力培养的内涵与结构分析

2013 年 9 月和 10 月,国家主席习近平在出访中亚和东南亚国家期间,先后提出共建"丝绸之路经济带"和"21 世纪海上丝绸之路"的重大倡议[①]。进入 21 世纪,在以和平、发展、合作、共赢为主题的新时代,面对复苏乏力的全球经济形势,纷繁复杂的国际和地区局面,传承和弘扬丝绸之路精神也更显重要和珍贵。"一带一路"倡议对于人才培养也提出了新的需求与挑战,2018 年全国教育工作会议进一步提出要"深入推进高校创新创业教育改革"[②],在这一背景下,对于创新创业大学生跨文化能力的培养需要进一步的探索和实践。

跨文化能力的概念不是普适性的,而是根据所应用的不同的领域有所差别,具有一定的文化和情景特殊性。本部分借鉴英国学者 Byram 的 ICC 理论,从知识、技能、态度、意识四个维度构建创新创业大学生跨文化能力模型。在这一模型下,对于跨文化能力的内涵,以及内涵下所细分的维度,也应当在"一带一路"倡议的背景下,围绕创新创业大学生进行研究讨论。

一、知识维度

创新创业大学生的跨文化知识维度主要为培养学生作为全球公民的跨文化素养,了解中国文化知识、世界文化知识、普遍文化知识,形成对世界及其复杂性的认知和思维能力以及对文化与个人、社会之间关系的理解,也包括对本族文化和世界其他文化的理解。

服务"一带一路"建设的创新创业大学生跨文化知识维度需要培养学生关于自己国家以及共建国家的创新创业教育理论和个人与社会层面进行创新创业互动所需的知识。

二、技能维度

创新创业大学生的跨文化技能维度需要学生在与他人交流中具备从自己和他

[①]《经国务院授权 三部委联合发布推动共建"一带一路"的愿景与行动》,https://www.gov.cn/xinwen/2015-03/28/content_2839723.htm。

[②]《在全国教育工作会议上的讲话》,http://www.moe.gov.cn/jyb_xwfb/moe_176/201802/t20180206_326931.html。

人的角度解释和分析数据，并找到其中内在关联的能力和获得某种文化习俗新知识，以及在实时交流和互动的前提下操作这些知识、态度和技能的能力。

服务"一带一路"建设的创新创业大学生的跨文化技能维度需要培养学生与自己国家的社会群体以及对话国家在创新创业实践活动中的包括聆听、观察、描述、比较等的基本技能和交流沟通、冲突管理、反思评价、学习创新等的实践应用技能。在知识和技能维度上的跨文化素养要能帮助学生凸显创造性人格特质，更有效地发挥以目标确定、行动谋划、果断抉择、沟通合作、把握机遇、防范风险和抗挫折等为关键的七种能力，加强以自信心、责任心、冒险意识、合作意识、市场意识、风险意识和抗挫折性为核心的心理素质。

三、态度维度

（一）跨文化模型中态度的内涵

态度作为一种心理现象，它在广义上的内涵，既包括人们的内在体验，又包括人们的行为倾向。在一般情况下，态度通过人的外在行为，如言论、表情和行为等来反映。在 Byram（1997）的跨文化能力模型中，态度就是相对自我、好奇心和开放性、包容和接受其他文化，而不是一味地固守自身的文化，且在这一模型中，他认为态度是最根本的构成要素。Byram 认为，在态度层面上，就是搁置对其他文化所持的怀疑以及对自我文化的信仰的好奇心、开放度和成熟度。

在"一带一路"倡议下，跨文化模型中的态度这一维度是指创新创业大学生应当以开放包容的态度，从不同的视角看待和理解本国文化和共建国家的文化；对待不同文化有积极的态度，能够尊重其他文化，尤其是共建国家的文化；有强烈的跨文化交流意愿和兴趣，接受文化差异，在创新创业过程中愿意去接纳和宽容外国人不同的价值观等。

（二）内涵具体分析

除以上对于跨文化模型中态度内涵的基本论述之外，还应当考虑在"一带一路"倡议的大背景下，创新创业大学生在面对不同文化、价值观时，除相应的知识和技能外，还应当抱以怎样的态度。

1. 平等互惠

"一带一路"倡议旨在紧密联系人类命运共同体，这符合当今世界发展的需求，也是保证我国经济持续稳定发展的重要战略。通过与周边国家建立起更深层次的合作共赢共同体，促进区域经济持续健康发展。这一过程中，我国和共建"一带一路"国家在多方面已经达成共识。实际上，在"一带一路"倡议提出之后，我国和多个国家共同努力，我国企业和共建国家企业的合作交流也日益频繁。对于创新创业大学生来说，无论是在经济合作层面，还是在人才交流层面，都提出了更高的要求，要更好地为"一带一路"建设事业服务，实现个人的价值，就要怀抱平等互惠的态度，在开展经济合作时，对待他国的合作方或员工，态度和地位上是平等的，利益上是互通的，不可差别对待，或歧视贬低。

2. 开放包容

当今中国以开放包容的姿态面向世界，"一带一路"不可能是哪一家的独奏曲，而是各国共同交流的交响乐，是在我们追求自身发展的同时，与他国共同进步。在"一带一路"倡议的背景下，大学生在创新创业时，必然会遇到与我国共建国家开展交流合作的情形，在这一过程中，也必须有开放包容的态度，开放包容也是丝绸之路精神的最显著特征。开放包容既不是毫无原则地抛弃自身文化，迎合他国文化，也不是一味地固守本国文化，企图征服他国文化，而是需要在认同本民族文化的同时，包容和尊重其他文化，求同存异。在个人层面上，开放包容就是要能够与他人坦诚沟通，了解互信，以开阔的胸襟、长远的目光来促进发展，对于创新创业大学生跨文化能力的培养，具有开放、包容的态度至关重要。

3. 尊重理解

在"一带一路"倡议下，需要的是世界各国共同发展、合作共赢，我国与周边各国要合作共赢，就要尊重理解他国的法律、文化以及价值观，不能把自己的制度和规则强加到别人头上。"民心相通是'一带一路'建设的社会根基"[①]，这凸显尊重理解的重要性，只有尊重理解才能打破隔阂，消解冲突。因此，跨文化能力的培养，须保持尊重理解的态度，在开展经济活动的过程中，尊重他国的政治法律制度、文化习俗、宗教信仰等。我国驻外企业不乏聘用外籍员工，无论在经济合作还是人才交流上，唯有尊重理解方能收服人心，达到合作共赢，实现可持续的合作发展。

4. 国际视野

当前人类社会联系越来越紧密，各国交流日益频繁，世界经济发展最显著的

---

① 《经国务院授权　三部委联合发布推动共建"一带一路"的愿景与行动》，https://www.gov.cn/xinwen/2015-03/28/content_2839723.htm。

特征就是经济全球化。构建人类命运共同体是"一带一路"倡议的目标，中国也始终真诚地表现出与世界各国携手构建人类命运共同体的意愿。"一带一路"倡议更充分彰显着中国关注人类前途命运的天下情怀，充分体现了为人类做出新的更大贡献的历史担当。在这一背景下的创新创业大学生，需要具有国际视野，深刻理解国际形势，坚持国际眼光，从世界的角度了解国际社会，克服视野局限和信息偏颇，广泛、开放地接受多元文化，在全球化竞争中善于把握机遇，努力成为促进跨文化理解与文明互鉴的国际化人才。

四、意识维度

（一）跨文化模型中意识的内涵

从生物学的角度来说，在有机体生存的适应活动中，由中枢神经系统产生的主观性，可称为意识。从哲学的角度来说，意识是指人的头脑对于客观物质世界的反映，是感觉、感知或思维等各种心理过程的总和，是人类特有的反映现实的高级形式，且意识对于存在具有反作用。从心理学的角度来说，广义的意识概念是指大脑对客观世界的反映；狭义的意识概念则是指人们对外界和自身的觉察与关注程度。意识与知识、技能不同，意识会随着知识、技能的增加而随之提高，同时，意识反过来也会促进知识技能的学习和发展。意识往往与个人身份的最深层次相关，决定着个体如何看待和理解事物。许多专家学者将意识看成其核心目标，在国外学者的研究中，也表明跨文化意识缺失是影响学生跨文化能力的主要因素之一。

在跨文化能力模型中，意识是指人们对不同文化之间差异的理解和认知能力，比如，创新创业大学生意识到在与外国人交流时彼此存在的文化上的差异性和相似性，意识到与外国人交流时自身身份和对方文化身份的差异，以及这些对于自身工作或其他方面带来的影响等。因此，在跨文化能力的培养中，跨文化意识至关重要，在"一带一路"倡议背景下，创新创业大学生需要具备跨文化意识，增强自身的跨文化能力，从而更好地认识自身，发挥自身价值，成为优秀的跨文化人才，更好地为"一带一路"的实际发展奠定坚实的基础。

（二）内涵具体分析

1. 开放意识

习近平指出："中国正在以中国式现代化全面推进强国建设、民族复兴伟业。

我们追求的不是中国独善其身的现代化,而是期待同广大发展中国家在内的各国一道,共同实现现代化。世界现代化应该是和平发展的现代化、互利合作的现代化、共同繁荣的现代化。"①"一带一路"是中国致力于加强国际合作、完善全球治理的切实行动,是中国主动开放、扩大开放的务实之举。怀有开放意识,才能集思广益,兼顾各方利益,深入推进务实合作,从而形成新的合作优势,产生"一加一大于二"的整合效应。国家层面上切实贯彻开放意识,可见开放之重要性。而在对于创新创业大学生的跨文化能力模型中,个体的开放意识则体现在要打开胸怀,真诚接纳不同的文化,不封闭自身,坦诚地、不带偏见地面对其他文化和价值观,比如,我国许多企业在"一带一路"倡议下与共建国家开展更紧密的经济合作,许多企业驻外部门会招聘外籍员工,这就是开放意识的体现。

2. 创新意识

"一带一路"倡议适应了中国特色社会主义进入新时代,我国社会主要矛盾的变化。在国际形势深刻演变的形势下,这本身就是一个创新性的举措。创新意识对于国家和个人层面都极具重要性。创新意识是决定一个国家、民族创新能力最直接的精神力量,能够推动社会的进步,带动社会经济的飞速发展;能够进一步推动人的思想解放,有利于个体形成开拓、领先意识等先进观念,引导个体不断提升自身的素质。在"一带一路"倡议这一大背景下,对于创新创业大学生跨文化能力的培养,创新意识发挥着重要作用。创新意识是能够综合运用已有的知识、技能、信息等,提出新方法、新观点的思维能力,这就要求大学生能勤于思考、勇于开拓,在"一带一路"倡议这一大背景下,依据现有的条件,能够充满信心与勇气,看到机会、抓住机遇、迎接挑战。

3. 家国意识

"一带一路"倡议是促进全球合作发展的中国方案,在这一背景下,我们更需要"讲好中国故事",在倡议实施中向世界传递中国声音,让世界更了解中国。对于这一背景下的创新创业大学生来说,跨文化能力的培养必须树立家国意识。千百年来,中华民族之所以历经数千年而不衰,经历种种挫折、磨难后依然能实现从站起来、富起来再到强起来的伟大飞跃,为人类文明不断进步做出贡献,这与中华民族血脉中深藏的家国意识是分不开的。家是国的构成细胞,国是家的扩大,家与国荣辱与共、命运相连。

---

① 《习近平在第三届"一带一路"国际合作高峰论坛开幕式上的主旨演讲(全文)》,https://www.gov.cn/yaowen/liebiao/202310/content_6909882.htm。

在"一带一路"倡议下，家国意识更加包容开放，超越国界与民族，具备"兼济天下"的大国担当。创新创业大学生极有可能会走出国门，因此要树立家国意识，明白自身命运与中华民族的命运是紧密相连的，铸牢中华民族共同体意识，立足民族又面向世界，树立人类命运共同体理念，从而彰显中华民族家国情怀的世界大同的文化底蕴。

4. 共同体意识

构建人类命运共同体是"一带一路"倡议的目标，在国际合作框架内，应该携手应对世界经济面临的挑战。在这一过程中，面临不同的文化相冲突，不同的价值观相碰撞时，就要以文明交流超越文明隔阂、文明互鉴超越文明冲突，唯有沟通才能拉近各国人民心与心的距离，营造和平安宁和共同发展的良好氛围，维护和扩大彼此的共同利益。沟通是人们分享信息、思想、情感的过程，是人与人之间思想与感情的传递和反馈的过程，沟通有利于消除彼此间的误会与隔阂。对于创新创业大学生来说，具备沟通意识，有助于跨文化能力的培养。因此，创新创业大学生应该树立沟通意识，主动搜集、传递信息从而进行信息的沟通交流；与不同文化背景的人进行情感交流；与他人交换意见、增进团结，促进人际沟通。

综上，本书形成以下关于"一带一路"倡议下创新创业大学生的跨文化能力内涵与结构总览图（图2-3）。

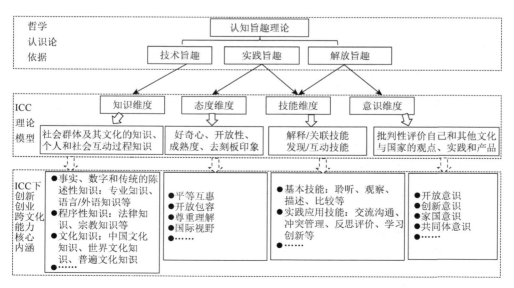

图2-3　"一带一路"倡议下创新创业大学生的跨文化能力内涵与结构总览图

第三章　创新创业大学生跨文化能力培养比较研究

分析与总结全球优秀高校对大学生创新创业跨文化能力的培养经验，对我国探索"一带一路"倡议下大学生创新创业跨文化能力培养实践具有重要参考意义。在全球化背景下，高等教育国际化深入发展，部分高等教育先发国家已经将跨文化能力的培养列为关键内容。本书通过剖析美国、英国、澳大利亚、瑞典、芬兰和新加坡实施的多种举措和多方面的保障措施，结合各国近年来的教育战略、报告等材料，探究国外创新创业大学生跨文化能力培养的最新发展趋势，为我国人才培养提供借鉴。

第一节　国外创新创业大学生跨文化能力培养背景

在全球化背景下，世界各国是紧密相连的命运共同体，各国在教育领域相互联系和影响，对人才培养提出更高的要求。因而，各国为提升经济实力和国际竞争力，重视人才强国，以创新引领国家发展，推进高等教育国际化深入发展，培养具有跨文化能力的高水平创新创业人才。

一、全球化进程对高等教育国际化的发展要求

人类联系日益紧密、各领域交流频繁与区域深入合作，各种资源跨国、跨区域交互流动，全球化正是当今时代的发展潮流。全球化以经济全球化为核心，促使世界各国在政治、文化、科技、军事、安全、意识形态、价值方式、价值观念等方面产生多层次、多领域的相互联系、影响和制约（吴坚，2009）。经济全球化的重要特征是资本、人才、技术等资源跨国界自由流动，实现各种资源和生产要素在全世界范围内的最优配置。人才是最宝贵的资源，国家经济的竞争是人才的竞争，实质是教育的竞争。经济全球化推动了教育的跨境扩张和资源交流，促使各国教育开放，加强了高等教育的竞争与合作（顾建新，2008）。经济全球化使得各国经济相互依赖、渗透，而不能封闭式发展，并对人才素质提出更高的要求，引发对与国际接轨的高水平人才的需求，进而推动高等教育的国际化。因此，各国要重视经济全球化发展对人才培养的要求，大力推进高等教育国际化发展，培养具备多元能力的国际型创新人才。

高等教育国际化对世界发展格局以及不同文化的理解有重要作用，也是实现不同国家文化交流互鉴、文明开放包容的重要桥梁。高等教育国际化并不是一个纯粹输入或输出的过程，而要将跨文化、跨国界的理念与个体的实践相结合。高等教育国际化是一个把跨国界、跨文化和/或全球化的视野与高等教育的目标、主要功能（教学、科研和社会服务）和传送相结合的过程（冯惠玲等，2011）。这就要求各国推进高等教育方面的国际交流、合作与改革，研究国外优秀高等教育机构的先进发展理念、制度、模式等，采取国内外相结合的多种举措促进学生开阔国际视野，了解国际前沿及先进方法技术，理解和尊重不同文化，并有效地进行跨文化交流，从而培养具备创新思维与能力、跨文化素养的可流动的国际型人才，进一步提升国家人才和教育的实力和竞争力。

二、深化高等教育国际化的必然趋势

全球化发展、信息技术更新迭代和各种资源跨国网络化流动，为教育打破国界、地域、制度、文化种种限制提供条件，支持教育国际化发展，从而推动世界各国不断加深高等教育的合作，适应时代新的发展与变化。

欧洲联盟（European Union）简称欧盟，是当今世界一体化程度最高的区域合作组织，在世界上发挥着重要标杆作用。20 世纪后期，伴随欧洲经济一体化的不断深化，欧盟逐渐重视教育的一体化和国际化发展。Gomes（2010）认为跨文化学习是欧洲青年工作在欧洲层面的"精髓"。为促进欧洲国家高等教育的交流与合作，欧盟推行许多相关举措，如为建立"欧洲高等教育区"的目标努力，29 个欧洲国家共同签署《博洛尼亚宣言》以及实施促进欧盟国家的高等教育交流的"伊拉斯谟计划"（Erasmus Programme）。在博洛尼亚进程中，欧盟颁布实施欧洲各国学分、学历互认的标准和推进构建质量保障体系等，推动了欧洲各国师生流动和高等教育一体化发展。欧洲共同体（欧盟前身）自 1987 年发布"伊拉斯谟计划"，通过帮助高等教育机构教师和学生流动学习、建立主题网络（thematic networks）、就特定主题领域交流与创新课程开发、国际集中项目（intensive programmes）、引进欧洲学分转换系统（European Credit Transfer System，ECTS）等举措促进欧洲高等教育国际性和整体发展。

为应对经济全球化发展大趋势和提升欧洲国家高等教育在全球的竞争力，欧盟推进欧洲国家同世界其他国家加强高等教育领域的联系与研究。于是，欧盟升级伊拉斯谟计划，立足过去和总结经验，发起了世界性"伊拉斯谟计划"。从 2004 年到 2013 年实施的"伊拉斯谟世界项目"（Erasmus Mundus Programme），以及从 2014 年至 2020 年的"伊拉斯谟＋"（Erasmus＋）项目（又称全民伊拉斯谟项目），涉及了 33 个项目国和其他多个地区的伙伴国。欧盟认识到所有领域（尤其是高等教育领域）的欧盟外部国际合作十分重要，能够为欧洲国家间及欧洲国家同世界伙伴国之间的所有领域合作提供机会。2018 年，欧盟委员会启动"伊拉斯谟 + 虚拟交流"（Erasmus + Virtual Exchange）项目，旨在推动跨文化对话，计划通过数字学习工具提高至少 2.5 万名年轻人的技能水平。该项目涉及"伊拉斯谟 +"计划的 33 个国家以及许多不同地区的国家（熊岚，2018）。

　　2013 年，习近平总书记提出共建"丝绸之路经济带"和"21 世纪海上丝绸之路"的重大倡议[①]，简称"一带一路"倡议。以此为起点，我国政府大力推动教育国际合作并陆续发布相关政策文件，2015 年发布《推动共建丝绸之路经济带和 21 世纪海上丝绸之路的愿景与行动》、2016 年发布《关于做好新时期教育对外开放工作的若干意见》《推进共建"一带一路"教育行动》，2020 年《教育部等八部门关于加快和扩大新时代教育对外开放的意见》提出"中国将打造'一带一路'教育行动升级版"[②]。"一带一路"倡议是推进中国与共建国家全面合作的重要行动计划，为各国高等教育深入交流与合作提供了良好契机。我国与共建国家院校开展合作办学、语言学习、课题研究等高等教育行动，随着"一带一路"倡议的纵深发展，共建国家与中国之间的教育交流活动大大增加，教育合作研究不断深化。例如，截至 2022 年，中国与东盟国家教育交流周已持续 15 周年，持续推动双方高水平、高层次、高质量的教育交流合作。

三、跨文化能力是人才培养的核心要素

　　当今社会国际化发展不断深化，不同文化和价值观的碰撞与融合不断加强，不仅要求人们具有获取信息、资源和掌握专门技术的能力，更要求人们能够不断适应变化，关注与捕捉新的变化与环境的机遇与挑战，能够与不同文化背景的人展开合作，以全球视野和创新思维解决问题和开展工作。因此，全球越来越重视对学生跨文化能力的培养，将跨文化能力列入面向所有学生的关键能力之一。

　　2006 年欧盟发布《终身学习核心素养：欧洲参考框架》（Key Competences for Lifelong Learning：European Reference Framework），提出终身学习的八项关键能力：母语交流、外语交流、数学素养与基本的科学技术素养、数字化素养、学会

　　[①]《构建人类命运共同体的伟大实践——写在习近平主席提出"一带一路"倡议 5 周年》，https://www.gov.cn/xinwen/2018-10/05/content_5327979.htm?eqid=8f903588000191b0000000046476109c。

　　[②]《教育部等八部门印发意见　加快和扩大新时代教育对外开放》，http://www.moe.gov.cn/jyb_xwfb/s5147/202006/t20200623_467784.html。

学习、社会与公民素养、主动意识与创业精神、文化意识与表达。2008 年，欧盟理事会承认跨文化能力是促进跨文化对话的一项重要能力，并指出这种能力是教育领域八项关键能力中的"外语交流、社会与公民素养以及文化意识与表达"三项能力的组合[①]。2011 年美国的研究报告指出，当代教育要承担培养学生全球化发展的迁移技能，让学生具备良好的交流能力、批判性思维，以及能凭借自身能力化解各种冲突的责任[②]。2012 年，联合国教科文组织发布的《全民教育全球监测报告》提出所有年轻人都要具备三类主要技能——基本技能、可转移技能、技术和职业能力，以及可以获得这些技能的环境。其中，可转移技能包括解决问题的能力、有效地交流思想和信息的能力、具有创新意识、表现领导力和责任感以及创业能力。2018 年，经济合作与发展组织（简称经合组织）发布了《PISA 全球素养框架》（PISA[③] Global Competence Framework）。该框架中包含"四维度四要素"的全球胜任力体系，指明全球胜任力的四个目标维度为"分析本土、全球和跨文化的问题；理解和欣赏他人的观点和世界观；与不同文化背景的人进行开放、得体和有效的互动；为集体福祉和可持续发展采取行动"，四个要素为"知识、技能、态度和价值观"。这不可分割的"四个要素"是全球胜任力"四个维度"发展的基石。例如，考察一个全球性问题需要关于特定问题的知识、将获取相关知识的意识转化为更深层次理解的技能，以及从多元文化视角反思该问题并牢记参与各方的利益的态度和价值观。

　　从上述国际权威组织发布的报告可以看出，跨文化能力日益被明确地确定为应对 21 世纪挑战的当代人才的必备素养，以及所有学生要具备的关键能力。关键能力的选择体现了社会经济、科技以及文化信息等发展的时代要求，对于世界每位公民来说，跨文化能力是个人成长发展的关键素养，对恰当、有效地解决涉及不同文化环境的工作、生活问题会产生有益影响。跨文化能力在 21 世纪的专业和科学实践中越来越重要。服务于世界经济全球化发展需要，培养学生跨文化视野和跨文化能力，为其职业生涯的成功奠定基础，愈加成为高等教育的重要目标（Starr et al.，2022）。对于培养创新创业大学生、国际化创新创业型人才而言，注重培养他们的跨文化能力至关重要。跨文化能力与创新创业能力的共通性都涉及多方交流互动，不是个人的孤军奋战（谭雪萍，2020）。大学生形成创新创业项目以及实现落地孵化、运营等都需要团队建设和多方协调配合，还有在跨国公司工

---

　　① Council conclusions of 22 May 2008 on intercultural competences，https://www.cedefop.europa.eu/en/news/council-conclusions-22-may-2008-intercultural-competences.

　　② Educating for Global Competence: Preparing Our Youth to Engage the World，https://pz.harvard.edu/sites/default/files/book-globalcompetence.pdf.

　　③ PISA 英文全称为 Programme for International Student Assessment，即国际学生评估项目，是经合组织进行的 15 岁学生阅读、数学、科学能力评价研究项目。

作和解决跨区域、国界问题等都需要应用跨文化能力，跨文化能力的重要性不言而喻。通过培养学生超越自己文化的限制，准确理解对象国文化，并运用相应的文化和交流等方面的知识和技能，以及通过与他人有效和适当的互动，达到协同合作、和谐共处的能力，将为潜在的创新创业者成功与他人达成合作以及获得项目相关支持等提供更大的可能性。

第二节 国外创新创业大学生跨文化能力培养的主要实践

面对激烈的国际竞争和对更具全球竞争力的高层次创新人才的需求，全球各国努力提升高等教育国际化发展水平。在世界舞台上，一些国家对培养具有全球视野和创新思维能力、能够参与跨国界/地区事务的跨文化人才实施多种促进策略和举措，形成了较为完善的体系经验和实践成果。美国是最早提出创新创业教育理论的国家，其创新创业实践也处于世界领先地位，美国的创新创业教育重在培养学生关注民族和国际多元文化，增进跨文化交流与理解能力。英国、澳大利亚的创新创业教育同样起步较早，高等学校在创新创业人才培养方面成效卓越。此外，北欧也是世界创新活跃地区之一，瑞典、丹麦、芬兰 2019 年全球竞争力排名前 10[①]，在《2020 年全球创新指数》报告中，瑞典、芬兰、丹麦分别位列第 2、6、7 位[②]。瑞典、丹麦、芬兰全球竞争力和创新力水平的领先，离不开三国高等教育国际竞争力的提升，在培养学生创新能力和创业精神的同时加强国际交流。另外，共建"一带一路"国家——新加坡，虽然创新创业教育起步较晚，但也形成了较为完善的创新创业体系，越来越重视培养具备国际意识和跨文化交流能力的人才。分析和总结美国、英国、澳大利亚、瑞典、芬兰以及新加坡等 6 个国家高等教育对培养具有国际视野和国际竞争力的创新型人才的已有经验，可以为我国国际化创新人才培养提供有益借鉴。

一、开设国际化创新创业教育项目

高校开展国际化创新创业教育项目，能够使学生与不同国家或区域人员交流，理解不同地域的创新创业文化和环境，从而培养具有全球视野和国际交流能力的创新创业人才。

---

① The global competitiveness report 2019，https://www.weforum.org/reports/how-to-end-a-decade-of-lost-productivity-growth.

②《2020 年全球创新指数：谁为创新出资？》，https://www.wipo.int/wipo_magazine/zh/2020/03/article_0002.html。

　　美国一流大学结合自身需求推动创新创业实践平台建设，提供国际性实践学习项目。例如，麻省理工学院（Massachusetts Institute of Technology，MIT）的创新创业中心——埃哲顿中心（Edgerton Center），其设立的国际合作开发实验室（international cooperation and development-lab，D 实验室）利用学校国际化教育职业发展中心、国际科学工程社团和国际研究机会计划等资源为学生提供各类国际化、职业化的研究项目与交流机会，包括工程设计、跨文化沟通、社会创业等。另外，美国高校创业部通常会为学生提供国际创业教育项目，如美国贝勒大学创业部开设以国际化为主题的 4 个学分的国际创业教育项目，即"非洲的社会创业项目""亚洲的技术创业项目""拉丁美洲的创业项目""欧洲的贝勒创业项目"等，它们具备不同的结构和侧重点，但都致力于促进学生理解不同地域的特色文化和创业环境（胡英芹和吴坚，2018）。

　　英国创业型大学将国际化融入创业议程，设置跨文化课程以及国际交流项目，培养学生的国际化素养。例如，牛津大学赛德商学院邀请富有经验的创业成功人士为学生指导并开展模拟项目，让学生感受市场环境与需求，推进创业实践。同时，还注重帮助学生了解国际关系、公共政策、行业规则对微观主体的影响，提高学生在不确定的经济环境中运作企业的能力（曹虹剑和王嘉熙，2022）。

　　澳大利亚高校基于面向社会和全球问题的理念开展创新创业教育。澳大利亚国立大学（Australian National University，ANU）奉行"problem-based learning"（PBL，基于问题式教学法），其创新创业课程——Tech Launcher 最开始的一环便是社区、政府、企业登录课程网页，发布需要解决的问题，Tech Launcher 课程具有真实性、复杂性、挑战性极强的特点。依托其鲜明的问题导向，Tech Launcher 课程极大地提高了大学生分析问题、解决问题的能力。此外，澳大利亚大学生创新创业大赛始终着眼于全球问题的解决。例如，2016 年 10 月，澳大利亚国立大学名为"可再生认证"的学生创业公司在大会发表演讲，向全世界展示其应对气候变暖的创意（罗亮，2018）。

　　北欧国家高校同样重视高校创新创业教育和提升其国际化水平。例如，芬兰阿尔托大学依托学生组织的丰富社团活动，推行自下而上的创业教育。最具代表性的社团——阿尔托创业社（Aalto Entrepreneurship Society）通过具体创业项目，如创业桑拿加速器（Start-up Sauna）、创业生活实习项目（Start-up Life）、创业夏季（Summer of Start-up）及 Slush（初创企业大会）等推动创业事务。创业桑拿加速器和 Slush 创业活动分别被誉为全国最大的种子加速器和北欧最大的创业活动（Foss and Gibson，2015）。创业桑拿加速器是促进阿尔托创业生态系统向国际化发展的创业项目，它为学生的创业活动提供实习、合作场所，使得有志于创业的学生可以在此接触不同的企业家、咨询顾问和其他志趣相投的人（卓泽林，2017）。

新加坡国立大学有机整合"国际化"与"创新创业",通过与海外院校建立海外学院,推行"浸入式"跨文化创新创业学习的海外实习项目。该项目通过将最具创新精神和创业潜力的学生输送到全球五大创业枢纽中心,让他们在高科技衍生企业实习一年,其间他们可以在各国合作院校(partner university)注册学习有关创业的课程(卓泽林和王志强,2016),包括技术创新管理、创业领导力、创新与创业等创业通识课程和结合具体学科的专业性技术课程(吴伟等,2015),使学生真正投入国外高科技衍生企业创业实践中,在耳濡目染中接受企业文化和把握当地商业生态系统,激发创新意识、创造热情以及沉着应对不确定性、变通开拓的精神。

二、推进课程国际化

课程国际化是指"在内容上带有国际化取向的课程,旨在为学生在国际和多元文化场景中的职业和社交行动做准备,并且为本国和外国学生设计的相关课程"(van der Wende,1996)。培养学生的跨文化能力是课程国际化建设的核心目标(Leask,2001)。开设国际化课程是推进课程国际化目标实现的重要方式,既能培养学生具备职业、社交方面的技能,还能使学生获得在多元文化环境中调整和适应的能力。

(一)开设丰富的国际化课程

美国高校将国际性内容增加到专业学习中,特别是增设国际经济贸易、世界历史、法律等课程。例如,美国塔夫茨大学法律与外交学专业的学生需要学习"国际法和劳工组织""外交、历史和政治""经济和国际贸易"这三个类别的基础核心类课程,以扩充学生日后处理国际事务和国际问题所需要的专业背景知识。美国高校还与各国高校合作推出课程,增加学生与不同国家、文化背景人群对话机会,帮助学生提升理解和欣赏不同文化的能力。2010年,美国耶鲁大学和墨西哥蒙特雷科技大学共同设置暑期课程,并积极参与到研究型大学国际联盟举办的全球暑期课程体系中(王俊烽,2012)。马萨诸塞大学波士顿分校通过开设涉及不同地区文化与价值观念、民族问题以及公民教育等内容的156门多元文化课程,培养学生的批判意识与社会改造精神,课程内容由全校20个不同院系共同开设。

英国高校将国际主题课程以及区域、国别研究课程纳入本土高校课程内容之中。例如,曼彻斯特商学院开设"欧洲研究"和"亚太研究",其他高校普遍开设国际关系、世界经济、国际商务、跨国企业管理和多元文化比较等课程（陈诗豪，2020）。在专业培养中，英国高校增设培养学生国际视野与跨文化能力的教学环节。例如，2019 年 10 月，伦敦国王学院的战争研究、化学与信息系同马歇尔电子化学习咨询公司联合推出在线模块课程"全球化世界中的专业技能"。该课程聚焦世界的多样性和包容性，教育学生通过管理偏见、言语及行为来影响他人并创造一个更具包容性的社会环境①。同时，英国高校尤其注重与海外高校合作开办联合学位课程，使学生沉浸式感受海外文化特点与风土人情。利兹大学为学生提供跨文化交流研究与专业语言结合的课程，学生通过分析全球性问题进行跨文化社会互动研究，从而发展专业语言方面的能力，如英语翻译、公共演讲、书面交流等方面的技能，进一步帮助学生与不同文化背景的人进行有效沟通②。

　　澳大利亚高校通过开设国际性的课程，并增加国际性内容的方式推动课程创新。国际政治和国际经济、国际金融和国际贸易、国际文化研究、国际史等课程广泛开设。同时，创办联合学位课程、开设涉及多国的交叉项目、引进语言学习和地区研究、采用比较和跨文化的研究方法、规定部分国外课程或国外学习经历、安排海外实习或教学旅游、聘请外国访问学者授课等方法被广泛应用（de Wit，1995）。多元文化课程也是澳大利亚高校特别重视的课程类型。澳大利亚的多元文化课程内容既包含消除族群矛盾内容的知识，还包括培养学生适应多元文化社会的能力的内容，通过引入他国的文化知识，引导学生发挥主体性地理解他国文化，尊重多元文化。为保持课程内容的连贯性，澳大利亚多元文化课程采用将多元文化融入渗透学科课程的方式，设置多元文化专题任务，通过在现有课程中增加多元文化内容以及开发特色校本课程的方式实施教学（姚顺良，2014）。

　　新加坡特别注重培养具有全球化视野与多元文化适应能力的国际化人才。新加坡国立大学开设大量国际性课程，如国际经济法与国际关系、国际商业、企业国际化战略等，注重培养学生的国际眼光与国际态度，提升其国际知识水平与国际活动能力。同时与国外知名大学合作建设课程，推出与伦敦国王学院合作的双学位课程，还与东京大学共同推出公共政策双学位课程。新加坡国立大学与北卡罗来纳大学、约翰斯·霍普金斯大学、澳大利亚国立大学等知名大学共同开办35 门联合学位课程（joint degree program，JDP），为学生提供跨校学习不同学校

---

① Giving students the skills they need to succeed in a globalised world，https://www.kcl.ac.uk/news/giving-students-the-skills-they--need-to-succeed-in-a-globalised-world.

② Professional language and intercultural studies M A，https://coursesleeds.ac.uk/f584/professional-language-and-intercultural-studies-ma.

特色课程的机会，满足学生体验多种教学文化的需求（李昕照，2020）。另外，新加坡的大学的创新创业课程特别注重培养学生的国际视野，新加坡南洋理工大学的南洋科技创业中心会定期安排学生前往美国、欧洲等地的相关机构进行海外考察（陈泽和黄宇，2019）。

（二）加强外语教育和二语授课

美国 2006 年颁布《21 世纪外语学习国家标准》（Standards for Foreign Language Learning in the 21st Century）明确提出培养学生熟练的外语应用能力必须与跨文化交际能力的培养紧密结合（吴格非，2017）。美国高校通过设置丰富的外语课程，将学生的外语学习与跨文化学习结合起来。耶鲁大学开设了包括汉语、拉丁语、韩语、俄语等几十门外国语课程。美国高校的外语教学尤其重视在课堂内外培养学生的全球跨文化交际能力（global intercultural competence），注重利用和发挥各类课堂教学手段与方法，派送学生到海外学习语言和增强跨文化实际体验（吴格非，2017）。

澳大利亚高校在外语教育政策的引导和支持下，开设多种语言课程。既开设有英语、汉语、法语等使用较广泛的语言，还开设有阿拉伯语、韩语、瑞典语等多种小语种课程。通过支持学生学习外国语言与文化，推动与其他各国的文化沟通，培养全球视野与获得国际化能力，从而提升全球竞争力。

北欧国家大学一般会开设英语本科课程，高年级本科生课程和研究生课程基本使用英语授课。据相关统计，瑞典 39 所高校提供 3000～4000 门的英语课程（包括硕士课程）。其中一所大学表示，像全球道德规范、民族文化课程能够提高学生对其他文化的理解，培养其跨文化和国际意识，只要有一名国际学生选修一门课程，此课程就会使用英语授课①。芬兰的大学提供"外语作为教学语言学位项目"，2004 年修订的《芬兰大学法》要求设立以英语为教学语言的学位，后来芬兰启动"马蒂·万哈宁计划"（Matti Vanhanen Initiative）推动外语成为教学语言（杨晓斐，2015）。通过英语教学，减少国际交流的语言障碍，达到提升国际交往技能、扩大国际视野的目的。

新加坡倡导"母语＋英语"的双语教育，将英语作为官方语言之一，提倡全英文授课。全英文授课较好地吸引了国际留学生，为他们提供了有利于沟通和交流的语言环境，同时促使本国学生与不同文化背景的学生共同学习和生活，更好地培养其成为具有国际视野和技能的人才。

---

① Higher Education in Sweden 2018 Status Report，https://www.uka.se/download/18.2ca90f318bab86f7312275b/1699608316803/Report-2018-06-26-higher-education-in-sweden-2018.pdf.

三、支持学生国际流动学习

国外高校一方面鼓励学生出国学习交流，促使学生深入异文化环境，体验不同特色文化；另一方面，积极招收留学生，推进国际化项目使学生在国际化的校园中体验迥异的语言文化环境，使学生获得国际性和多元文化的体验。

美国本科教育注重培养学生的海外经验，学生参与海外学习交流的比例较高。2006 年，美国国际教育交流协会（Council on International Educational Exchange）提出"鼓励更多美国学生赴非英语国家留学应成为美国培养全球能力战略的主要策略"（Shams，2006）。例如，美国西方学院倡导东西方文化互动，鼓励学生四年本科期间至少一个学期进行海外学习交流。哈佛大学学生的海外交流比例达90%以上，西方学院约 70%，密歇根州立大学的本科生赴海外交流比例也达半数以上（密歇根州立大学本科生数达三万余人）（臧小佳等，2021）。同时，美国也采取多种措施提升对高素质人才的吸引力。大学积极制订学校或学院层面的留学生招生计划，招收本科生或研究生。并且通过调整签证政策，极大地鼓励留学生和访问学者前往美国。

英国高校为学生提供丰富的出国留学交流机会，如学生交换项目、海外企业实习。另外，部分社会组织也开展促进学生国际流动学习的项目，如英国共同目标公司（Common Purpose UK）提供的全球领导力体验项目（Global Leader Experiences：Abroad）（王璐等，2021）。同时，英国高校开设的高质量国际化课程和多层次教学保障体系保障了他国学生来访学习质量。

澳大利亚政府发布的《亚洲世纪中的澳大利亚》白皮书鼓励大学生到国外进行学习，学习当地语言和感受异国文化①。2015 年，"新科伦坡计划"正式实施，计划提出五年内投入 1 亿多澳元支持 18 岁至 28 岁的澳大利亚大学生到印度-太平洋（Indo-Pacific）国家和地区学习或实习，推动学生参与国际交流与合作（时晨晨，2018）。与他国高校合作推进教育项目是澳大利亚政府吸引国际学生的措施。1994 年，澳大利亚与全球高校已合作建立了 1800 多个跨国教育项目，并成立"澳大利亚国际教育基金会"，更全面地掌握国际人才市场信息和吸引国际学生。2000 年，澳大利亚政府启动了《海外学生教育服务法案》，进一步提升和保护了留学生权益，极大地吸引了外国留学生（吴佳颖，2020）。此外，澳大利亚高校与世界各大学建立合作伙伴关系，积极加入世界大学联盟，扩大招收全球学生的范围。

---

① Australia in the Asian Century，https://parlinfo.aph.gov.au/parlInfo/download/publications/tabledpapers/65887/upload_pdf/HPP012016000663.pdf.

　　北欧国家结合自身需求与教育特色持续放开对国际学生流动的限制。1991年，芬兰成立国际交流中心（Centre for International Mobility，CIMO），旨在促进芬兰社会特别是教育、培训、工作生活、文化和青少年间的国际合作和流动性（庞沫迪，2015）。20世纪末，针对促进学生国际化交流，芬兰又提出了发展高等教育国际化的战略计划，教育部为综合性大学提供资金，帮助本国高校与英国、法国、德国等老牌欧洲国家建立了试验性学生交流项目（王俊，2010）。同时，考虑到留学生语言障碍和教育影响力，芬兰高校不断增加针对留学生的英语授课课程（庞沫迪，2015）。瑞典同样大力支持学生国际流动，瑞典高等教育委员会不断加大学生流动资助力度，鼓励本国学生积极参与欧盟内部的学生流动项目。同时，瑞典实施高等教育"在地国际化"战略，利用国际教育资源将跨文化和国际化理念融入正式和非正式课程，为全体学生打造国际化的学习环境，推动瑞典本土高校开展国际化建设，培养学生的跨文化素养和国际视野（张伟和刘宝存，2017）。

　　新加坡为拓宽学生国际视野，培养全球化优秀人才，在全球范围内推行体验—实习—交换学习的交流计划。通过"学生交换互惠"计划，本科生可在三十多个国家和地区的一百多所高校交流学习，2017～2018学年就有超过2200名本科专业学生通过该计划赴海外进行为期半年到一年的交换学习；通过"国际研究见习"计划，新加坡国立大学学生赴全球一流的科技大学实习，并在顶尖学者指导下开展联合科研及实践活动（李元正，2018）。

四、扩展跨国教育合作

　　通过缔结国际战略联盟、国际合作学位项目、建设海外分校、吸引和支持国外大学在国内设立分校或联合办学等方式，各国高校为学生跨国学习提供了广泛的资源支持。

　　美国高校与境外高校通过联合办学、合作开展国际项目增加学生跨文化学习经验。2011年，耶鲁大学和新加坡国立大学合作成立耶鲁-新加坡国立大学学院（Yale-Nus College），合作学院实行四年制学位课程，两所大学合作招聘教职员工及高层管理人员，课程设置强调批判性思考和跨学科研究。耶鲁大学还与北京大学创立北京-耶鲁研究生互换项目，北京大学学生可以到耶鲁大学学习欧洲、美洲的历史，同时耶鲁大学的学生也可以在北京大学学习中国的历史与文化。

　　英国高校推动跨国高等教育合作的方式主要是与全球高校创建大学联盟、联合办学及建立海外分校，极大地提升了学生交流合作和跨文化交际能力。诺丁汉大学与世界高校成立联盟共同体。诺丁汉大学作为21世纪大学协会（Universitas

21，U21）大学联盟创始成员之一，致力于提倡成员大学开展交流与合作研究，包括学生交流和教师交流。诺丁汉大学与 U21 成员高校签订交换学生的协议，学生可以在 U21 成员大学学习一学期或一学年的课程作为诺丁汉大学学位课程的一部分（张湘洛，2013）。同时，诺丁汉大学与全球高校签订合作项目、联合办学项目，满足高校人才培养的跨文化需求。诺丁汉大学与中国多所高校签订合作项目，学生可以攻读联合学位课程并取得两校的学位证书。2012 年，华东理工大学和英国诺丁汉大学合作成立华东理工大学上海诺丁汉高等科学院，两校依托生命科学、绿色科技以及航天航空等优势专业开展学生交流项目（张湘洛，2013）。诺丁汉大学积极建设海外分校，马来西亚诺丁汉大学和宁波诺丁汉大学的建立为诺丁汉大学学生的全球实践与实习提供了基地。

澳大利亚高校鼓励高校学生出国游学或实习，以获取他国高等教育学位，并获得跨文化学习经验。通过与世界高校或高校联盟战略合作、开发国际合作项目等方式，澳大利亚高校的跨国教育活动取得一定成果。澳大利亚八校联盟（由澳大利亚八所一流大学组成的联盟——Group of Eight，简称 Go8）和中国九所研究型大学（C9）校长签署合作框架协议，将逐步开展包括本科生、研究生国际互换，双方轮流举办主题研讨会、联合培养博士生，博士后和青年科研学者互换计划等内容。此外，通过与法国驻澳使馆合作，八校联盟成员大学的学生能有机会在法国企业进行实习。学生在实习期间，一半时间在法国企业驻澳公司实习，另一半时间则在法国实习，这有益于学生的国际流动和国际化经验的积累（徐晓红，2013a）。

新加坡一流高校重视与世界各国开展教育合作。以新加坡国立大学为例，该校通过与各国高校建立战略联盟关系、设立海外学院和支持国外知名高校在国内独立办学或共同办学等方式联合教学培养人才，使学生获得全球优质教育资源和跨文化合作学习经历。新加坡国立大学与全球领先的大学建立全球联盟，包括国际研究型大学联盟（International Alliance of Research Universities，IARU）、环太平洋大学联盟（Association of Pacific Rim Universities，APRU）、U21、东盟大学联盟（ASEAN University Network，AUN）、英联邦大学协会（Association of Common-wealth Universities，ACU）、东南亚高等教育机构协会（Association of Southeast Asian Institutions of Higher Learning，ASAIHL）等。同时，新加坡国立大学与全球高校合作进行国际人才培养。2010～2011 学年，新加坡推出了与伦敦国王学院合作的双学位课程，包括生命科学学士学位（荣誉学士学位）和分子生物物理学研究硕士（Master cf Research）学位，与东京大学合作推出公共政策双学位课程（NUS，2016）。新加坡国立大学还与纽约大学（New York University，NYU）法学院一起开设双学位硕士课程，该课程由双方协作教学。新加坡国立大学在美国硅谷、中国上海、瑞典斯德哥尔摩、中国北京、以色列特拉维夫、加拿大多伦多、美国纽约、瑞士洛桑、德国慕尼黑等多地开设海外学院[①]。因此，新加坡国立大学的学生可以到海外学院所在地的企业进行实习。在这些海外学院里，学生既可以参与初创公司的实习，还可以在合作的大学中进修相关课程（翟俊卿和巫文强，2018）。另外，新加坡同样支持世界高校到本国办学及联合办学。2011 年，新加坡国立大学成立耶鲁-新加坡国立大学学院，将传统博雅教育与现代教育理念相融合，既开设全球古代课程使学生了解东西方历史、文学、哲学等学科发展历程及其文化意义，又设置全球事务、城市研究、环境研究等课程，使学生掌握当代科学知识与前沿研究，以期通过实施贯通古今、融汇中西的教育内容完善学生的多元化知识体系，拓宽跨文化的国际性视野（李昕照，2020）。

第三节　国外创新创业大学生跨文化能力培养的保障机制

合作与发展是人类发展永恒不变的主题，高等教育逐渐打破国界藩篱，不可逆转地走向合作与共赢的国际化发展范式。世界各国政府不断颁布促进高等教育国际化发展的政策、法案和提供专项资金，支持高校重视提升人才培养质量，加强创新创业教育，以培养具有国际视野、创新精神和实践能力的世界人才。

一、宏观政策引领

（一）政策法案的推进

20 世纪 50 年代，受苏联人造卫星上天事件的冲击，为增强国际竞争力，美国联邦政府开始加大对国民教育体系的改革力度。1958 年美国联邦政府颁布《国防教育法》，教育成为其后十余年国家发展的战略重点（李化树和杨璐僖，2013）。在该法案要求下，美国政府开始大力支持大学的国际化发展，设置奖学金，鼓励师生学习和研究各国语言、文化、历史等。1966 年美国颁布《国际教育法》，强调国际教育合作，促进不同国家师生间的交流，协助发展中国家教育进步，建立国际理解新桥梁（朱治亚等，2020）。自 20 世纪 90 年代以来，全球化发展趋势不断增强，美国更加注重提升其高等教育的国际竞争力和国际影响力。2005 年，美国颁布《以教育开放程度提高国家竞争力法案》[American Competitiveness Through International Openness Now（Action）Act]，将国际化渗透到高校运行的各环节，从理念到制度，从人员到架构（陈明昆和张雨洁，2022）。2006 年，发布《迎接风暴：

---

① NUS Enterprise，http://enterprise.nus.edu.sg/educate/nus-overseas-colleges.

振兴美国经济，创造就业机会，建设美好未来》报告，提出加强在高等教育方面的行动，将人才和创新作为国家竞争力的核心要素（周慧和罗剑平，2014）。

英国政府颁布一系列政策法案推动高等教育高质量发展和高水平人才培养。1987年，英国政府颁布"高等教育创业"计划，提出高校应将与工作相关的能力学习纳入课程中，激励学生对自己的学习负责（徐文婷，2016）。该政策鼓励大学生创新创业，提升工作能力，促进社会经济发展。1992年颁布《继续教育与高等教育法（1992）》，设立高等教育基金委员会，对大学进行宏观调控与指导，保障高等教育质量。21世纪初期，英国政府发布《全国大学生创业教育黄皮书》等相关政策文件、调查报告，进一步推动了英国高校创业教育的发展，为创业教育的繁荣提供了根本保证（黄兆信等，2016）。2003年的《高等教育的未来》白皮书、《2004年高等教育法》、2008年的《创新国家》白皮书和2010年发布的《确保英国高等教育可持续发展的未来》（又称《布朗尼报告》）等政策凸显出英国重视高等教育国际化发展，努力加强与世界各国的联系，增强高等教育国际竞争力的目标。

澳大利亚政府通过连续发布三份国家教育目标宣言，推动高校着眼于国家未来教育发展需要，致力于为学生提供高质量教育和培养学生在国际竞争日趋激烈的社会中长远发展的能力、素养。1989年，澳大利亚发布《霍巴特宣言》（The Hobart Declaration on Schooling），提出未来学校的教育目标和学生需要具备的一系列知识、能力、理解、态度和价值观（McGaw，2013）。1999年，《阿德莱德宣言：21世纪的学校教育国家目标》（The Adelaide Declaration on National Goals for Schooling in the Twenty-first Century）发布，提出年轻人要具备"公正无性别、语言、文化、宗教、种族等偏见，拥有多元文化和语言理解力等"素质的目标[①]。2008年，《墨尔本宣言》颁布，明确指出澳大利亚21世纪前10年的两大教育发展目标：一是促进教育公平和卓越；二是使所有澳大利亚的年轻人成为成功的学习者、自信有创造力的个体、积极知情的公民。在该宣言指导下，2010年，澳大利亚国家课程标准将"读写、数学、信息沟通、批判与创新、个人与社会、道德伦理、跨文化理解"七大素养确定为公民的核心素养[②]。

20世纪70年代，瑞典政府意识到追求高质量的高等教育要给予高校充分的自主权，瑞典自此开始实行高等教育分权政策。通过制定高等教育发展的总体目标进行宏观调控，提高高校的管理自主权，主要体现在本科教育的决策权、内部资源的分配权、科研工作的组织权等。高校在享有自主权的同时，对提高教学和科研质量、为国家发展输送高质量人才承担更多的责任。瑞典政府为推动科研创

---

① The Adelaide Declaration on National Goals for Schooling in the Twenty-first Century，https://www.aph.gov.au/Parliamentary_Business/Committees/House_of_Representatives_Committees?url=edt/eofb/report/appendf.pdf.

② Melbourne Declaration on Educational Goals for Young Australians，https://www.acara.edu.au/docs/default-source/default-document-library/melbourne_declaration_on_the_educational_goals_for_young_australians_2008.pdf.

新提供法律保障，于 2001 年出台了《国家研究法》和《创新体系中研究开发与合作法》（孙福全，2007）。同时，瑞典政府不断颁布高等教育政策与条例用以支持、引导高等教育国际化改革，并成立国家高等教育质量署（也称全国高等教育局），负责对高等教育质量的评估和监管。

　　20 世纪末，新加坡逐渐明确国际化城市战略目标，对教育的发展也相应地提出要求，重视提升高等教育的国际化水平，积极促进大学成为国际一流大学。1998 年，新加坡开始实施高等教育国际化的"双翼构想"战略，一翼是"TOP10"计划，即用 10 年吸引 10 所世界顶尖高校与新加坡高校合作办学或设立分支机构；另一翼是 2002 年推出的"环球校园计划"（Global Schoolhouse），对引入的顶尖大学投资，吸引全球学生前来深造，旨在将新加坡打造成为全球教育服务贸易中心（沃林和彼得，2014）。2005 年，新加坡政府提出建立世界一流大学和行业特色型大学的战略，颁布《大学自主：迈向卓越巅峰》的大学自主改革报告，赋予新加坡国立大学、新加坡南洋理工大学和新加坡管理大学自主权，并针对各大学的特色制定不同的国际化发展愿景（Daquila，2013）。高校拥有自主化权利促使其采取国际化发展等措施提升竞争力，注重培养学生国际化意识与能力。2006 年 6 月，新加坡启动"智能国 2015"计划（Intelligent Nation 2015，iN2015），该计划提出了创新（innovation）、整合（integration）、国际化（internationalization）三大原则，同时影响高等教育领域对培养具有全球意识和能力创新型人才的要求（乔娜，2019）。

（二）专项资金支持

　　1862 年，《莫雷尔法案》的实施使美国联邦政府得以通过赠地收入支持高等教育的发展，极大地激发了高等教育为社会发展服务，培养适应和推动社会发展的人才的功能。《国防教育法》通过后，为提高联邦政府对高等教育的支持力度，1965 年美国颁布《高等教育法》，明确规定联邦政府要长期对公立和私立院校提供资助。20 世纪 60 年代，美国联邦政府为大学提供科研经费达到 150 亿美元（郭蒙蒙，2020）；2005 年，美国联邦政府给大学提供的科研经费占总科研经费的 62%（王盛水，2012），联邦政府的科研经费为美国高校培养创新创业型人才注入了充足的底气。同时，美国联邦政府也提供专项资金推进高等教育国际化发展，提升人才的国际素养与能力。2000 年，美国联邦政府推出《2000 年国际进修机会法》，拨款 150 万美元用于吉尔曼奖学金项目，向有意赴海外学习的美籍低收入家庭和社区学院学生、残疾学生以及不同种族背景的学生提供为期一年的海外研习机会，鼓励他们到欧洲和拉丁美洲以外的国家学习，以增加学生对这些地区文化的了解，增强外语技能（丁玲，2011）。

英国政府运用资金援助方式促进创新创业教育发展，设立"科学创业挑战基金"（Science Enterprise Challenge Fund）、"高等教育创新基金"（Higher Education Innovation Fund）、"社会创业奖金"（Social Entrepreneurship Award）和"国家生产力投资基金"（National Productivity Investment Fund），支持高校师生开展创新创业活动（郭孟杰和闫志利，2022）。英国政府还出资设立创业项目和竞赛，用以激发大学生的创新创业热情。例如，1998年启动的大学生创业项目，2004年开始的创业比赛"开始谈创意"和广受欢迎的"全球创新创业周"（孙秀丽，2019）。

澳大利亚联邦政府由主要为大学提供资金费用，逐渐引入市场机制刺激高校提升办学质量和科研水平。截止到20世纪60年代，来自联邦政府和州政府的拨款占据大学总财费的80%，其中联邦拨款占到了44%，超过州政府8个百分点（Barcan，1980）。随着全球化趋势的出现与加速发展，澳大利亚联邦政府将市场化竞争机制引入高等教育领域，除采取经常性拨款外，额外还设立基于绩效的竞争性拨款来推动高校国际化、高质量发展。澳大利亚联邦政府尤其重视提升创新创业教育质量，财政支持考察中特别增加了对创业教育实施情况的评估。自2005年起，澳大利亚联邦政府每年提供27万澳元推动实施学生能力测试，根据毕业生技能评价（graduate skills assessment，GSA）体系，检测毕业生在逻辑思维、批判性推理、书面交流和人际沟通等方面的一般技能（陈艳霞，2019）。

瑞典政府特别关注高校科学研究拨款。2009年，瑞典高校科研经费的44%来自政府拨款，全国高校从政府和公共部门共计获得268亿瑞典克朗（约38.84亿美元）的科研经费，比2007年增加了13%。2010年，政府研发经费预算总额达到295亿瑞典克朗，其中高等学校占46%。2013年高校研发投入预算达到157亿瑞典克朗，占总研发经费的比例提高至50%。2010年到2012年，瑞典政府提供1亿瑞典克朗的专款，在八所重点高校各设立一个"创新办公室"，专门指导这些大学科研成果与市场对接（高荣伟，2017）。政府通过科研经费的投入支持高校加强创新研发，推动高校加大培养创新创业人才力度。

新加坡政府加大经费投入促进高等教育的发展与高层次创新型人才的培养，针对创业风险投资、信息技术交流和创新创业教育每年支出20亿新币（封鸽，2017）。政府通过大量资金支持新加坡国立大学、南洋理工大学等重点高校创新创业教育的发展，同时支持国内高校与海外高校、创业孵化中心、全球创业峰会交流学习。此外，政府设立总统奖学金和公共服务委员会奖学金，鼓励本土师生到世界优秀机构进行学术交流和科学研究。

二、师资队伍的关键保障

教师对不同语言、文化的了解和跨文化教育素养对培养学生的跨文化交流能力、多元文化素养和国际化素养具有关键影响力。世界各国都较为重视教师的相关素养培育，从制定教师资格标准到实施课程培养师资，对教师的多元文化素质以及跨文化教育能力提出要求。

（一）重视职前教师教育

美国高校提供多元文化课程、跨文化社区体验课程和海外实习课程等丰富的跨文化课程，促使职前教师思考教育实践与民族、文化等社会模式的关系，形成批判性认识并反思自我；深入不同文化族群，了解和理解不同的生活方式、价值观和文化；参加海外学习交流项目，获得跨文化沉浸式体验并深层次探索不同文化，提升国际化教学意识和实践能力（曹然等，2019）。

英国高校在职前教师教育中渗透跨文化教育内容，帮助职前教师拓宽全球视野，理解与尊重文化、价值观与多样性，进而能教育不同社会背景、文化差异的学生和引导其了解不同的文化、消除歧视并提升跨文化沟通能力。英国大学的教育学院课程包含语言、宗教文化、价值观与多样性等方面的内容。同时，教育实习通过海外实习与多元文化社区实习等方式展开，认识不同的文化及冲突矛盾，锻炼沟通能力和灵活应对教学情境中问题的能力（沈娜，2017）。此外，受英国国际发展署资助，英国莱斯特大学公民教育研究中心（The Research Center of Citizenship Education）开展了全球维度资源项目，提供了 500 项世界公民教育资源。英国威尔士班戈大学国际教育中心在实习教师的教育培训中纳入世界公民教育内容。世界公民教育的开展也有助于职前教师培养关注世界不同文化习惯，形成促进全球范围内社会公正、可持续发展的价值观（宋强，2016）。

澳大利亚通过制定教育政策、教师专业标准以及开设多元文化教育课程来培养未来教师的多元文化教育能力。例如，澳大利亚教学与学校领导协会（Australian Institute for Teaching and School Leadership，AITSL）协同各州或区域教师教育管理部门，制定全国统一的教师专业标准。教师专业标准中对新手教师的要求包括新教师能"理解来自多元化语言、文化、宗教和社会背景的学生"，学会"使用多元教学方法满足不同范围学生的学习需求"[①]。澳大利亚在教育学士和硕士两个阶段培养职前教师的过程中开设涉及文化和国际理解的课程。在实践培养环节，提供国内实习项目和供职前教师选择的海外实习项目，各学校还提供丰富的选修课程，涉及学习他国语言和全球、人权、社区、科技、环境等专业知识，以拓宽职前教师的全球视野和增强其专业能力（曹盛华，2019）。

芬兰高校较为重视培养职前教师的多元文化技能，采用课程融合模式，即在

---

① Australian Professional Standards for Teachers，https://www.aitsl.edu.au/standards.

不同的学科中融入多元文化的内容来实施培养，如赫尔辛基大学的教师教育课程主要包括四部分：交际研究、教育学主要科目、教育实习和小课题研究（傅建明和余海燕，2014）。可以发现，芬兰教师培养既注重教师掌握教学专业技能，同时重视发展教师的语言交流技能、提升教师研究反思能力和拓宽他们的视野，从而利于他们形成认同和欣赏多元文化的态度以及运用合适的背景文化知识和交际策略进行课堂教学。

（二）提升师资队伍的国际化素质

国外高校较为注重从世界各国吸引优秀学者、教师，丰富师资结构，提升师资队伍的国际化程度，同时通过支持校内教师参与国际化学术交流和合作、开展跨文化能力相关培训等方式促进教师拓展国际思维，培养国际化素养。这对教师完成国际化课程设计和将跨文化维度融入教育教学具有重要的促进作用，有助于推动学生更好地感受多元文化、了解国际动态和开阔全球视野。

美国高校通过提供充裕的办学经费、先进的科研条件、丰厚的薪酬待遇等优厚条件招聘优秀教师，同时，积极邀请国际知名学者进行短期访问与讲学，聘请其为名誉教授或客座教授等方式也吸引了一大批国外优秀专家赴美教学。另外，美国高校还通过设立教师发展专项资金、开展国际学术旅行、与国外高等院校建立全球合作伙伴关系等方法为教师提供国际交流的资金和机会（陈明昆和张雨洁，2022）。

英国高校注重提升师资队伍、学校管理方面的国际化水平。1995 年，任职于英国高校系统的外国教师占总教师的 11%，2009 年已经达到了 23%；在学校管理层这个比例是 9%（陈诗豪，2020）。牛津大学 48% 的教师来自 100 多个国家和地区，为不同文化背景的师生提供了多样化的学科知识、思维方式、学术特长和研究技能，有利于形成跨文化的育才环境。为保障生源和师资的多元化，学校还设立了"多元化基金"（Diversity Fund）、"副校长多元化奖"（Vice-Chancellor's Diversity Award）等奖项用以鼓励世界各地的优秀学子加入牛津大学。以英国牛津大学圣安东尼学院（St.Antony's College）为代表的一类学院，则从教师招聘、培训和晋升等方面制定了具体细则，促进教师队伍的多样化（陈翠荣和杜美玲，2021）。

澳大利亚高校注重教师和管理队伍的国际化，从全球招聘教授、校长等高质量师资。例如，蒙纳士大学积极从世界各地聘请富有才干的教职人员，截至 2009 年已有 6590 多名国际教员（曾满超等，2009）。同时，学校的多元文化培训项目也持续帮助师资队伍提升国际化水平，如学校教学促进中心的 CLEAR（Communicating in the Language of English for Academics and Researchers，为学者和研究人员提供英语交流）培训项目，帮助国际师资提高英语交流技巧和跨文化意识。2013 年，蒙纳士大学教师发展中心确立了"文化交际能力培训""如何熟悉中东学生的命名""如何熟悉亚洲学生的命名""关于中东的文化"等多项关于培养跨文化意识和交流能力的培训课程（徐晓红，2013b）。

北欧瑞典政府大力支持教师走出欧洲进行交流，特别鼓励过往交流机会少的教师和员工群体进行国际交流。同时，要求充分发挥在瑞典高校工作的国外教师、科研人员和博士研究生在学校国际化工作中的作用，凭借他们的国际化经历扩展大学教学、科研的国际化视角，提高大学教育科研国际化水平和层次（苏庆伟等，2019）。

新加坡高校利用多种方式提升师资队伍的国际化程度。一方面，新加坡高校利用自身具有一定世界影响力的教学科研平台优势和优厚的薪资及福利待遇（如与国际接轨的人事管理与薪酬制度，为优秀人才提供良好的子女教育津贴，永久居民政策，购房、医疗、养老等多方面的优惠政策）吸引各国学者、教师。另一方面，提供专项教师发展资金鼓励教师海外进修、访学以及参与国际学术交流、合作研究，以提升教师的国际素养。

三、社会资源的合作支撑

世界教育强国和创新创业型高校普遍拥有丰富的社会资源用以支撑创新创业教育发展，企业合作、基金会支持、校友会捐赠、社会组织合作等是社会合作的主要形式。

美国高校在政府的支持下不断推进校企合作，产学研协同培养国际化人才。斯坦福大学利用企业人力、物力资源创建了"科技工业园区"，为学生提供创新创业实践场地（杨伟伟，2016）。麻省理工学院积极与校外及国际企业建立产学研关系，与世界 200 多家著名企业建立合作，创立全球产业联盟，使学生到国际企业实习的机会不断增加（陆春萍和赵明仁，2020）。美国的基金会、校友会等在资金支持、创业实践、商业运营方面提供帮助，如考夫曼基金会、科尔曼基金会。

英国创新创业教育体系同样重视校企合作。企业不仅提供创新创业实训基地，不断夯实大学生实践基础，而且与高校合作开发创新创业教育课程。高校邀请企业专家加入创新创业课程设计、实施、评价多方面，并与企业建立合作关系以促进创新成果落地、专利申请及孵化器开发、技术转让和发明、建立研究小组或实验室、为新成立的公司提供创新平台（Tavella and Bogers，2020）。另外，英国一些半官方及民间性质的组织大力支持高校创新创业教育发展，如英国创新创业教育者协会（Enterprise Educators UK，EEUK）、全国大学生创业委员会（National Council for Graduate Entrepreneurship，NCGE）等。

澳大利亚高校与企业、研究机构合作，充分整合创新创业相关资源。澳大利亚国立大学具有丰富的大学生创新创业教育服务平台，如"创新堪培拉""29度空间""堪培拉创新网络"等。"创新堪培拉"是堪培拉最大的创新创业竞赛项目，为大学生提供必要的知识技能、人脉网络建设支持以及系统化的工作坊培训。"29度空间"将大学生创新创业者、企业家、投资基金以及高校和行业的创新创业导师紧密联系起来，服务大学生的创新创业活动。"堪培拉创新网络"关注世界级的教育、研究机构，推动高校和各类研究机构、政府部门形成互利共赢的伙伴关系，为大学生创新创业者、初创企业提供创新支持（罗亮，2018）。

北欧非政府组织积极参与产业创新相关的协同创新工作。大学与研究机构、产业头部企业以及一些地方政府资助的市场化经济发展部门、投资促进部门等，通过组建商协会组织、产业协同创新平台或集群、创新孵化器、加速器机构等方式，促进创新创业者、企业间互动（郝连才等，2022）。这些协同创新平台组织为创新创业者和企业搭建与其他企业、国际市场的联系网络和合作平台，并提供培训等服务。大型企业也与政府、大学和研究机构合作，联合研发项目。

新加坡一流大学注重与企业的合作、与国际企业的对接，共同开展科研活动。新加坡国立大学强调与国际企业进行精准对接，根据高新产业发展趋势与国际企业实际发展需求，有针对性地开展科学研究活动，以确保科研成果与技术发明的适时转化。另外，新加坡国立大学建设国际性创新创业孵化平台，如领先亚洲水平的创业孵化平台——新加坡国立大学创业跑道和"BLOCK71"国际开发平台，同时在美国旧金山、中国苏州、印度尼西亚雅加达等地设立了诸多海外孵化中心（李昕照，2020）。

第四节　国外创新创业大学生跨文化能力培养的发展趋势

为提升高等教育国际化发展水平，培养高素质国际化人才和创新型人才，国际上呈现以下四种发展趋势：重视高等教育在地国际化，提高师生群体国际化水平；融入课程国际化理念，贯穿高校教育全过程；重视现代远程教育，实现在线互动合作；融合跨文化与双创教育，培养国际化创新创业人才。

一、重视高等教育在地国际化，提升师生群体国际化水平

国际交往的日益加深要求世界各国培养具备跨文化理解态度与技能、多元文化价值观、国际视野和思维的开拓型人才。各国重视高等教育国际化发展，支持本土学生跨境流动学习，增加学生跨文化实际体验。同时，还越来越重视推进高校在地国际化，提升本土学校的国际化教育和研究水平，以使学校全体师生获得跨文化教育和国际化经验，培养师生跨文化能力和参与国际事务及国际竞争力。

　　瑞典马尔默大学（Malomö University）时任副校长尼尔森发现跨境流动学习的受益学生数量相对较少，因此他提出"在地国际化"概念。他认为"在地国际化"是"教育领域中发生的除学生海外流动之外的所有与国际事务相关的活动"，其目标是"通过让所有学生在求学时期有机会接受国际理念与跨境文化的影响来提升自身能力和资格，以应对不断变化的全球化世界的需求"（张伟和刘宝存，2017）。2000 年，欧洲国际教育协会发布关于"在地国际化"的意见书，对"在地国际化"的背景与制度意义等作了详细陈述。随后，瑞典、美国、荷兰、印度等多国将"在地国际化"作为高等教育国际化发展的重要战略和推动模式。乔斯·贝伦（Jos Beelen）认为以下因素构成"在地国际化"的主旨内涵：面向全体学生、跨文化和国际性理念、嵌入正式和非正式课程中、采用国际化评估、不依托国外师生且不假定国外师生的引入可以自动增加学生的国际化经验、不过分强调英语教学、重视基于学术研究目的而进行的个人留学计划[①]。乔斯·贝伦和埃尔斯佩思·琼斯（Elspeth Jones）认为开发建设国际化课程体系，把国际化和跨文化元素整合进面向本土学校全体学生课程是实现"在地国际化"的核心（Beelen and Jones，2015）。同时，教师的国际化素养及跨文化教学技能也受到重视。互联网时代信息通信技术资源的利用也日益受到关注。总而言之，要充分挖掘有利于形成国际化校园文化环境的各种资源，以国际化课程建设为中心打造面向本土所有学生的提升国际化素养的教育项目。

　　"在地国际化"从理念走向实践，受到世界各国政策推进与高校实施。高校"在地国际化"重视建设国际化校园文化环境，面向全体学生，其受益学生广泛，使全体学生相对公平地享受优质高等教育资源，有助于提升其国际化能力与水平。

二、融入课程国际化理念，贯穿高校教育全过程

　　课程国际化的发展大体分为三个阶段。第一阶段是在现有课程体系中增设国际课程，如世界历史、世界经济、东方文明、非洲文化。第二阶段是开设国际课程并将国际化内容融入课程，如以比较的视野介绍课程内容相关国际背景、区域文化和历史等。第三阶段是开设国际课程，将国际元素整合进课程内容及课程实施、评价中。跨文化理念与方法融入课程教学的全方面是课程国际化的主要特点（蒋玉梅等，2013）。开发建设国际化课程体系，是实现"在地国际化"的核心方式，也是培养与提升学生跨文化视野与能力的有效途径。

① Looking back at 15 years Internationalization at Home，https://www.researchgate.net/publication/340377253_Looking_back_at_15_years_of_internationalisation_at_home.

美国教育委员会设计全面接入课程国际化模型，通过《国际化在行动：课程国际化》系列报告明确了国际化课程的要素与大纲，指出国际化课程建设是实现课程国际化的基石，因而要建设聚焦全球的课程体系[①]。2018年，荷兰大学协会与荷兰应用科技大学协会联合发布《高等教育国际化议程》，提出要致力于将国际化元素融入课程，将其作为课程的重要组成部分，而非局限于某一单独的课程[②]。欧洲国际化课程的认定标准并不在于使用哪门语言，而在于这门课程的内容、教学过程是否具备基本的国际要素，另外从学生的学习成果评估入手，评价课程是否提升了学生的跨文化能力和跨文化视野（Leask，2015）。由此表明，提升学生的跨文化能力不能仅靠开设国际主题的选修课程或是外国语言类型的课程或将授课语言改为英语，更需在课程目标的确立、课程教学设计与实施过程、教学评价与反馈等层面全面融入国际化和跨文化的维度。教师身为课程的开发与实施者，他们的教学理念、方法与知识对学生的熏陶与感染至关重要。有研究发现教师在课程国际化过程中扮演核心角色，他们的教学最终决定了国际化课堂的效果（Teekens，2003），非国际化的教师难以培养出国际化的人才（汪霞，2010）。2013年，美国发布《国际化在行动：教师参与国际化》报告，提出要为教师获得跨文化能力提供经费和技术支持，同时从高等教育机构层面出发，努力调整相关政策，在战略层面增强教师参与国际化的系统性与规模性，使教师能够将专业的国际知识在课堂教学中进行有效转化[③]。荷兰在《高等教育国际化议程》中将教师国际化定义为完成高等教育国际化优先事项的重要行动手段。具体而言，各机构应围绕英语语言、跨文化技能和教学法等领域为教师提供培训，使其获得与多元学生群体交往的技能[②]。

三、重视现代远程教育，实现在线互动合作

互联网和信息技术、通信技术的迅速发展，促进"互联网＋教育"样态的落地。信息技术融入教育活动，开设网络教室以及在线课堂等形式给教育事业的发展带来新的思路，通过建设远程教育网络，促进世界各国教育交流合作。由此，要推动不同国家/地区的学习者突破国界及地域的限制，进行在线交流互动合作，共享丰富的教育资源，培养他们的跨文化能力。

---

① Internationalization in Action：Internationalizing the Curriculum，Part 1-Individual Courses，https://www.acenet.edu/Research-Insights/Pages/Internationalization/Intlz-in-Action-2013-December.aspx.

② Internationalisation Agenda for Higher Education，https://www.vereniginghogescholen.nl/system/knowledge_base/attachments/files/000/000/931/original/085_INTERNATIONALISERINGSAGENDA_EN_DEF.pdf?1529057112.

③ Internationalization in Action：Engaging Faculty in Internationalization，Part Two，https://www.acenet.edu/Documents/IIA-Engaging-Faculty-in-Internationalization-Part-2.pdf.

　　现代信息技术的运用助力实现教育资源与项目等的跨时空迁移。学生不用离开本国赴外国就能参与国际化教育项目，获得国外师资队伍的教学指导，接触不同文化环境下成长的学生并进行交流学习，增加了国际化教学的学生覆盖范围，让更多的学生可以了解有关更多国家的知识、文化，获得跨文化的体验与经验，锻炼跨文化交际能力。现代网络和信息技术推动教育技术的发展，教育技术成为支持教育国际化高质量发展和培养学生跨文化素养的重要技术载体。美国、英国、澳大利亚等国都重视教育教学技术的开发，支持全球性远程网络教育的大规模的发展。慕课（Massive Open Online Courses，MOOC）推动各国高校或联合或独自开设涉及不同领域的线上课程，形成不同专业、领域的系列高质量开放课程。类似慕课这样的网络课程，不断推动创建全球化的课堂，给予不同国家、区域的学生接触优质教育资源，学习国际课程，相互了解不同国家的政治、经济、文化以及社会体系并形成尊重多元文化的情感、态度和价值观。有研究者提出运用信息通信技术设立虚拟的"国际教室"，让本土学生与更多其他文化的同伴和教师在虚拟空间中进行互动、交流与合作（Sierra，2013）。2006 年，欧盟苏格拉底项目"在流动"（Being Mobile）课题组出版了《通过虚拟流动促进欧洲教育合作：最佳实践手册》（*European Cooperation in Education Through Virtual Mobility*：*A Best-Practice Manual*）（Bijnens et al.，2006）。

　　技术模糊了校园的地理边界概念（Hudzik，2011），也直接降低了跨国学术互动与合作的成本，增加了合作成功率[①]。网络信息技术对于教育国际化的促进作用应该得到重视并进一步深化开发。

四、融合跨文化与双创教育，培养国际化创新创业人才

　　科技创新带动社会发展，为提升国家综合国力和国际竞争力，国家高素质高水平创新创业型人才是重中之重。世界各国通过提升高等教育跨文化教育质量和国际化发展水平，培养具有国际竞争力的创新创业人才。

　　欧盟重视培养创新创业人才，培养学生的创新创业思维和能力，增强国际竞争力。2006 年，欧洲议会和欧盟理事会发布《关于终身学习关键能力的建议》，其附件《终身学习核心素养：欧洲参考框架》将"创业精神"作为终身学习的八大关键能力之一[②]。2016 年，欧盟公布的官方文件中提到要把创业胜任力作为欧洲公民的必备素养[③]。同年，欧盟发布创业胜任力框架（图 3-1），创业胜任力共包

---

　　① ICT as an effective tool for internationalization of higher education，https://files.eric.ed.gov/fulltext/ED532504.pdf.

　　② Key Competences For Lifelong Learning European Reference Framework，https://www.britishcouncil.org/sites/default/files/youth-in-action-keycomp-en.pdf.

　　③ A new Skills Agenda for Europe，https://eur-lex.europa.eu/legal-content/EN/TXT/?uri=CELEX:52016DC0381.

含 3 大能力领域和 15 种核心能力[1]。其中既包含个体的创新意识和思维，还包括个体与他人适恰地沟通交流和协作行动，以应对模糊性、不确定性以及风险，突出了个体的创新创业能力培养与个体的跨文化交际能力紧密相关。

	主动行动
	计划和管理
行动	应对模糊性和不确定性以及风险
	与他人协作
	实践学习
	自我意识和自我效能
	动机和坚持
资源	整合资源
	金融素养
	号召力
	道德和可持续的思维
	评估想法
创意与机会	视野/远见
	创造性
	捕捉机会
能力领域	能力
创业胜任力	

图 3-1　创业胜任力框架

21 世纪以来，在科学技术迅猛发展、多样文化交流便捷、全球各国紧密联系且相互影响的时代背景下，各国高度重视培养个体的跨文化素养。2006 年，欧盟将跨文化素养融入核心素养框架中，具体包括外语沟通素养、社会与公民素养、文化觉识和文化表达三项，在 2016 年开展的核心素养框架十年反思中也非常重视跨文化素养，提出将跨文化素养单列为核心素养的大类之一。2013 年，联合国教科文组织发表《跨文化素养指南》（Guidelines for Intercultural Competence），经合组织则在 2018 年将跨文化素养相关内容纳入 PISA 测试中（姜亚洲和黄志成，2018）。对跨文化素养的关注进一步表明，个体具备跨文化素养有助于培养其他素

---

[1] EntreComp: The Entrepreneurship Competence Framework，https://www.researchgate.net/publication/303947159_EntreComp_The_Entrepreneurship_Competence_Framework.

养，如个体具备跨文化素养能通过顺利地与多元文化团队合作，提升其"自我效能感"，进而体现出"企业家精神"；跨文化素养包含的"能够在态度和行为方面适应情境需求"的素养，是"学会学习"的必备品质（姜亚洲和黄志成，2018）。由此可见，培养青少年跨文化素养有助于高校开展创新创业教育，培养学生的创新精神和创业能力，与不同文化情境中的人开展建设性的交流、恰当得体的合作并自信从容地应对未知情境和不确定性。

　　综上，创新创业能力和跨文化素养是当今各国要培养世界公民、高水平人才及具备全球胜任力国际型人才的必备素质。而且，二者之间相互影响并且形成双向互动，促进彼此的形成与提升。因此，培养学生的跨文化素养不仅要开设相关的国际化或涉及多元文化的课程，将其作为培养国际型创新创业人才、具备全球胜任力的大学生和世界公民的原则之一，还需设计贯穿于设计与实施创新创业课程、通识课程和开展教育实践项目及活动全过程的培养方案。这样可以促进个体跨文化意识和能力与创新创业精神和技能相互促进，推动个体综合素养不断提升，为解决工作和生活中复杂多样、涉及不同文化的相关问题，并进行创新性工作以及终身学习奠定坚实基础。本章主要思路见图3-2。本书第四章在此基础上继续介绍国外创新创业大学生跨文化能力培养的实践，作为国内创新创业大学生跨文化能力培养的有益补充和参考。

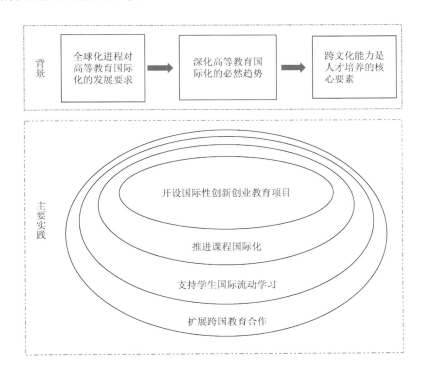

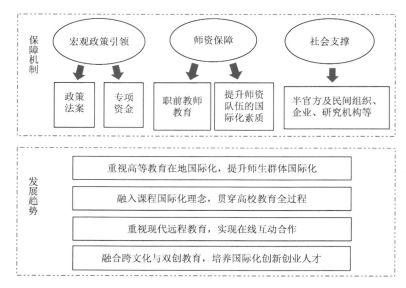

图 3-2　国外创新创业大学生跨文化能力培养路径

第四章　全球创新创业大学生跨文化能力培养的
典型实践与特征

共建"一带一路"国家的经济发展水平参差不齐，创新创业教育起步较晚，本章在主要介绍国际组织及国际知名高等院校开展跨文化创新创业教育实践经验的同时，也重点关注共建"一带一路"国家开展创新创业教育的部分优秀案例，如印度管理学院、莫斯科国立大学（简称莫斯科大学）等。一方面，是对国际组织的典型案例介绍，其中包括联合国教科文组织、欧盟、东南亚国家联盟（简称东盟）以及其他各种性质的国际组织，它们在理念引领和促进国际合作方面发挥了重要作用。另一方面，是对国外知名高校开展的跨文化创新创业教育实践的介绍，国外创新创业教育起步较早，在实践中积累了丰富经验，在各国社会经济发展中起到推进剂的作用。其中，美国贝勒大学、美国麻省理工学院、瑞典斯德哥尔摩经济学院、新加坡国立大学、印度管理学院、莫斯科大学的创新创业教育实践较为典型，在创新创业教育的指导理念、运作模式、课程体系以及多元主体合作等方面具有鲜明的特点，总结其发展经验能够更好地为我国后续开展创新创业教育提供有益借鉴。

第一节　国际组织中创新创业大学生跨文化能力培养
典型案例与特征

随着信息技术的迅猛发展和全球化不断推进，国际组织结构愈发趋于完善、组织规模不断扩大，形成国际组织网络，成为左右世界局势和人类社会发展的重要力量。20 世纪末期，国际组织开始关注创业教育，如联合国教科文组织、联合国开发计划署、国际劳工组织等组织机构制定了一系列创业教育策略，并通过开展前沿研究、组织国际会议、提供技术援助和资助等方式，广泛开展创业教育实践，积累了许多宝贵经验。下面将对部分国际组织开展的创新创业及跨文化实践展开详细论述。

一、国际组织实践案例

（一）联合国教科文组织

自 1998 年联合国教科文组织在《21 世纪的高等教育：展望与行动世界宣言》

和《高等教育改革与发展的优先行动框架》中提出要培养学生的创业技能和创业精神以来，联合国积极发挥国际组织的作用，不断推动国家和地区创业教育的发展（赵中建，1998）。联合国《2030 年可持续发展议程》将"可持续发展"确立为所有国家各项事业的行动原则。在该议程"变革世界的十七个目标"中，目标四提出"大幅增加掌握就业、体面工作和创业所需技能，包括技术性和职业性技能的青年和成年人数"，明确通过发展终身创业教育提升全民创业能力；目标八要求"推行以发展为导向的政策，支持生产性活动、体面就业、创业精神、创造力和创新"，引导各国采取包括教育在内的各项措施培育全体公民的创业精神。上述内容说明，为实现议程目标，创业教育必须遵循可持续发展原则，增强韧性、包容性和可持续性（吴静超，2019）。

2013 年 12 月 10 日，由联合国教科文组织发起的"亚太地区教育创新计划创业教育会议——为全球繁荣而进行创业教育"（Asia-Pacific Education Innovation Program Entrepreneurship Education for Global Prosperity）在马来西亚吉隆坡举行。会议提出，对于年轻人来讲，创新不再仅仅是其获取竞争优势的一种手段；在经济全球化的大背景下，传统就业形势已经大大萎缩，而创新已成为人们生存的必要手段。同时，联合国教科文组织亚太地区创业教育机构网（UNESCO Entrepreneurship Education Network，EE-Net）宣布成立。EE-Net 的成立旨在加强创业教育信息和经验的交流和分享，促进成员间创业教育的合作与研究，传播创业教育实践经验和创新方法。截至 2015 年，EE-Net 发起了 5 个国家联盟，分别位于中国、马来西亚、菲律宾、印度尼西亚和斯里兰卡；2 个联络中心，分别位于印度和巴基斯坦。据悉，亚太地区其他国家也在纷纷探索建立国家联盟的机制（王旭燕等，2015）。EE-Net 在为各国共享创业教育和实践经验提供交流发展平台的同时，其自身规模的不断扩大，对提升亚太地区国家创业教育的国际影响力有很大的促进作用。

此外，联合国教科文组织亚太地区教育局也积极推动亚太地区的创业教育生态系统建设，成立创业教育网络，同时，推荐优秀的创业者，建设亚太地区成功创业者的数据库，解决大学生创业过程中遇到的缺乏创业导师指导的问题；巩固亚太地区政府、企业、高校之间的协作，为促进创业教育的发展营造良好的生态环境。

（二）联合国开发计划署

联合国开发计划署是全球最重要的开发性多边机构，在帮助发展中国家提高自然资源和人力资源使用能力、为发展中国家政府提供规划及创造物质财富建议等方面拥有绝对权威性地位。联合国开发计划署是第一个与中国政府签署

"一带一路"合作协议的国际组织，双方将共建"一带一路"倡议与落实联合国2030 年可持续发展议程相结合，截至 2018 年已构建 50 多个国别办公室以及非洲局、政策局等部门参与的网络系统，具有重大的合作示范效应（国家发改委政研室，2018）。

在创新创业跨文化能力培养方面，联合国开发计划署发起"青年共创实验室"和"青年创客挑战赛"，对于促进青年创新创业、跨文化能力及领导力提高具有重要意义，其具体内容如下。

"青年共创实验室"由联合国开发计划署和花旗集团基金会于 2017 年在亚太地区共同发起，旨在为亚太地区国家青年发展绘制共同议程，赋能青年创新创业，助力可持续发展目标的实现。该项目旨在激发青年人对社会利益的热情，解决社会和就业问题。截至 2022 年，共有 11 个国家的 1700 多名青年和 140 多个社会企业项目直接参与其中。它将政府、私营机构、孵化器和金融机构汇聚在一起，助力青年创新创业，提高青年的创业技能，引导青年在他们所在的社区建立能够推进联合国可持续发展目标的商业模式。自项目启动以来，截至 2022 年已在包括中国在内的 28 个国家和地区落地，赋能超过 11 000 名青年创业者。

其中，"青年创客挑战赛"是青年共创实验室的旗舰活动。每一届大赛将会设定不同的主题，如 2020 年是"青年助力，数字抗'疫'"，鼓励青年充分利用数字技术，以创新、包容和可持续的解决方案，应对新冠疫情影响下的健康和社会经济问题，助力可持续发展目标的实现；2022 年的主题为"绿色发展"，重点关注应对气候变化、保护生物多样性的青年创新创业解决方案，旨在赋能青年利用数字和科技手段，以创新、包容和可持续的解决方案促进绿色发展。2023 年以"共创未来"为主题，探索气候变化、韧性社区、环境教育、低碳环保等领域的创新机遇，打造兼具社会意义和产业价值的作品。在"青年创客挑战赛"中，青年创业者将获得创业指导，学习如何写好商业计划书，接受大赛相关主题设计思维培训，进一步了解相关知识，在导师的带领下，形成了更具包容性、以需求为导向、有商业潜力的解决方案。在创业集市上，来自创投机构的投资人及专家为青年创业者提供融资建议。在路演日，参赛的创业团队需向投资人展示他们解决主题问题的商业解决方案。获胜项目团队将有机会代表本国青年创业者参与亚太地区青年共创实验室峰会，与来自其他国家和地区的优秀青年创业者一起展示各自的商业解决方案，共同探讨青年如何通过社会创新创业推动可持续发展目标的实现。

（三）国际劳工组织

国际劳工组织是联合国负责劳动就业、社会保障等社会事务的专门机构。《2030 年可持续发展议程》提出，要促进持久、包容和可持续的经济增长，促进充分的生产性就业和人人获得体面工作。为此，联合国劳工组织发起"青年体面工作全球倡议"，与各国政府、民间组织、私营部门等联手筹集资金资源，促进青年就业与发展。

中国一直是全球青年发展计划的积极参与者和推动者。多年来，国际劳工组织与中国劳动和社会保障部（人力资源和社会保障部）共同开展 SYB（Start Your Business，"创办你的企业"）计划——这是全球最大的培训计划之一，旨在为创业者和中小企业量身提供扶持指导。此外，国际劳工组织还与共青团中央、中华全国青年联合会（简称全国青联）合作，将 KAB（Know About Business，"了解企业"）项目引入中国，成功实现了项目的本土化。下面将对 KAB 项目和 SYB 计划进行具体介绍。

KAB 是国际劳工组织为培养大学生的创业意识和创业能力而专门开发的教育项目。KAB 创业教育项目的主要目的是能够更好地帮助大学生树立正确的创业意识，不断地培养大学生的创业能力和创业精神，在训练和学习的过程中，让大学生掌握相应的创业技能，从而能够在社会中立足，为社会奉献自身的价值（朱亚宾等，2017）。KAB 创业教育项目的主要特点是"体验—讨论—再体验"的过程，理论和实践相结合，改变了传统的教学模式。KAB 创业教育项目在中国取得了很大的发展。在教学研究方面，KAB 项目引进编译的《大学生 KAB 创业基础》等相关教师和学生用书，推出大学生创业教育及大学生创业实践方面报告。在对外交流方面，还积极承办全国青联主办的亚太青年领导力与创新创业论坛、"一带一路"国际合作青年故事会、澜沧江-湄公河青年友好交流活动等外交外宣活动，搭建中国与相关国家青年创新创业交流平台，引导中外青年积极参与"一带一路"建设，讲好中国青年故事。

SYB 是"创办和改善你的企业"（Start and Improve Your Business，SIYB）系列培训教程的一个重要组成部分，由国际劳工组织开发，为想要开办自己中小企业的朋友量身定制的培训项目。SYB 是国际劳工组织为了支持一些发展中国家中小企业的发展，通过创业来促进发展中国家人民就业而开设的教育项目。SYB 创业教育项目有着相对完善的培训流程和教材，其中培训课程分为不同的种类，分别是产生企业想法、创办企业、改善企业和扩大企业，不同的课程之间有着不同的教学内容，但各个课程之间又有着非常强的逻辑关系（黄海明，2019）。可以说 SYB 创业教育课程对于帮助人们进行创业有着非常重要的指导作用。当前我国人力资源和社会保障部主要对这一教育项目进行推广，这对于促进我国再就业以及创业具有非常重要的意义。

（四）欧盟

欧盟是当今世界上一体化程度最高的国家联合体，是世界经济发达地区之一，这一地位的确立与其制定的创业教育政策有着十分密切的关系。20 世纪中后期，欧盟为了提高就业率，激发市场经济活力，制定了一系列创业教育扶持政策，将开展创业教育及支持创业企业上升到实现整个欧洲可持续发展的高度，作为维系其在世界范围内竞争力的重要战略选择，许多欧盟成员国也相应地将支持创业教育方案纳入国家行动计划之中。

同时，欧盟颇具前瞻性地将创业教育融入人才培养的各个阶段，全面培育学生和民众的创新意识和创业能力。欧盟还通过整合政府、高校、企业及金融机构等利益相关主体的优质资源，打造互生互荣的创业教育生态模式，形成可持续发展的命运共同体。借助以上措施，欧盟创业教育的资源投入、政策扶持和环境营造得到了较大的改善，积累了丰富的政策与实践经验，树立了国际创业教育扶持政策的典范，引领着世界创业教育发展趋势，并呈现出战略性、终身性和生态性的特征。其中创业教育项目的典型代表是面向中学生的"迷你公司"项目，通过非营利性组织所开展的"青年成就"（Junior Achievement）项目，还有在欧洲高校学生中蓬勃发展的"青年企业"（Junior Enterprise）项目。欧盟非常鼓励成员国间的合作，如项目"青年杨帆-创业挑战赛"（Youth Start-Entrepreneurial Challenges）由葡萄牙、奥地利、丹麦、卢森堡和斯洛文尼亚等五国联合实施。

欧盟在创新创业教育，加强国际合作，促进学生全面发展方面有许多突出的项目，如"欧洲教育领域""伊拉斯谟计划"等，下面将对其展开具体论述。

"欧洲教育领域"于 2017 年 11 月在瑞典哥德堡欧洲领导人会议中首次提出。欧盟官方网站中的表述是"在符合所有成员国共同利益的条件下，充分利用教育与文化的潜力，使其作为引擎，更好地创造就业机会、拉动经济增长和促进社会公平，最终在多样性中体现欧洲认同"①。"欧洲教育领域"有下列三个具体目标：一是促进教育和培训中跨境流动和合作；二是努力帮助学习者克服在欧洲其他国家学习、培训和工作中的困难，从而真正实现"学习者自由地流动"，拓宽真正的欧洲学习空间；三是支持成员国提高本国教育和培训体系中的全纳性、终身性和创新性。

"伊拉斯谟计划"是欧盟为支持教育、培训、青年和运动等领域的项目、合作伙伴关系、活动和流动而实施的项目（谭敏，2009）。该项目基于以前高等教育领域欧盟项目的经验而构建，并支持各不同机构之间的学生、学术、观念和良好实践的国际交流。其具体内容包括以下五个方面。一是促进学生学分流动和工作人员流动。伙伴国的高等教育机构（高教机构）可以派遣学生、博士生申请人或工作人员前往项目国的伙伴高教机构。二是伊拉斯谟世界联合硕士学位项目，它是久负盛名的综合性国际学习课程，为期一至两年，由高等教育机构（高教机构）组成的国际联合体提供，如 SUFONAMA（Sustainable Forest and Nature Management，

---

① European Education Area, https://ec.europa.eu/education/education-in-the-eu/european-education-area_en.

可持续森林和自然管理）、EWMCIR（Erasmus World Master of Chemical Innovation and Regulation，伊拉斯谟世界化学创新与监管硕士）等。三是高等教育领域的能力建设项目。该项目针对伙伴国的跨国合作项目，基于项目国和伙伴国的高等教育机构之间的多边合作伙伴关系而构建，为加强创新合作与良好实践交流提供资助。四是让·莫内项目活动。旨在通过世界各地的专业学术人员、学习者和公民，促进欧洲一体化教研活动的发展。五是其他高等教育机会：知识联盟、行业技能联盟和战略合作伙伴关系。知识联盟侧重于大学与企业间合作，行业技能联盟专注于特定经济领域的职业教育和培训以及技能要求。战略合作伙伴关系可以涵盖整个教育行业范围，包括学校教育、职业培训、高等教育和成人教育等。

（五）东盟

　　东盟作为全球第五大经济体，在不断扩大贸易开放的同时，创新创业型经济也取得极大进展。2022 年，东盟 GDP 总量达 3.6 万亿美元，为世界第五大经济体，仅次于美、中、日、德。其中，制造业增加值规模达 7670 亿美元，占 GDP 总量比重 21.2%。同年，根据《全球创业观察 2018/2019 中国报告》，东盟地区 66% 的人口将创业视为积极的职业选择，远高于全球平均水平，是世界上经营潜力最大的地区之一。

　　东盟与韩国合作。一方面，双方政府开展形式多样的创新创业与贸易合作。2019 年 11 月，韩国举行东盟-韩国特别峰会，东盟 10 国领导人均有出席参加。韩国将创新创业国家建设列为施政课题，促进第二创业潮和创新金融，加紧培育初创企业。其间，韩国总统文在寅表示因创业无国界，推崇融合逾越鸿沟，国际合作不可或缺，因此韩国和东盟 10 国应共同打造创业生态圈。另一方面，韩国高校与东盟合作开展创新教育交流。韩东国际大学为促进创业和企业家精神与东盟国家建立新伙伴关系。2019 年韩东国际大学与韩国驻东盟使团及淑明女子大学签署了一份新的谅解备忘录，以建立东盟国家大学和政府部门之间的网络，并促进可持续发展的能力建设[①]。韩东国际大学承诺采取以下行动：与东盟大学和机构开展联合研究项目；开放创业中心和教育项目；主办东盟企业精神和创业项目；通过联合教育项目的运作进行合作，促进东盟国家的初创企业。各机构决定设立一个东盟开办教育委员会，以确保方案的有效执行。与此同时，韩东国际大学在柬埔寨、缅甸、越南、泰国和老挝举办了教育项目和讲习班，推动其创业教育和高等教育能力建设项目扩展到马来西亚、印度尼西亚和菲律宾。

　　东盟与中国合作。一方面，双方政府创新创业与贸易合作成果愈加显著。

[①]《韩东国际大学为促进创业和企业家精神与东盟国家建立新伙伴关系》，https://www.un.org/zh/node/85795。

2003 年，中国与东盟确立战略伙伴关系。双方将努力深化在智慧城市、数字经济、人工智能、"互联网＋"等领域合作。双方同意进一步扩大教育、旅游、青年等领域沟通与合作，促进中国和东盟国家民心相通。中方还将为中国东盟合作基金增加资金，并在东盟秘书处设立专门的基金管理团队，为双方务实合作提供更加有力的支撑。另一方面，中国与东盟共建高校创新创业教育联盟。由贵州理工学院牵头发起倡议，与参会的 22 所国（境）外高校及机构签署备忘录，共同成立了中国-东盟高校创新创业教育联盟，就平台建设、合作办学、人才交流与培训、信息共享达成共识，并拟在联盟成员间开展更务实的教育合作，铺设更畅通的合作渠道，拓展更多维的合作领域；同时深入探索创新创业教育的模式与方法；优化人才培养体系，提高人才培养质量，共同培养具有国际化视野、具备国际竞争力的年轻人才；共同开展更大范围、更高水平、更深层次的教育合作。截至 2021 年，联盟共有 42 个成员单位，其中国内高校机构 30 个，国（境）外高校机构 12 个。

（六）其他国际组织

联合国粮食及农业组织（Food and Agriculture Organization of the United Nations，FAO）为促进农业经济发展、改善农民工作环境，自 1990 年起就开始开展农村创业教育与培训，为农民提供包括管理技巧、市场营销、风险管理、财务管理、劳动力管理等内容在内的教育与培训，帮助潜在的农业创业者发展有活力、有可持续性的农业经济，以提升农业竞争力（Kahan，2013）。

联合国工业发展组织（United Nations Industrial Development Organization，UNIDO）以创业教育为手段，刺激青少年创业和中小企业发展，在《创业课程计划指南》中系统阐述创业教育的课程设计、实施方法及对就业的影响，强调"通过实践项目培养青年创新能力"。①

世界银行（The World Bank）通过"多哥弱势青年创造就业机会"等经济援助项目，以创业教育为手段提升边缘人口谋生能力，帮助他们融入社会并逐步摆脱贫困（吴静超，2019）。

联合国儿童基金会（United Nations International Children's Emergency Fund，UNICEF）将创业教育作为青少年生计教育的一部分，建立了基础教育阶段中创业教育的学习框架，提出青少年创业教育的主题应包括创业者基本素养、有效的创业知识与创业技能以及识别创业机会的能力，为各国设计基础教育阶段的创业教育内容提供参考（UNICEF，2012）。

---

① The Entrepreneurship Curriculum Programme，https://www.unido.org/agribusiness-and-rural-entrepreneurship-development/entrepreneurship-curriculum-programme.

联合国教科文组织则通过对全世界创业教育实践的总结和研究，指出面向中学阶段的创业教育要帮助学生获得创业技巧，在社会学、地理、历史、生计与公民教育、农业、商业等科目中，融入与创业相关的内容，提升学生的创业动机，发展他们的创造力，为中学毕业后的阶段、职场以及未来生活做好准备（ILO and UNESCO，2006）。

二、国际组织开展创新创业跨文化教育的特征

国际组织作为全球社会经济发展的重要推动者，其创业教育理念与实践超脱于来自具体单一国家的经验限制，具有先进理念引领、宏观政策指导、参与规模庞大、推进国际合作等重要作用，对各国实现创业教育可持续发展具有重要的借鉴意义。国际组织在推进创新创业跨文化教育中具有以下特点。

（一）以先进理念引领，将创新创业与实现社会公平和人类发展紧密联结

国际组织致力于探讨如何创新创业教育与经济增长以及体面就业，帮助极端人口与边缘人口，实现个人价值与社会福祉相结合。例如，世界银行为各国创新创业教育发展提供经济援助，为创业教育与培训、初创企业和中小企业发展、创业教育外部环境改善提供经济支持。国际劳工组织则致力于为各国创业教育发展提供技术支持，项目聚焦创业技能发展、创业管理培训、女性创业支持等领域。

（二）以宏观政策为指导，将创新创业教育融入教育的全过程

国际组织呼吁构建创新创业教育体系，将创业教育融入基础教育、职业技术教育、高等教育和非正规教育。例如，联合国教科文组织以理念倡导为主要职能，并依托已有的职业技术教育与培训项目宣传创业教育理念，始终坚持以人为本，倡导国际合作。欧盟将创业教育融入人才培养的各个阶段，全面培育学生和民众的创新意识和创业能力。

（三）广泛搭建平台，推进创新创业教育具体实施

国际组织强调创业教育的具体落地实施，通过设立明确的目标、发展课程与培训项目、改善师资与教学、探索多元的监督与评价方法等提升创业教育质量。例如，欧盟搭建了创业教师教育平台，从而分享最佳的实践经验和提高创业教师教育的可见度与公众的认知程度；帮助制定、实施国际合作项目和措施；在成员国间进行具体的政策建议。

（四）以自身资源为依托，推进国际和区域合作发展

国际组织倡导多元力量参与创业教育，特别注重加强政策引导和各方合作。例如，联合国教科文组织成立了亚太地区创业教育机构网，加强创业教育信息和经验的交流和分享，促进成员间创业教育的合作与研究，传播创业教育实践经验和创新方法。截至 2018 年东盟先后与中国、韩国、日本等六个国家建立了自由贸易区，与合作国家开展高等教育领域合作，推进创新创业发展。

第二节　国际知名高等院校创新创业大学生跨文化能力培养的典型案例与特征

本书共选取了六所国际知名高校作为典型案例分析，分别是美国贝勒大学、美国麻省理工学院、瑞典斯德哥尔摩经济学院、新加坡国立大学、印度管理学院和俄罗斯莫斯科大学。该六所高校办学时间长，教学水平高，是海内外享有盛誉的知名学府，并且在创新创业教育方面也积累了丰富的办学成果和经验，在一定程度上能够代表该国家的创新创业教育的较高水平。以下将对六所高校创新创业教育领域在国际化和跨文化方面展开的探索和实践进行论述。

一、高等院校典型实践

（一）美国贝勒大学

贝勒大学（Baylor University）是美国得克萨斯州历史悠久的私立大学，创业教育发轫于 20 世纪 70 年代末。1977 年，自开设创业教育专业以来，该校在创业研究和教学能力上有着全面而深入的发展，经过 40 多年的时间已经形成一系列独特的创新创业教育实践项目，从当初的商学院及少数工程学院的专业开设，到如今全校性学院的全面覆盖；从重视校内、国内到全球化跨国创业项目的拓展，充分凸显了贝勒大学对全体学生创新创业精神和技能的重视。

贝勒大学通过制定明确的目标、构建完整的课程体系、提供国际化的创业项目、开展丰富的校园活动和引进多方社会资源等路径，开展创新创业教育的实践，形成整合联动的系统关系，共同推进创新创业教育的发展（胡英芹和吴坚，2018）。其中，开阔学生国际视野及国际商业洞察能力的培养，也成为贝勒大学创业教育成功的关键因素。

在全球化背景下，贝勒大学为提高学生对国际市场的洞察力，了解全球化经济的动态发展，尽早融入国际市场，在培养创新创业人才方面不仅仅局限于国内，而且定位于国际范围。创建以国际化为主题的创新创业教育项目，通过与世界不同地区开展国际合作，给学生一种"浸入式"的学习情境及创业经历。具体来说，贝勒大学创业部设置了以国际化为主题的共四个学分的国际创业教育项目，包括"非洲的社会创业项目""拉丁美洲的创业项目""亚洲的技术创业项目""欧洲贝勒创业项目"等。每个项目旨在帮助学生理解不同地区的独特文化和创业环境，但每个项目都有其明显不同的结构和侧重点。

"非洲的社会创业项目"是为期两周面向所有专业的学生项目。在此项目中，学生通过活动亲身感受发展中国家创业者所面临的挑战，并运用所学的创业技能制定出针对非洲卢旺达经济和社会问题的创新性解决方案，通过研究来帮助当地小额金融公司正常运作，同时为卢旺达的学生提供创业培训。

"拉丁美洲的创业项目"为期两周并且向所有学生开放。该项目旨在让学生了解当地国家的创业情况和其他专家所关注的本地和全球化问题，包括贸易协定的最新细节，创业环境的作用和其他重要的经济、政治和文化问题，从而提升了学生的创业实战能力，给予了学生了解世界文化、增进彼此了解的机会，也帮助学生树立了全球化的战略眼光和战略思维，提升了国际合作的意识。

"亚洲的科技创业项目"为期六周，主要针对中国市场，贝勒大学的学生团队与有技术和商科背景的中国学生一起探讨中国实体企业的创新发展进程，学生为中国实体企业的合作发明者或者合作公司实施一个团队技术项目，帮助他们评估和验证这些技术型企业的创新发展状况。

"欧洲贝勒创业项目"是一个为期五周的针对贝勒大学商学专业学生的特定项目，学生们到达 10 个城市和 7 个国家，随同当地企业家和管理者访问一些活跃在世界舞台的动态组织和国际领先组织，根据掌握的情况建立一个启动全球创业的商业计划（胡英芹和吴坚，2018）。该项目是通过实地考察让贝勒大学商学专业的学生充分利用专业知识，了解全球经济发展动向，开展跨国企业合作交流，实施全球创业项目。

贝勒大学通过开展融入国际市场的全球化创业项目，培养学生具有全球化思维的创新能力和创业技能，激发学生的创新精神，让国际合作贯穿于贝勒大学的方方面面，活跃于国际舞台。

（二）美国麻省理工学院

麻省理工学院成立于 1861 年，与斯坦福大学、加利福尼亚大学伯克利分校同为工程科技界的领头羊，在世界享有盛誉。麻省理工学院在成立之初就秉持着"手脑并用"的办学理念,把发展科学、革新技术、创造知识、培育人才以及为国家和世界服务作为其办学使命。作为享有"世界理工大学之最"美誉的麻省理工学院,其对"知行合一"理念的强调,使得该校成为全球最具影响力的创新创业型大学之一。

在创新创业课程建设方面,麻省理工学院主张面向世界经济,强化学生跨文化创新创业能力的培养。随着全球经济一体化进程的不断加快,企业的设立以及产品的研发、制造和销售均面临着越来越复杂的经济和文化环境。为切实做到面向不同区域经济体,培养具有国际化视野的创新创业人才,麻省理工学院创业中心还开设了多门跨区域、跨文化课程供学生选择(胡剑和张妍,2019)。主要开设的课程如下。

"发展中经济体的机遇"课程采用案例研究的方式,全面分析发展中国家企业所面临的诸如合同执行、腐败、政治风险、人权、知识产权和基础设施等制约因素,并讨论在这些约束条件下实现公司创新和取得成功的解决方案,包括公私合作伙伴关系、技术的运用、金融工具的应用等。

"全球创业实验室"的重点是衡量不同国家的创业精神,并开发出更好地理解复杂经济与文化状况的分析诊断框架,以便为学生提供新兴市场企业家所面临的机遇和挑战的整体信息。该课程还为学生构建密集的实践体验,使学生可以与全球多达 15 个国家的初创公司高层领导合作。该课程不仅使学生对各国的历史、发展轨迹以及国家政策有了较为清晰的了解,而且增强了学生在复杂的文化环境中分析企业面临的问题和采取行动的能力。

"全球制造业创新和创业专业研讨会"则涵盖现代制造业的多个主题,如 21 世纪商业运营的模型和结构、不同部门的领导力案例研究等,课程邀请来自亚洲、欧洲和北美的演讲嘉宾开设讲座和交流,从而为学生提供跨地域、跨文化的全球视角来审视创新创业活动,探索创立制造业新企业的机会。此外,学生还可以选修"全球人工智能和机器人业务"等课程,通过这些课程分析某些前沿复杂技术在全球商业化过程中所面临的机遇与挑战,促进学生与全球初创公司的交流与合作。

2007 年,麻省理工学院工程领导力课程培养计划启动,开设了"跨文化交流"课程,该课程主要运用案例分析的方法,讲授不同文化规范和传统情境下的沟通方式和技巧,探讨理解和沟通与不同文化传统之间的关系,口头和非口头沟通方式的差异,跨文化交流的障碍,跨文化交流的模式(论证、谈判、冲突解决)及跨文化调整等不同问题。这些课程的开设,增强了学生对不同经济体创业环境和多元文化的了解,提升了他们在全球复杂环境里从事创新创业的能力。

在创新创业的跨文化实践方面,提升学生的全球胜任力已经成为美国教育的战略目标之一。麻省理工学院十分重视工科学生的全球胜任力培养，要求一半以上的工科学生需要具有全球性的学习研究经历与体验。学校主要通过提供跨国公司的实习机会、到世界各地参与研究，以及实施一系列培养计划来提升学生的全球胜任力（滕珺等，2018），如国际科学与技术计划、D-Lab 计划、公共服务中心（Priscilla King Gray）等。

国际科学与技术计划主要包含三方面内容。一是造就引领未来的全球领导者。在该计划中学生被安排到全球各地的公司或实验室，并在学习 STEM[①]课程和创业实践的过程中提升国际交流能力和跨文化交际能力（包水梅和杨冬，2016）。为此，学生学习所在国的语言、政治、历史、文化等方面的课程的同时，需要参加一系列针对特定地域的培训项目，包括跨文化交流、时事政治、技术创新等。二是促进教师开展国际合作研究。通过全球种子基金为麻省理工学院的教职员工提供资金资助，支持其与国外同行开展合作研究，开发新项目。在此类合作研究的过程中，教师会让学生参与其中，以锻炼其开展国际科研合作的能力。三是加强与国际合作伙伴的联系。以学生和教职员工作为交流的"桥梁"，加强麻省理工学院与研究、工业和创新等领域的其他全球领导者之间的联系。

D-Lab 计划围绕教育、研究和创新实践展开，一是在教育方面，通过一系列课程让学生了解工程设计的原理与应用，获得批判性思维和一定的理论基础，为解决社会问题、环境问题以及全球贫困问题做好知识储备。二是在研究方面，一方面建立跨学科的研究团队，另一方面与世界各地的相关组织进行合作，以便提出更好的解决问题的方案。三是在创新实践方面，通过在实践中与各合作伙伴建立起的良好关系以实现各方学习共享和问题协同解决[②]。

另外，麻省理工学院也设立了公共服务中心。在该中心，学生通过实习、进修和公共服务等项目将学习场地扩展到课堂之外的世界各地[③]。

（三）瑞典斯德哥尔摩经济学院

斯德哥尔摩经济学院的建立和发展最能体现瑞典式的创新创业，也能代表当前国际创新创业的前沿动态。斯德哥尔摩经济学院是以斯德哥尔摩市 5 所知名大学作为组织核心成员，构建起开放式创新创业教育联盟，核心成员大学包括：瑞典皇家理工学院；斯德哥尔摩经济学院；卡罗林斯卡医学院；斯德哥尔摩大学；

---

① STEM 是指科学（science）、技术（technology）、工程（engineering）、数学（mathematics）四门学科。

② MIT D-Lab, https://d-lab.mit.edu/innovation-practice.

③ PKG，https://pkgcenter.mit.edu.

国立艺术与设计大学学院。斯德哥尔摩经济学院在 5 所成员大学的基础上，协同 16 所世界知名大学为学术伙伴，4 所跨国公司为战略伙伴，6 个创业组织为合作伙伴，共同构建成一个开放式创新创业教育联盟。

斯德哥尔摩经济学院的创业课程由大学教师和跨国公司共同开设，这些课程由 5 所核心成员大学之一的斯德哥尔摩经济学院"能力中心"根据学校的特色与优势主导开设。各大学所主导开设的一些课程，往往会由大学专任教师与跨国公司的人员共同开设，或者课程中会邀请跨国公司的人员，对相关议题从实践层面进行分析与指导。例如，"创建一个商业理念"的核心课程邀请到斯德哥尔摩经济学院的校友 MicaeWidell（米凯·维德尔），他是 Fyndiq 公司的联合创始人和 CTO（chief technology officer，首席技术官），他演讲的主题是"如何创建 Fyndiq——从一个理念到 55 个雇员"，他讲述了建立公司的故事，分享了一些重要的经验教训和成功因素。"从理念到服务公司"的情境课程，会邀请医疗保健行业不同背景的专家和企业家，让他们讲述生命科学领域的最新学术发现、创建公司与管理服务型公司过程中的经验与体会。"趋势与未来思考"的技能课程，由斯德哥尔摩经济学院会联合 Quattroprote 公司共同开设，将校内课程与企业短期课程相结合来培养学生，议题有"未来人才""未来城市生活""未来思维与趋势""未来观察者与研究者"等，为学生未来的创新创业提供有价值的战略性图景。

斯德哥尔摩经济学院的创业实践以主题训练营为主：针对创新创业教育跨文化能力的培养，斯德哥尔摩经济学院还与合作伙伴、战略伙伴以及学术合作伙伴一起组织多种主题的训练营，为跨学科、跨文化的学生与企业创业者面对面互动，提供了一个难得的机会。斯德哥尔摩经济学院设计的训练营项目有："印度的设计思考""创业者的瑞典语""医疗创业 DNA""纽约未来的流动性"等。

"印度的设计思考"训练营主要在印度国立设计学院举行，为期一周的时间让斯德哥尔摩经济学院的学生与印度国立设计学院的学生，用后现代主义的设计思维，共同解决印度艾哈迈达巴德社区面临的 5 个真实的挑战。

"创业者的瑞典语"训练营是为斯德哥尔摩经济学院的国际学生提供的为期一个月的商务语言训练营，旨在使学生能够掌握瑞典商业术语，并在商务场合正确地运用瑞典语进行对话。同时，也会涉及瑞典创业文化，为在瑞典语境中的成功创新创业奠定坚实的语言基础。

"医疗创业 DNA"训练营，由斯德哥尔摩经济学院与明尼苏达大学卡尔森管理学院在瑞典斯德哥尔摩联合举办。除来自斯德哥尔摩经济学院的学生和卡尔森管理学院的学生共同参与外，还会邀请与卡罗林斯卡学院有合作关系的医疗技术公司现场指导，使参与的学生可以从全球医疗行业发展的视野，来评估医疗技术与服务的发展。

"纽约未来的流动性"训练营在美国纽约举行，为期一周的训练营由斯德哥尔摩经济学院学生与纽约帕森斯设计学院学生共同参与。学生参与训练营前后的表现，将得到该领域国际教师和学术成员、领先性跨国公司等不同群体的指导和支持。这种学生、校友和企业家跨越国家、文化和学科差异的无边境交流，有利于培养学生创新创业的未来把控能力。

（四）新加坡国立大学

新加坡国立大学是新加坡规模最大、历史最悠久的公立高等院校。在近几年的发展中，新加坡国立大学坚持学术型与创业型并举，通过系统的创新创业教育项目和课程建设、组织机制的有效运行以及生态环境培育，在亚洲地区形成了独具特色的创新创业教育生态系统。

2001 年，新加坡国立大学首次与硅谷合作建立了第一所海外学院，随后又在费城、上海、斯德哥尔摩、班加罗尔、北京、特拉维夫、纽约、慕尼黑等多个城市建立了海外学院。这项举措整合了创新创业与全球化两种发展趋势，通过与许多海外著名高等学府及知名企业的合作，将最优秀的学生输送到在世界范围内具有引领性创新创业的基地去学习企业精神，使学生接受浸入式、体验式的创业教育[①]。海外学院分别为本科生、研究生量身定制了培养项目。研究生的项目具有时间跨度长、视野范围广、专业程度高的特点。时间安排上采取一年时间，先用 80%的时间实习，再用 20%的时间学习。参与项目的同学将赴海外创业企业实习，在业界资深专家的指导下学习创新创业知识，从企业管理出发锻炼领导技能，通过深入海外企业了解国外创新创业开展情况，总结新加坡自身创新创业环境的机遇与挑战。根据学生所学专业与个人专长的不同，安排学生进入初创企业的对口部门开展工作，学习前沿知识和产业化方法。在新加坡国立大学海外学院的创新创业教育中，学校并不是要求让学生毕业后马上创办企业，而是作为一项"长期投资"着重培养他们的创新意识、创业精神和创业实践能力，激发他们在未来的职业生涯发展中以创新创业为引领成为岗位、事业的开拓者，为未来干事创业打下良好的基础。同时，培养了学生的国际化视野和全球化思维，有助于学生和顶级海外高科技创业社区之间建立良好的社会网络关系。

在教学模式中，新加坡国立大学非常重要的一个举措是体验式学习。依托新加坡国立大学的创新创业教育平台，学校制定了各类创新创业教育体验项目，新加坡企业创新成就者发展项目和新加坡国立大学海外学院是新加坡国立大学两项十分重要的体验式学习计划，其中，最具有特色的就是海外学院针对本科生和研究生设立的全年项目和短期体验项目。全年项目大部分时间在海外进行，新加坡

---

① NUS Business School，https://bschool.nus.edu.sg/.

国立大学学生可以在全球各地的创业和学术中心选修特定课程，边上课边实习。一方面，教师采用案例分析、分组讨论等多种方式开展教学，另一方面学生直接进入创业环境，开展企业走访，与成功企业家、风险投资人、客户进行直接对话交流，或者让学生和教师参与企业的技术开发项目。在课程设置上，新加坡国立大学依照国际化要求，采取弹性学分制，创新创业课程具有国际化、多元化等特点。通过体验式学习，学生可以同时结合课程学习与校园实习、科学研究与实际工作、海外实习与本地工商业训练等。这种学习模式能够最大限度地激发学生的创新创业精神，学生可以学到更多的技能，毕业后可以进行创业或者直接进入工作岗位，也可以继续深造从事科学研究。

（五）印度管理学院

印度管理学院，又名印度精英商学院，始建于 1961 年，是由印度总理拨付资金兴建的综合性商业经济类院校。该学院一共有 6 所分校，其中印度管理学院班加罗尔分校两年制王牌研究生课程毕业的学员，起薪中值比教授的薪资都高，加尔各答分校的管理学硕士项目在 2014 年 *Financial Times* 的全球管理学硕士排名中列第 13 位。该学院办学历史相对较长，创新创业教育方面成就突出，能够代表印度开展创新创业教育的较高水平。

20 世纪 50 年代，美国、英国、联邦德国和苏联开始在联合国教科文组织的领导下，对包括印度在内的亚洲国家实施援助。印度政府利用这些项目先后建立了许多新型高等教育机构，其中印度管理学院就是在这个契机下建立的（Sebaly，1973）。当时，印度政府已经明确提出要发展中小型企业，鼓励大学毕业生自主就业。因此，成立不久的印度管理学院义不容辞地承担起部分帮助学生就业和创业的责任。而印度管理学院成立之初并未有系统的创新创业教育，开设创新创业课程仅仅基于教授个人的学术爱好和兴趣。20 世纪 90 年代后，随着经济改革、全球化和人口变化等因素的作用，在政府的支持下，印度管理学院开始开发创业教育课程、设置相关专业、授予专门学历学位、培养创业专业人才。

印度管理学院迫切希望将自己打造成领先的全球品牌，因此积极开展创新创业教育方面的国际合作，加强与企业和社会之间的紧密联系，共同创建校企联合体和创业中心，致力于培养国际化的创新创业人才。

班加罗尔分校已经与美国斯坦福大学、法国的欧洲工商管理学院及加拿大麦吉尔大学商学院等建立了密切的工作关系，开设联合课程，并进行学生交流。班加罗尔校区的"NS Raghavan 创业学习中心"与伦敦商学院、波士顿学院、EMK（Emergency Medicine Kenya Foundation，肯尼亚急救医学基金会）一起发起"全球创业观察"项目。艾哈迈德巴德分校与法国巴黎高等商学院、意大利米兰路易吉·博科尼大学商学院和美国杜克大学福库商学院建立了十分牢固的关系。该校还与杜克企业教育创建了一家合资公司，提供量身定制的高管教育。加尔各答孵化中心和美国耶鲁大学耶鲁创业学会联合举办"国际商业计划书大赛"（International Business Plan Contest），这是全球最大规模之一的创业和商业计划活动大赛。

（六）莫斯科大学

莫斯科大学即莫斯科国立大学，是俄罗斯最古老的一所综合大学，在俄罗斯教育体系中占据突出的地位。莫斯科大学还是高等教育体系中的科研、教学和教学法研究中心，也是培养专门人才和师资的基地。莫斯科大学有较好的物质设备、较强的师资力量、较充足的办学经费，在提高高等教育整体水平方面发挥重要作用，是俄罗斯最具有代表性的高校，代表了俄罗斯高等教育的最高水平（苏娜，2006）。

从 20 世纪 50 年代起，莫斯科大学开始加强与国外大学的联系与往来，扩大了学校科研的领域和范围。其交流内容主要是进行以教学科研为目的的教授教师互派以及各种形式进修的本科生及研究生互换。进入 21 世纪，世界范围内大学间跨国家、跨民族、跨文化的多边交流合作愈加频繁，因此，莫斯科大学也更加深入开展国际合作和校际交流。截至 2005 年它已加入了国际大学协会，与中国、美国、日本、澳大利亚、拉丁美洲、阿拉伯等 56 个国家和地区的多所高校、研究中心签署了 179 份合作及交流协议，并共同探讨、研究科研课题。

2006 年，在莫斯科大学和 SISTEMA 公司的共同倡议下，莫斯科大学高等创新管理学院成立。该学院的主要任务是针对现代化人才市场的要求，培养出一批能力卓越、从零创建并发展跨国高科技企业或能够管理企业创新项目的人才。学院培养人才的主要原则是重视知识和技能的跨学科性和实用性。现代领导者应在掌握管理知识的同时，理解基于数学、物理、化学、生物学和外语的新技术知识。同时学院也尤为关注语言培训，其中开设有商务英语和基础汉语及相关外教课程。其教学过程广泛使用了积极教学方法（案例、商务游戏）和多媒体技术（电子黑板）等。创新管理学院还十分重视课外实践的内容，其目的在于使学生的知识和技能尽可能适应未来工作需求，并使在读创新型企业家在数字化经济竞争环境中成功发展企业。

二、国外高校开展创新创业跨文化教育的特征

国外的创新创业教育研究和实践起步早、发展快，各高校对创新创业教育的

体系构建已趋成熟，经验极其丰富，值得吸取和借鉴。美国和欧洲较早开始设立这方面教育的课程，其创新创业教育理论形成了相当完备的体系；此外共建"一带一路"国家也将创新创业教育纳入国民教育体系中，新加坡通过提供多项基金让学生参与创新创业实践体验活动，印度和俄罗斯为推进高校国际化进程，也开展了一定的国际化创新创业项目。总体比较下来，发达国家的创新创业教育的成熟程度优于发展中国家，然而仍然有一些共性的举措值得我们学习。

（一）政府为大学生创新创业提供强有力的政策保障和经费支持

在全球化竞争背景下，培养具备国际视野、跨文化能力的创新创业型人才是在国际竞争中处于优势地位的关键。高校开展创新创业教育离不开政府政策法规的制定和完善，离不开政府的统一拨款和经费支持。因此发达国家的高校具备先天优势，在开展创新创业跨文化教育方面具有更充足的经费和更广阔的资源平台，欧美高校以及亚洲部分发达国家的创新创业跨文化教育水平明显高于共建"一带一路"国家中部分发展中国家。

（二）以市场需求为导向构建"政产学研"四位一体合作平台

"政产学研"四位一体即政府出台扶持政策、企业提供实践基地、高校主导人才培养、互联互动的结构。各高校积极推动与跨国企业开展合作，以国际议题为主题开展项目研究，为企业提供技术和人才支持。新加坡国立大学将优秀的学生输送到世界范围内具有引领性的创新创业基地去学习企业精神，使学生接受浸入式、体验式的创业教育。美国贝勒大学创建以国际化为主题的创新创业教育项目，与世界不同地区开展国际合作。麻省理工学院主要通过提供跨国公司的实习机会、到世界各地参与研究，以及实施一系列培养计划来提升学生的全球胜任力。

（三）以实践为导向设置跨学科综合课程

在课程设置方面，国外高校的创新创业课程设置致力于打破了学科壁垒，文、理、工等各科相互渗透，开设了一大批综合性的跨学科课程（陈世伟和易开刚，2017）。例如，麻省理工学院将创新创业基础理论课程纳入必修科目，并与专业教育结合，大力开展创新创业通识教育；围绕跨学科课程的设置和发展，强调开放性、跨学科性和综合性的创新创业教育。莫斯科大学的创新管理学院的课程是由化学系、物理系、生物系、计算数学与控制论系以及力学研究所共同创建的跨学院教学项目。在教学方法上，国外高校高度重视案例教学、体验式教学、利用多媒体技术开展多种教学方法。倡导理论与实践相结合，让学生在课堂上树立创新创业意识，积累实践经验，并激发学生的创新创业热情。例如，新加坡国立大学非常重要的一个举措是体验式学习，依托学校的创新创业教育平台，制定了各类创新创业教育体验项目。

（四）以"内培养+外引进"专兼结合形式推进人才队伍建设

国外高校选拔创新创业教师主要有两个途径：一是"内培养"，即鼓励并选拔专职教师从事创新创业研究和实践工作，并在资金等方面给予支持；二是"外引进"，即选聘具有丰富的创新创业经验和学术背景的优秀人才作为客座教授，向学生传授知识和经验。例如，瑞典斯德哥尔摩经济学院主导开设的一些课程，往往会由大学专任教师与跨国公司的人员共同开设，或者课程中会邀请跨国公司的人员，对相关议题从实践层面进行分析与指导。麻省理工学院的课程往往邀请来自亚洲、欧洲和北美的演讲嘉宾开设讲座和交流，从而为学生提供跨地域、跨文化的全球视角来审视创新创业活动，探索创立制造业新企业的机会。

第五章 "一带一路"倡议下创新创业大学生跨文化能力培养调查研究

第一节 调查问卷与访谈设计

为更好地了解"一带一路"倡议下大学生创新创业跨文化能力要素及其培养相关情况，进一步研究高校创新创业大学生跨文化培养路径，本书设计了"'一带一路'背景下创新创业大学生跨文化能力调查问卷"对培养现状进行调查；同时设计了半结构化访谈，基于扎根理论，进一步廓清并丰富对创新创业跨文化能力的要素内涵。简言之，本章围绕两个问题展开。

（1）基于问卷调查，当前创新创业大学生跨文化能力现状如何？该问题突出跨文化能力的"实然"。

（2）基于访谈，时代背景下创新创业大学生应该具备什么样的跨文化能力？该问题突出跨文化能力的"应然"。

一、调查问卷设计

（一）问卷设计依据及组成

本书设计了"'一带一路'背景下创新创业大学生跨文化能力调查问卷"。该问卷基于国内外期刊文献特别是第二章关于现有创新创业及跨文化研究的理论，比较分析现有的创新创业教育、大学生跨文化能力等调查问卷，结合多位有丰富经验的创新创业教师进行深度半结构访谈，咨询相关的高校教师与跨文化创新创业方面的专家人员对问卷问项进行修改与优化分析，综合设计而成，并且通过多次的测试、修改和完善最终形成。

本次调查首先将问卷分为了三个部分，第一部分是基本资料，包括年龄、性别、学历、就读/毕业高校所在地区等，共 10 个问题；第二部分是创新创业大学生跨文化能力，分别从意识、态度、知识、技能四个维度，共 29 个问题进行衡量；第三部分是创新创业大学生跨文化能力培养，分别从课程和实践、人员、学校工作三个方面共 22 个问题进行衡量，具体问题见附录 1。

（二）问卷回收发放情况

由于新冠疫情的原因，正式问卷调查主要通过线上发放问卷的方式开展。为保证问卷调查质量，本书首先在被调查对象所就读的高校进行了筛选。通过选择在大学生创新创业、国际化培养建设典型高校，作者于 2022 年 8 月 9 日～9 月 8 日集中调查了华中师范大学、中国计量大学、杭州职业技术学院、青海大学、西安邮电大学、华南师范大学、华南理工大学、北京航空航天大学、哈尔滨工程大学、昆明理工大学、南京农业大学、南京工业职业技术大学的学生。此次调查共回收问卷 754 份，将缺题、空题、填写错误的问卷视为无效问卷。利用 Excel 导出问卷原数据，删除无效问卷，在 SPSS 26.0 中进行数据录入，在有效问卷上定义缺失值，最终获取有效问卷 457 份，问卷有效回收率为 60.61%，表明问卷有效回收率良好。为进一步探索构建创新创业大学生的跨文化能力培养路径，本书对所回收的有效调查问卷分别进行了描述性统计分析、因子分析、信度与效度检验以及多元线性回归分析。

（三）问卷的信效度检验

问卷需要具备良好的信度与效度。信度（reliability）是指问卷调查结果的一致性、稳定性和可靠性。信度仅指测量结果的可靠程度，不涉及测量所得结果是否达到目的，实践中往往不可能实现对受访者的多次重复测量，得到受访者内部的变异。常用的方法包括对同一群受访者重复测量两次，用其变异情况的相关系数来表示；或者利用受访者相互之间的变异进行估计。效度（validity）是指问卷是否正确衡量了研究者所要了解属性的程度。问卷效度有两个基本要求：一是测量方式确实是在测量所要测量对象的属性，而非其他属性；二是测量方式能准确测量该属性。当问卷测量方式符合上述两方面要求，可以增加问卷的有效程度。

在问卷设计中，信度评价的方法中克龙巴赫 α（Cronbach's alpha）系数与组合信度（composite reliability，C.R.）值是目前最常用的检验系数。效度评价的方法中 KMO（Kaiser-Meyer-Olkin）和巴特利特球形度检验与平均方差提取量（average variance extracted，AVE）是目前最常用的检验系数。Cronbach's alpha、C.R. 与 AVE 检验系数见表 5-1。

表 5-1　信度和效度检验

维度	Cronbach's alpha 系数	项数	C.R.	AVE
意识	0.897	9	0.889	0.472
态度	0.986	6	0.968	0.835

续表

维度	Cronbach's alpha 系数	项数	C.R.	AVE
知识	0.931	7	0.932	0.662
技能	0.989	7	0.971	0.828
课程实践	0.929	6	0.870	0.527
人员	0.914	6	0.889	0.573
工作	0.953	7	0.909	0.588
量表整体	0.959	48	——	——

Cronbach's alpha 表示问卷中各主要因子问项的期望值。Cronbach's alpha＞0.7时，属于高信度；0.35≤Cronbach's alpha≤0.70 时，属于一般信度；Cronbach's alpha＜0.35 时则为低信度，信度系数的取值范围固定在 0 至 1 之间，越接近 1 可靠性越高。由表 5-1 可知本次调查问卷的 Cronbach's alpha 系数均大于 0.7。其中，意识维度的 Cronbach's alpha 系数为 0.897，态度维度的 Cronbach's alpha 系数为 0.986，知识维度的 Cronbach's alpha 系数为 0.931，技能维度的 Cronbach's alpha 系数为 0.989，课程实践维度的 Cronbach's alpha 系数为 0.929，人员维度的 Cronbach's alpha 系数为 0.914，工作维度的 Cronbach's alpha 系数为 0.953，量表整体的 Cronbach's alpha 系数为 0.959。因此，本次调查的调查问卷具有较高的信度。C.R. 值是所有测量题目信度的组合，表示各因子构成指标的内部一致性，C.R.越高表示构面的内部一致性越高，0.7 是可接受的门槛。通过统计分析结果得出各个因子的 C.R.值在 0.870 至 0.971 之间，能够较好地解释相应因子。

AVE 用于计算潜变量对测量指标的平均解释能力，AVE 越高，则表示构面有越高的收敛效果，0.36～0.50 是可接受的门槛。通过统计分析得出各因子的 AVE 为 0.472～0.835，均位于合理范围，说明模型中各问项区分效度也很好，各因子可以用于进一步的回归分析。

本章第二节将基于问卷进一步分析我国创新创业大学生跨文化能力现状及影响因素。

二、访谈设计

（一）访谈目的与组成

前期的文献搜集与分析已经对本书的关键词"创新创业教育""创新创业大学生"进行了基本的内涵定义梳理，对跨文化能力与创新创业的关联也进行了相关的研究综述，但对于具体现实中创新创业大学生的跨文化能力要素，仍然需要进一步地研究解析。因此，本书聚焦于"一带一路"倡议下创新创业大学生的跨文化能力，根据实际需要，设计半结构访谈，从获取的文本信息中进一步提炼出与研究有关概念的核心要素，运用扎根理论来探讨创新创业大学生的跨文化能力的要素内涵。

根据对创新创业大学生跨文化能力的具体要素结构的探讨，访谈分如下几部分。

第一部分为基本信息，包括访谈对象在学校/公司主要负责的工作、是否涉及创新创业相关的内容及不同文化交流相关的内容、创新创业/跨文化方面的经历等。

第二部分为主题部分，从如下方面展开。

一是访谈对象对创新创业跨文化能力及其内涵和要素的讨论。

二是访谈对象对学生/公司的创新创业实践中需要的跨文化元素进行讨论。

三是访谈对象对国家、高校、公司培养、提升创新创业大学生的跨文化能力途径、方式的建议。

四是访谈对象对共建"一带一路"倡议和"人类命运共同体"理念，以及当前国际局势，对开展跨文化创新创业影响的思考。

（二）研究对象

本书选取我国11所不同层次的创新创业典型经验高校以及3家相关企业为研究对象，访谈时间为2022年8月至2022年9月，方式包括面对面访谈、线上访谈。具体的受访人员信息见表5-2和表5-3。

表5-2 高校访谈对象相关信息

高校名称	受访人员
北京航空航天大学	刘洋（校团委副书记）、金天（教务处副处长）、林海英（交通科学与工程学院实验室主任）、史成坤（工程训练中心主任助理）、张益栓（航空科学与工程学院研究生）、冯嘉瑞（航空科学与工程学院本科生）、刘明岩（交通科学与工程学院研究生）、郭宗川（交通科学与工程学院本科生）
华南理工大学	黄敏（软件学院副院长）、王应密（教务处副处长）、王广征（实践教学科副科长）、樊霞（工商管理学院教授、博士生导师）、凌莉（双创示范基地导师）、博士生（创业者）、创业团队学生1、创业团队学生2
华南师范大学	徐向龙（创业学院院长）、侯永雄（创业学院副院长）
华中师范大学	郎东鹏（党委学生工作部学生事务处副处长）、张静（本科生院副院长）、陶力（团委副书记）、沈娟（党委学生工作部创业学院主管）、张堡（在校创业学生代表）

续表

高校名称	受访人员
哈尔滨工程大学	赵宁波（校团委副书记）、周莹（创新创业教师）、李文宝壮（创新创业教师）
南京农业大学	李刚华（农学系教授）、李真（副教授）、雷颖（助理研究员）
青海大学	胥瑾（团委副书记）、韩磊（团委双创负责人）、金乐天（教师）、彭司南（本科生）、石婷婷（研究生）、马建成（本科生）、胡缤文（研究生）
昆明理工大学	教师1（创新创业常务副院长，兼教务处副处长）、教师2（管理学博士）、教师3（创新创业教师）、研究生（信息工程与自动化学院创业者）
中国计量大学	赵春鱼（教务处副处长/创业学院副研究员）、陈骅（经济与管理学院党委副书记兼助理研究员）、张洁（教务处主管助理研究员）、江利（教务处实习研究员）、沙正英（经济与管理学院本科生）、吕彬谧（信息工程学院研究生）
杭州职业技术学院	潘建峰（"双高"[1]办公室主任、教授）、李海涛（创业学院副院长）、张瑞（教学科研办公室主任实验师）
南京工业职业技术大学	朱燕（副教授/创新创业学院院长）、黄继平（副教授/创新创业学院副院长）、王莹（副研究员/创新创业学院办公室主任）

1）中国特色高水平高职学校和专业建设计划

表 5-3 企业访谈对象相关信息

企业名称	受访人员
西安东航赛峰起落架系统维修有限公司	王小权（副总经理）、叶根源（运营部总监）、周勇香（员工）、乔鸽（员工）、Ella（翻译）
北京欧非科技有限公司	曾东方（欧非科技业务总监资深专家）
华润电力技术研究院有限公司	曾垂宽（新能源发电运维研究中心专业总监）

　　本章将以访谈为根本依据，在第三节基于扎根理论就创新创业大学生跨文化能力要素开展解析。

第二节 "一带一路"倡议下我国创新创业大学生跨文化能力现状及影响因素分析

　　本节基于问卷调查展开。首先对问卷调查的结果进行描述性分析；其次，使用因子分析方法分析我国创新创业大学生跨文化多维能力的重要性程度；再次，从学历、学科、出国经历等多方面分析跨文化能力现状；最后，详细分析我国创新创业大学生跨文化能力影响因素。

一、我国创新创业大学生跨文化能力现状概况

通过对各模块进行描述性统计，从表 5-4 的数据可以看出，意识、态度、知识和技能模块的各平均值都在 3 以上，表明创新创业大学生跨文化能力总体上处于较理想状态，但也间接表明创新创业大学生的跨文化能力有提升的空间。其中，意识模块平均值最高，为 3.90，其次是态度模块（3.87），知识模块平均值最低（3.03）。这种意识、态度与知识之间的差距客观地说明创新创业大学生虽具有较理想的跨文化交际意识和态度，但跨文化知识不足，有待进一步加强对跨文化知识的学习（表 5-4）。

表 5-4　创新创业大学生跨文化能力各模块情况

模块	均值	标准差
意识	3.90	0.14
态度	3.87	0.15
知识	3.03	0.15
技能	3.47	0.16

（一）意识

意识模块的平均值较高，且整体差异较小（标准差为 0.14），这说明各模块相比，创新创业大学生的跨文化意识较好。从具体题目来看，大部分创新创业大学生普遍能尊重不同文化在价值、行为、规范等方面的差异，认为需要多角度看待国内外的社会、文化、政治、经济问题，需要有意识地去了解国内外历史、地理和社会政治知识。这说明，创新创业大学生能主动、有意识地去了解不同国家的文化差异。具体题目中得分较低的题项 A3 是"我认为具有不同文化的人可以为了共同的事业目标暂时搁置文化冲突"，说明创新创业大学生认为在进行创新创业活动中不能忽视文化冲突，侧面反映了创新创业大学生有意识地想去解决在创新创业活动中出现的文化冲突（表 5-5）。

表 5-5　创新创业大学生跨文化能力意识模块

题目	平均分
A1 我能察觉到文化差异对行为的影响	3.88
A2 我在不同文化环境中感受到自己的文化身份和他人的文化身份	3.77

续表

题目	平均分
A3 我认为具有不同文化的人可以为了共同的事业目标暂时搁置文化冲突	3.66
A4 我知道每个人都会受到自身所处文化的限制,并能批判性地评价不同的文化观点、文化实践和文化产品	3.72
A5 我尊重不同文化在价值、行为、规范等方面的差异	4.11
A6 我认为需要有意识地去了解国内外历史、地理和社会政治知识	4.01
A7 我认为需要从多角度看待国内外的社会、文化、政治、经济问题	4.11
A8 我会反思、学习并寻求妥善解决跨文化冲突和误解的途径	3.91
A9 我尝试用不同的文化模式和思维方式去解释和评价别人的行为	3.92
平均值	3.90

(二)态度

态度模块在四个模块中整体差异也较小(标准差为0.15),说明创新创业大学生的跨文化态度较好。创新创业大学生普遍能坚信中华文化的信仰,乐意与不同文化背景的人交流,保持对不同文化的好奇心,能尽力克服对其他文化的刻板印象,站在不同角度看待问题。但是有部分创新创业大学生对寻找国际性创新创业竞赛、创业交流会等拓展创新创业活动的喜爱度不高,也有部分创新创业大学生认为和不同文化的人共事是一种挑战。这说明,创新创业大学生对待不同文化的态度是积极的、友好的,但同时也认为与不同文化的人交流、共事会给自己带来一定的挑战,会导致个体不够积极主动地去寻找并参加国际性的创新创业大赛或活动(表5-6)。

表5-6 创新创业大学生跨文化能力态度模块

题目	平均分
B1 我愿意更好地学习和掌握其他国家(地区)的语言	3.86
B2 我倾向于对不同文化的为人处世方式和法律、道德等规范体系保持学习和理解的态度	3.93
B3 我喜欢寻找国际性创新创业竞赛、创业交流会等可能的机会来拓展创新创业活动	3.68
B4 我会主动站在他人的立场上看问题	3.93
B5 我愿意积极融入不同的社会文化环境当中	3.90
B6 我会尽力克服对其他文化的刻板印象	3.94
平均值	3.87

（三）知识

知识模块的平均值为 3.03，是四个模块中平均值最低的，且差异不大（标准差为 0.15）。这说明创新创业大学生的跨文化知识整体不足，具体体现在不能熟知国内外的创新创业相关的法律法规、创新创业政策、创新创业的管理与金融知识和跨国（地区）经营企业或项目的知识。表现相对较好的是创新创业大学生在一定程度上能具备和其他文化的人沟通和交流的语言知识，熟知国内外不同的文化价值观和信仰体系，熟知国内外的礼仪文化、行为规范和民俗风情。这表明，大多数的创新创业大学生能理解跨文化的相关知识，如不同国家的价值观、文化、语言和自身专业相关的知识，但是缺少创新创业和企业运行方面的知识（表 5-7）。

表 5-7　创新创业大学生跨文化能力知识模块

题目	平均分
C1 我熟知国内外的创新创业相关的法律法规	2.97
C2 我熟知国内外关于创新创业的政策	2.93
C3 我熟知国内外创新创业的管理与金融知识	2.92
C4 我具备和其他文化的人沟通和交流的语言知识	3.27
C5 我熟知国内外的不同的文化价值观和信仰体系	3.16
C6 我熟知国内外的礼仪文化、行为规范和民俗风情	3.14
C7 我具备跨国（地区）经营企业/项目的知识	2.84
平均值	3.03

（四）技能

技能模块的平均值为 3.47，整体差异也较小（标准差为 0.16），说明创新创业大学生的跨文化技能掌握程度较好，但总体掌握情况不如意识和态度模块，有较大的提升空间。具体来看，大部分创新创业大学生都能识别和解决不同文化差异带来的相关问题，避免与不同文化的人发生文化上的冲突，从多文化角度看待问题，能理解和接受不同文化带来的差异，能快速学习国内外创新创业相关知识。但从得分较低的两个题项可以发现，创新创业大学生不能很好地运用不同语言解决跨文化带来的相关问题，也不能很好地发现国内外的创新创业机会。这说明，创新创业大学生能掌握语言知识，但是在语言技能的运用上还有提升空间，而且寻找国内外创业机会的能力不足，也侧面说明创新创业大学生对参加国内外的创新创业活动主动性不高，参加的次数也较少（表5-8）。

表 5-8　创新创业大学生跨文化能力技能模块

题目	平均分
D1 我能识别、解决文化差异带来的相关问题，客观地对待不同文化的行为、价值观和规范体系	3.53
D2 我能与不同文化的人进行良好的沟通，避免在语言和行动上冒犯不同文化的人	3.55
D3 我能从多文化角度看待国内外的政治、经济、宗教问题	3.60
D4 我能快速学习国内外创新创业相关的文化、政治和法律等知识	3.49
D5 我能运用其他国家（地区）语言协商、解决跨文化带来的相关问题	3.30
D6 我能不断发现国内外新的创业机会	3.20
D7 我能接受并处理因为文化差异带来的压力	3.59
平均值	3.47

二、"一带一路"倡议下我国创新创业大学生跨文化能力重要度分析

本部分主要从意识、态度、知识、技能、工作、课程实践、人员等方面分析创新创业大学生跨文化能力。通过因子分析方法分析结果发现，技能对大学生跨文化创新创业能力的提升重要性程度最高，其次是态度、工作、意识、知识、课程实践、人员。从创新创业大学生跨文化能力的四个维度出发，创新创业跨文化技能被认为是大学生跨文化创新创业能力提升的最重要因素，其次是态度、意识、知识。

具体的因子分析方法如下。

为了分析调研问卷中的各问项的重要性程度，并将调查问卷中多个问项降维并归类为可用于进一步假设检验的各类因子，本书采用探索性因子分析方法进行统计分析。

KMO 和巴特利特球形度检验是为了检验调查问卷所包含的各问项的数据做因子分析的适宜性。如表 5-9 所示，本书问卷数据的 KMO 值为 0.977，大于 0.8，并且显著性水平小于 0.05，显示问卷问项适合做进一步的因子分析。

表 5-9　KMO 和巴特利特球形度检验

实验方法		检验值
KMO		0.977
巴特利特球形度检验	近似卡方	48 127.266
	自由度	1 830.000
	显著性	0.000

采用因子分析和主成分分析法对问项进行提取，并进一步采用最大方差法得到旋转成分矩阵。通过因子分析和主成分分析法总共提取了特征根大于 1 的 7 个公因子（表 5-10）。当提取第 7 个公因子时，初始特征值为 1.446，累计方差贡献率为 77.142%，超过 60%，说明因子分析所提取的 7 个主要因子对总体问项的解释能力较强。通过最大方差法进一步得到旋转成分矩阵，得出各问项在各因子中的分布情况如表 5-11 所示。

表 5-10　总方差解释

成分	初始特征值			提取载荷平方和			旋转载荷平方和		
	总计	方差百分比	累计	总计	方差百分比	累计	总计	方差百分比	累计
1	17.372	36.192%	36.192%	17.372	36.192%	36.192%	6.589	13.728%	13.728%
2	5.542	11.546%	47.739%	5.542	11.546%	47.739%	5.735	11.948%	25.676%
3	4.671	9.730%	57.469%	4.671	9.730%	57.469%	5.639	11.747%	37.423%
4	3.709	7.727%	65.196%	3.709	7.727%	65.196%	5.277	10.993%	48.416%
5	2.364	4.925%	70.121%	2.364	4.925%	70.121%	5.251	10.941%	59.357%
6	1.924	4.009%	74.130%	1.924	4.009%	74.130%	4.327	9.015%	68.372%
7	1.446	3.012%	77.142%	1.446	3.012%	77.142%	4.210	8.771%	77.142%
8	0.939	1.957%	79.099%						
9	0.875	1.822%	80.921%						
10	0.678	1.413%	82.335%						
11	0.650	1.354%	83.689%						
12	0.591	1.230%	84.919%						
13	0.533	1.110%	86.030%						
14	0.497	1.035%	87.065%						
15	0.479	0.998%	88.063%						
16	0.417	0.869%	88.933%						
17	0.399	0.831%	89.764%						
18	0.378	0.787%	90.551%						

续表

成分	初始特征值			提取载荷平方和			旋转载荷平方和		
	总计	方差百分比	累计	总计	方差百分比	累计	总计	方差百分比	累计
19	0.355	0.740%	91.290%						
20	0.339	0.705%	91.996%						
21	0.311	0.649%	92.645%						
22	0.295	0.614%	93.258%						
23	0.263	0.548%	93.806%						
24	0.258	0.537%	94.343%						
25	0.240	0.499%	94.842%						
26	0.233	0.485%	95.327%						
27	0.224	0.467%	95.793%						
28	0.213	0.444%	96.237%						
29	0.200	0.416%	96.652%						
30	0.184	0.384%	97.036%						
31	0.171	0.356%	97.392%						
32	0.164	0.343%	97.735%						
33	0.150	0.313%	98.048%						
34	0.142	0.296%	98.344%						
35	0.129	0.268%	98.612%						
36	0.119	0.247%	98.859%						
37	0.113	0.236%	99.095%						
38	0.107	0.223%	99.318%						
39	0.083	0.173%	99.490%						
40	0.065	0.135%	99.626%						
41	0.051	0.106%	99.731%						
42	0.044	0.092%	99.823%						
43	0.036	0.076%	99.899%						
44	0.030	0.062%	99.962%						
45	0.014	0.028%	99.990%						
46	0.004	0.008%	99.997%						
47	0.001	0.003%	100.000%						
48	0.000	0.000%	100.000%						

注：提取方法为主成分分析法；该表因四舍五入，存在运算不等的情况

表 5-11　旋转成分矩阵

测量项	成分						
	1	2	3	4	5	6	7
意识 1				0.740			
意识 2				0.716			
意识 3				0.636			
意识 4				0.692			
意识 5				0.656			
意识 6				0.728			
意识 7				0.686			
意识 8				0.634			
意识 9				0.685			
态度 1		0.817					
态度 2		0.919					
态度 3		0.947					
态度 4		0.924					
态度 5		0.916					
态度 6		0.952					
知识 1					0.868		
知识 2					0.873		
知识 3					0.880		
知识 4					0.725		
知识 5					0.757		
知识 6					0.774		
知识 7					0.806		
技能 1	0.887						
技能 2	0.950						
技能 3	0.905						
技能 4	0.952						
技能 5	0.951						
技能 6	0.762						

续表

测量项	成分						
	1	2	3	4	5	6	7
技能 7	0.949						
课程实践 1						0.660	
课程实践 2						0.771	
课程实践 3						0.743	
课程实践 4						0.767	
课程实践 5						0.740	
课程实践 6						0.667	
人员 1							0.751
人员 2							0.818
人员 3							0.788
人员 4							0.729
人员 5							0.736
人员 6							0.713
工作 1			0.763				
工作 2			0.800				
工作 3			0.745				
工作 4			0.788				
工作 5			0.790				
工作 6			0.782				
工作 7			0.692				

注：提取方法为主成分分析法；旋转方法是凯撒正态化最大方差法；旋转在 6 次迭代后已收敛

　　因子分析方法结果分析：由各因子解释方差与特征根值的大小，本书对大学生跨文化创新创业能力提升的影响因素重要性进行排序，即因子 1（技能）对大学生跨文化创新创业能力的提升重要性程度最高。剩余所提取的因子重要性程度依次为：因子 2（态度）、因子 3（工作）、因子 4（意识）、因子 5（知识）、因子 6（课程实践）、因子 7（人员）。经因子分析提取的各维度命名及其对应题项的因子载荷排序结果如表 5-12 所示。

表 5-12　各因子命名及其包含问项的重要性程度排序

测量问项	因子载荷	重要性排序	问项内容
因子 1（技能）			
技能 1	0.887	6	我能识别、解决文化差异带来的相关问题，客观地对待不同文化的行为、价值观和规范体系
技能 2	0.950	3	我能与不同文化的人进行良好的沟通，避免在语言和行动上冒犯不同文化的人
技能 3	0.905	5	我能从多文化角度看待国内外的政治、经济、宗教问题
技能 4	0.952	1	我能快速学习国内外创新创业相关的文化、政治和法律等知识
技能 5	0.951	2	我能运用其他国家（地区）语言协商、解决跨文化带来的相关问题
技能 6	0.762	7	我能不断发现国内外新的创业机会
技能 7	0.949	4	我能接受并处理因为文化差异带来的压力
因子 2（态度）			
态度 1	0.817	6	我愿意更好地学习和掌握其他国家（地区）的语言
态度 2	0.919	4	我倾向于对不同文化的为人处世方式和法律、道德等规范体系保持学习和理解的态度
态度 3	0.947	2	我喜欢寻找国际性创新创业竞赛、创业交流会等可能的机会来拓展创新创业活动
态度 4	0.924	3	我会主动站在他人的立场上看问题
态度 5	0.916	5	我愿意积极融入不同的社会文化环境当中
态度 6	0.952	1	我会尽力克服对其他文化的刻板印象
因子 3（工作）			
工作 1	0.763	5	开设跨文化创新创业选修课/必修课
工作 2	0.800	1	提供跨文化创新创业基金帮助大学生创业
工作 3	0.745	6	举办跨文化创新创业大赛
工作 4	0.788	3	设立跨文化创新创业指导机构提供专门服务
工作 5	0.790	2	建设跨文化创新创业实践基地
工作 6	0.782	4	营造宽松的跨文化创新创业环境
工作 7	0.692	7	经常邀请跨文化创新创业领域专家开设课程
因子 4（意识）			
意识 1	0.740	1	我能察觉到文化差异对行为的影响
意识 2	0.716	3	我在不同文化环境中感受到自己的文化身份和他人的文化身份
意识 3	0.636	8	我认为具有不同文化的人可以为了共同的事业目标暂时搁置文化冲突

测量问项	因子载荷	重要性排序	问项内容
因子4（意识）			
意识4	0.692	4	我知道每个人都会受到自身所处文化的限制，并能批判性地评价不同的文化观点、文化实践和文化产品
意识5	0.656	7	我尊重不同文化在价值、行为、规范等方面的差异
意识6	0.728	2	我认为需要有意识地去了解国内外历史、地理和社会政治知识
意识7	0.686	5	我认为需要从多角度看待国内外的社会、文化、政治、经济问题
意识8	0.634	9	我会反思、学习并寻求妥善解决跨文化冲突和误解的途径
意识9	0.685	6	我尝试用不同的文化模式和思维方式去解释和评价别人的行为
因子5（知识）			
知识1	0.868	3	我熟知国内外的创新创业相关的法律法规
知识2	0.873	2	我熟知国内外关于创新创业的政策
知识3	0.880	1	我熟知国内外创新创业的管理与金融知识
知识4	0.725	7	我具备和其他文化的人沟通和交流的语言知识
知识5	0.757	6	我熟知国内外的不同的文化价值观和信仰体系
知识6	0.774	5	我熟知国内外的礼仪文化、行为规范和民俗风情
知识7	0.806	4	我具备跨国（地区）经营企业/项目的知识
因子6（课程实践）			
课程实践1	0.660	6	跨文化创新创业相关的外语基础课程
课程实践2	0.771	1	跨文化创新创业相关的管理学、经济学课程
课程实践3	0.743	3	跨文化人际交流与沟通技能类课程
课程实践4	0.767	2	跨文化创新创业相关的政治学、法学课程
课程实践5	0.740	4	跨文化创新创业案例分析类课程
课程实践6	0.667	5	参加兼职，自身积累创业经验
因子7（人员）			
人员1	0.751	3	辅导员、班主任
人员2	0.818	1	公共课教师
人员3	0.788	2	专业课教师
人员4	0.729	5	创新创业类实践课程/活动指导教师
人员5	0.736	4	行政管理人员
人员6	0.713	6	成功创业者或企业家

三、不同背景创新创业大学生跨文化能力现状

（一）不同学历层次的大学生跨文化创新创业能力

本部分通过将学历层次多分类变量进行哑变量处理，以本科在读为参照变量进行多元线性回归分析（表 5-13）可知：与本科在读的大学生相比，硕士在读的学生在跨文化创新创业知识和技能方面表现更弱，回归非标准化系数分别为 −0.244 和 −0.187 且均在统计检验结果方面显著；与本科在读的大学生相比，博士在读的学生在跨文化创新创业各方面表现并无显著差异。

表 5-13　学历层次对跨文化创新创业意识、态度、知识、技能的回归分析

变量	意识		态度		知识		技能	
	非标准化系数	标准误	非标准化系数	标准误	非标准化系数	标准误	非标准化系数	标准误
（常量）	4.036***	0.036	3.861***	0.047	2.863***	0.049	3.707***	0.048
硕士在读	−0.046	0.074	−0.018	0.097	−0.244*	0.102	−0.187*	0.099
博士在读	−0.065	0.141	−0.18	0.185	−0.161	0.194	0.169	0.188
VIF＜1.015								

注：VIF，variance inflation factor，方差膨胀因子

*表示 $p < 0.1$；***表示 $p < 0.001$

回归结果原因分析：我国高校日益重视"挑战杯""互联网＋""创新创业大赛""外研社·国才杯""暑期国际交流营"等与创新创业及跨文化交流有关的活动。而硕士生因其培养方案侧重于课题项目的应用研究与未来相比本科生更好的就业前景，硕士生通常将更多的时间和精力放在课题研究、实习经历与工作等方面。因此，在跨文化创新创业知识和技能方面表现弱于本科在读的大学生。博士在读的学生的学历层次最高，学术研究能力优于硕士生，经常参加一些国际会议，并能够将研究成果发表在国际期刊上，这就要求博士生有更大的国际视野，以及较高的跨文化创新创业能力。因此，在跨文化创新创业知识和技能表现方面与本科生无显著差异。总体来说，本科生与博士研究生在跨文化创新创业能力方面较强，硕士生在跨文化创新创业的知识和技能方面反而有所减弱，这将为高校针对不同学历层次大学生的跨文化创新创业能力的培养与提升提供优化思路。

（二）不同学科门类的大学生跨文化创新创业能力

本书首先将原始问卷中的学科门类多分类变量进行文科、理科和交叉学科的学科特征划分。其次，进一步将学科门类多分类变量进行哑变量处理，以理科为参照变量进行多元线性回归分析，由表 5-14 可知，文科的大学生相比于理科的大学生在跨文化创新创业态度方面表现更强，回归非标准化系数为 0.195 且在统计检验结果方面显著；在跨文化创新创业能力的意识、知识和技能方面，文科与理科生没有显著差异。但是，交叉学科对跨文化创新创业能力的回归结果与此不同。具体表现在交叉学科大学生相比于理科的大学生在跨文化创新创业技能方面表现更强，回归非标准化系数为 0.203 且在统计检验结果方面显著，在跨文化创新创业能力的意识、知识和技能方面，交叉学科与理科生没有显著差异（表 5-14）。

表 5-14　学科门类对跨文化创新创业意识、态度、知识、技能的回归分析

变量	意识		态度		知识		技能	
	非标准化系数	标准误	非标准化系数	标准误	非标准化系数	标准误	非标准化系数	标准误
（常量）	3.975***	0.037	3.828***	0.049	2.800***	0.052	3.629***	0.05
文科	0.128	0.078	0.195*	0.102	0.001	0.108	0.090	0.105
交叉学科	0.169	0.091	−0.145	0.12	0.006	0.127	0.203*	0.123
VIF＜1.040								

*表示 $p<0.1$；***表示 $p<0.001$

回归结果原因分析：我国高校学科建设体系中，文科生更容易接触到与跨文化创新创业相关的信息，且文科大学生由于没有实验等方面的压力，该类学科相关高校老师与辅导员等更加鼓励文科学生参与跨文化创新创业相关活动，因此在跨文化创新创业的态度方面表现优于理科大学生。在交叉学科中，由于交叉学科的学生既能获取到文科丰富的跨文化创新创业相关信息，又能培养出理科专精的跨文化创新创业技术能力，因此在跨文化创新创业技能方面表现优于理科大学生。总体来说，文科类专业有利于培养大学生跨文化创新创业的积极态度；交叉学科有利于培养较强的跨文化创新创业技能，这将为高校针对不同学科门类对大学生跨文化创新创业能力的培养与提升提供优化思路。

（三）不同出国经历的大学生跨文化创新创业能力

首先，本书将出国经历多分类变量依据原始问卷中出国次数划分为三类，分

别是无出国经历（无）、较少出国经历（1～3 次）与较多出国经历（3 次以上）。其次，进一步进行哑变量处理，以无出国经历为参照变量进行多元线性回归分析（表 5-15）可知：相比于无出国经历的大学生，有较少出国经历的大学生在跨文化创新创业能力的意识、态度、知识和技能方面更强，回归非标准化系数分别为 0.144、0.113、0.096 和 0.125 且均在统计检验结果方面显著。但是，相比于无出国经历的大学生，有较多出国经历的大学生在跨文化创新创业能力的意识、态度、知识和技能方面的统计检验结果没有显著差异。

表 5-15　出国经历对跨文化创新创业意识、态度、知识、技能的回归分析

变量	意识		态度		知识		技能	
	非标准化系数	标准误	非标准化系数	标准误	非标准化系数	标准误	非标准化系数	标准误
（常量）	3.97***	0.033	3.809***	0.044	2.762***	0.047	3.625***	0.045
较少出国经历	0.144**	0.041	0.113**	0.055	0.096*	0.058	0.125*	0.056
较多出国经历	0.278	0.182	0.114	0.242	0.282	0.254	0.331	0.246
VIF<1.006								

*表示 $p<0.1$；**表示 $p<0.05$；***表示 $p<0.001$

回归结果原因分析：我国鼓励大学生创新创业且平台和社会资源丰富，有较少出国经历的大学生既能获得国内较好的创新创业课程实践等，又能有机会培养跨文化相关的能力。因此，有较少出国经历的大学生在跨文化创新创业相关的意识、态度、知识和技能方面的表现优于无出国经历的大学生和有较多出国经历的大学生。总体来说，较少出国经历有助于培养大学生跨文化创新创业意识、态度、知识和技能等全方位的能力，这将为高校针对性构建各类国际交流项目，以提升大学生跨文化创新创业能力提供优化思路。

四、创新创业大学生跨文化能力影响因素

（一）跨文化人际交流与沟通技能类课程对学生有切实帮助

根据问题"下列课程和实践能推进创新创业大学生跨文化能力提升"，可以看到被调查者对于课程类的选择情况。跨文化创新创业相关的 6 类课程实践，分别指代课程实践 1，跨文化创新创业相关的外语基础课程；课程实践 2，跨文化创新创业相关的管理学、经济学课程；课程实践 3，跨文化人际交流与沟通技能类课程；课程实践 4，跨文化创新创业相关的政治学、法学课程；课程实践 5，

跨文化创新创业案例分析类课程；课程实践 6，参加兼职，自身积累创业经验（图 5-1）。

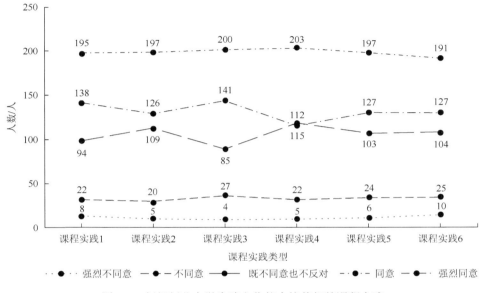

图 5-1 创新创业大学生跨文化能力培养相关课程实践

其中，选择同意跨文化创新创业相关课程对其跨文化创新创业能力有提升作用的大学生最多，选择强烈同意的人数多于既不同意也不反对的人数，强烈不同意和不同意远低于其他选项，说明绝大多数大学生认为跨文化创新创业相关课程对其跨文化创新创业能力的提升有积极作用。此外，在 6 类课程实践中，强烈同意和同意人数之和最多的是课程实践 3，高达 341 人；强烈不同意和不同意人数之和最多的是课程实践 6，总共 35 人；同意和强烈同意总人次 1954。结果表明跨文化人际交流与沟通技能类课程对大学生跨文化创新创业能力的培养格外重要，但是通过参加兼职来积累创业经验对大学生跨文化创新创业能力的培养并不是关键因素。

（二）创新创业教师有助于培养跨文化创新创业能力

根据问题"下列人员能帮助创新创业大学生提升创新创业跨文化能力"，可以看到被调查者对于人员帮助类的选择情况。人员共分为 6 类。人员 1，辅导员、班主任；人员 2，公共课教师；人员 3，专业课教师；人员 4，创新创业类实践课程/活动指导教师；人员 5，行政管理人员；人员 6，成功创业者或企业家（图 5-2）。

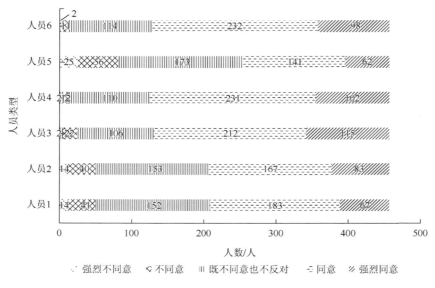

图 5-2　创新创业大学生跨文化能力培养相关人员

　　其中，选择同意的学生最多，选择既不同意也不反对的人数次之，再则是强烈同意，强烈不同意和不同意的人数远低于其他选项。由此可见，6 类人员中，强烈同意和同意人数之和最多的是人员 4 有 333 人，强烈不同意和不同意人数之和最多的是人员 5，为 81 人，其次是人员 1 有 55 人；同意和强烈同意总人次 1693。结果表明创新创业类实践课程/活动指导教师对大学生跨文化创新创业能力的培养十分重要，但是行政管理人员对大学生跨文化创新创业能力的培养并不是很关键。

（三）跨文化创新创业领域专家有助于帮助学生提升能力

　　根据问题"学校在支持学生跨文化创新创业方面要做好以下工作"，可以看到被调查者对于工作分类的选择情况，7 类工作分别指代工作 1，开设跨文化创新创业选修课/必修课；工作 2，提供跨文化创新创业基金帮助大学生创业；工作 3，举办跨文化创新创业大赛；工作 4，设立跨文化创新创业指导机构提供专门服务；工作 5，建设跨文化创新创业实践基地；工作 6，营造宽松的跨文化创新创业环境；工作 7，经常邀请跨文化创新创业领域专家开设课程（图 5-3）。
　　其中，选择同意的学生最多，选择强烈同意远多于既不同意也不反对的学生，人数次之，强烈不同意和不同意远低于其他选项。由此可见，7 类工作中，强烈同意和同意人数之和最多的是工作 5，高达 367 人。强烈不同意和不同意人数之和最多的是工作 5，为 23 人；同意和强烈同意总人次 2478。结果表明经常邀请跨

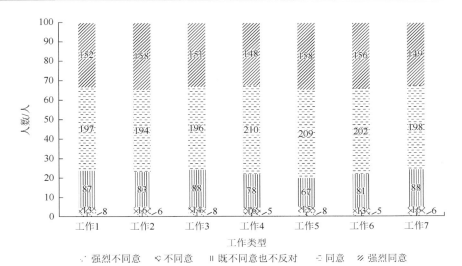

图 5-3 创新创业大学生跨文化能力培养相关学校工作

文化创新创业领域专家开设课程对大学生跨文化创新创业能力的培养十分重要，但是建设跨文化创新创业实践基地对大学生跨文化创新创业能力的培养并不是关键因素。结合学校开展的各项工作分析，学生对创新创业跨文化领域专家开设的课程的满意度较高，说明创新创业跨文化领域专家也对大学生创新创业跨文化能力培养发挥了重要作用。

　　综上分析，在以上创新创业大学生跨文化能力影响因素中，在"相关学校工作"中的举措选择同意和强烈同意数量最多，总人次 2478。强烈同意和同意人数最多的是工作 5（建设跨文化创新创业实践基地），高达 367 人，说明相关领域专家在能力培养中作用明显，深受学生欢迎。强烈不同意和不同意人数之和最多的是人员 5，为 81 人，其次是人员 1（辅导员、班主任）有 55 人，说明课程/活动指导教师与辅导员、班主任作用在能力培养中作用不明显。因此，高校应优化创新创业跨文化师资队伍结构，培养具有创新创业跨文化理论和具备自主创业实践经验的"双师型"师资，还需引入具有丰富的创新创业实践经验的创新创业跨文化企业家、金融家、创新管理类导师，根据实际需要构建"专兼结合"的创新创业跨文化师资队伍，为切实提升创新创业大学生的创新创业跨文化能力提供师资保障。

（四）多文化和多语言氛围有助于学生创新创业跨文化能力提升

　　从调查数据可知，本科生在跨文化知识和技能方面相较于研究生有更优表现的原因在于本科生更重视参加"挑战杯""互联网＋""创新创业大赛""外研社·国才杯""暑期国际交流营"等与创新创业及跨文化交流有关的活动。由此可见，营造跨文化氛围，提供跨文化交流空间，有助于创新创业大学生在多文化和多语言环境中进行语言和文化的学习，也有助于学生在真实的跨文化和多语言环境中进行跨文化交际，让学生真实面对与不同文化的人交流、共事的"挑战"，提升学生在跨文化交际中的自信心，提升学生语言技能运用的能力。一个真实的、氛围轻松的交流空间需要学生在其中思考、表达、认同、质疑，全方位地运用学生的跨文化知识、技能、意识和态度，提升学生的跨文化能力。课堂内，学校可以聘请外籍教师进行专业课教学或进行跨文化教学；课堂外，学院可以举办鼓励学生参加国内外的学术会议，学校可以定期举办本土和国际学生的交流会，畅通学生境外交流或留学的渠道。特别是国际性的创新创业活动相对于国内的创新创业活动，有更多国家参与，融合了不同文化，有不同于国内的创新创业标准，有助于学生了解国际前沿的创新创业项目、创新创业政策、创新创业的管理和金融知识，提升创新创业大学生这一群体的国际性创新创业能力和跨文化能力，也有助于学生积极主动寻找不同的国际性创新创业活动，提升学生抓住有国际竞争力的创新创业机会。

（五）学生创新创业理论和创新创业实践知识亟待丰富

从调查数据看，创新创业大学生跨文化知识的短板主要体现在对国内外创新创业相关的法律法规、政策、管理与金融知识、跨国经营企业知识的掌握不足，且学生在学校开展的工作中，对"经常邀请创新创业跨文化领域专家开设课程"的同意度最高，认为创新创业领域专家开设的课程更能提升创新创业大学生的跨文化能力。因此，学校的课程设置要满足学生创新创业理论和创新创业实践知识的学习，要在创新创业课程中有意识地加强国际前沿的创新创业法律法规、政策、管理与金融知识和跨国企业运作的知识，同时专业课程也要有意识地涉及国际前沿知识，融入该行业的创新创业理念和精神，努力做到"专创融合"。学校可以定期邀请国内外知名的创新创业跨文化专家开设讲座或课程，让学生从一线实践的层面了解当前国内外创新创业的进展。

（六）不同背景的创新创业跨文化成员有互补性特征

从不同学科背景来看，不同学科背景的大学生在创新创业跨文化能力上的表现有所不同。文科类大学生相比于理科类大学生在跨文化创新创业态度方面表现更强，交叉学科类大学生相比于理科类大学生在创新创业跨文化技能方面的表现更强。从不同文化背景看，不同文化背景的学生的思维方式、行为规范和价值观念都有所不同。因此，在进行各类创新创业跨文化活动中，不同学科背景和文化背景的学生可以尝试一起组成创新创业跨文化团队，有助于专业知识和跨文化能力的互补，发挥团队成员所长，且有助于不同学科背景的学生在团队中增强自身不足的创新创业跨文化态度、意识、知识、技能，不仅能够合作完成一个创新创业项目，还能够在合作过程中学习不同学科的思维方式，且有助于学生转变由本民族思维方式和认知模式形成的思维定式。

第三节　基于扎根理论的"一带一路"倡议下创新创业大学生跨文化能力要素解析

本节基于访谈展开。聚焦"一带一路"倡议下创新创业大学生的跨文化能力，根据实际需要，以我国 11 所不同层次的创新创业典型经验高校以及 3 家相关企业的创新创业教师、企业骨干为对象，通过半结构化访谈，进一步丰富、完善创新创业大学生的跨文化能力的要素内涵，为后面对策的提出打下基础。

一、扎根理论

扎根理论来源于社会学，现在已被广泛应用于众多社会科学领域的研究中。在定性领域研究中，扎根理论被认为是最科学的方法，扎根理论的提出就是为了回答在社会研究中，如何能系统性地获得与分析资料以发现理论，简单来说，扎根理论就是从资料中发现理论。扎根理论的创始人是格拉泽（Glaser）和斯特劳斯（Strauss），这一理论是格拉泽和斯特劳斯在对临终病人的关怀研究中萌芽，随后二人在其著作《扎根理论的发现》中完整地提出扎根理论。他们认为在研究中，理论来自独立于观察者的数据，这一理论提供了完整的一套从原始资料中归纳、建构理论的方法和步骤，使研究者可以利用这一套系统的分析方法对实证资料进行分析归纳，从中发展概念和构建理论（Glaser and Strauss，1967）。

扎根理论最初由格拉泽和斯特劳斯二人共同提出，但在之后的研究与发展中，逐渐形成了三个不同的流派。1978 年格拉泽以独立作者身份出版了《理论敏感性》，从此成为经典扎根理论的代表。1990 年斯特劳斯与学生朱丽叶·科宾（Juliet Corbin）在《质性研究基础：扎根理论程序与技术》一书中，共同提出一种更加系统化和程序化的扎根理论版本，成为程序化扎根理论的诞生标志。在 20 世纪 70 年代到 90 年代，后现代主义思潮涌动，在这样的背景下，格拉泽与斯特劳斯的学生凯西·卡麦兹对扎根理论进行了建构主义的重构。到了 20 世纪末左右，陆续有中国学者对扎根理论进行梳理总结和发展，将扎根理论运用到社会科学研究中。

在格拉泽和斯特劳斯的理论中，扎根理论的研究有一套具体的过程与规则，他们认为，具体的研究过程是：第一，不需要太多研究准备，也不需要专门的文献梳理与回顾，不需要带着预先设定的问题；第二，搜集资料主要使用访谈法与观察法；第三，对收集的材料，如访谈记录进行编码处理；第四，在全部的研究过程中，要持续撰写备忘，并且不断修改整理备忘，对编码进行分类整合。由于研究观点的不同，格拉泽与斯特劳斯二人在扎根理论的编码方式上在实际操作中也存在不同之处，可以说经典扎根理论和程序化扎根理论之间最大的不同就集中体现在编码环节。

在经典扎根理论中，编码过程分为开放式编码、选择性编码以及理论性编码，以斯特劳斯为代表的程序化扎根理论，将编码过程分为开放性编码、主轴编码和选择性编码，并增加了"维度化""典范模型""条件矩阵"等新工具，使得新手研究者在分析过程中对分析步骤更加清晰、明确，这套程序化扎根理论目前也得到了最广泛的应用。所以，本书采用程序化扎根理论的开放式编码、主轴编码、选择性编码这三级编码对获得的访谈资料进行分析。

因此，结合不同学者对扎根理论的总结以及在具体研究中的实施步骤，本书使用的具体操作流程包括：第一，前期相关文献搜集梳理；第二，选择恰当的研究对象进行访谈，获取研究资料；第三，进一步梳理访谈数据，通过程序化扎根理论三级编码进行资料分析；第四，理论建构以及理论饱和度检验；第五，研究结论。

本书拟采用扎根理论探究创新创业大学生跨文化能力的内涵模型。采用该研究方法的依据在于：其一，前文"创新创业大学生跨文化能力培养研究综述"充分显示出在创新创业的理论与实践研究中，跨文化能力尚属一个新兴研究领域，学界对该问题缺乏成熟的理论框架，对其概念的内涵要素关注也远远不足，因此，需要用质性研究的方式分析"跨文化"之要义；其二，扎根理论方法适合解决过程性、互动性的问题，适用于本书关于跨文化能力的讨论。首先，创新创业行为本身的过程性、创新创业相关人员能力的动态性。随着全球化的加速发展、科学技术的飞速进步带来的资源的融汇、所涉范围的扩大、知识生产的迭代、文明文化之间的冲突，创新创业行为本身的复杂性与动态性愈加明显，高等创新创业教育原有的策略也需要进行持续动态调整，以应对更多的不确定性。其次，创新创业中文化之间的互动性愈加明显：文化多元化成为当今世界的一个显著特征，在推动社会发展的同时，对创新创业能力产生了深远的影响。文化多元化使人们能够接触到来自世界各地的不同观念、思维方式和经验，为创新提供了丰富的思维模式和视角，反过来也需要相关人才更好地适应和推动文化多元化发展的需求。在全球市场日益一体化的背景下，越来越多的企业需要面对不同文化的消费者和竞争对手，由此拥有跨文化创新创业能力的人才显得尤为重要，而现有诸多跨文化理论的静态内涵也无法全面、透彻地解释这一新现象。因此本书运用扎根理论对这一议题展开探索性的研究。

二、开放式编码、主轴编码以及选择性编码

本书聚焦于"一带一路"倡议下创新创业大学生的跨文化能力，根据实际需要，选取 11 所不同层次的全国创新创业典型经验高校以及 3 家相关企业为研究对象，通过半结构化访谈，探讨创新创业大学生跨文化能力的要素内涵。访谈对象充分观照大学生创新创业相关的各类主体和各个环节。为保证跨文化能力的核心内涵的典型性、普遍性，以及能力模型探讨的科学性与可行性，访谈对象首先应来自创新创业教育改革成效良好、创业指导服务工作水平高的高校，或者高度重视创新创业工作和跨文化业务成熟的企业；其次，访谈对象要对大学生创新创业有足够的、丰富的认识和令人信服的经验；最后，访谈对象要和大学生创新创业及其跨文化能力有较高的关联度。据此，本书根据教育部 2017～2019 年公布的第三批次《全国创新创业典型经验高校名单》选取我国 11 所不同层次的创新创业典型经验高校（其中中央部门所属高等学校 5 所，省属本科院校 4 所，高职高专院校 2 所①）；为保证访谈的全面性，访谈对象的选择覆盖了创新创业大学生人才培养全过程，包括高校管理者、高校双创教师/导师、参与高校双创项目及竞赛的学生；同时还挑选了 3 家与跨文化业务高度相关并有成熟的孵化创新创业项目或者基地的典型企业（其中合资企业 1 家，国有企业 1 家，私营企业 1 家），企业受访人员包括业务骨干和管理人员。

为了便于对访谈记录的使用和分析，根据不同单位的访谈对象进行分类，将来自高校的 37 位负责双创工作或有跨文化经历的教师编号为 A，将 15 位有过双创经历或跨文化感受的学生编号为 B，将 7 位来自企业的负责人编号为 C，高校教师编号为"A1～A37"，学生编号为"B1～B15"，企业人员编号为"C1～C7"。

按照程序化扎根理论的操作流程，对访谈资料进行开放式编码、主轴编码以及选择性编码。

（一）开放式编码

开放式编码（open coding）是对访谈资料的收集与整理，是要将访谈文本中的关键词、句子甚至案例事件等进行归类，并依据访谈资料，对文本逐字逐句分析，针对从文本中提取出的同一类别的词句建立概念范畴，为进一步的概念化做准备。这一过程是对访谈记录中的初始概念进行整理，为了避免研究人员的主观性偏见，提高研究的客观性，在开放式编码过程中，尽量使用受访者的原始语句，

---

① 南京工业职业技术学院 2019 年升格为职业本科学校。

从原始回答中抽取相关概念，本次调查共抽出 22 个范畴，表 5-16 为创新创业大学生跨文化能力要素的范畴化过程。

表 5-16　开放式编码结果

范畴	原始语句（初始概念）
文化认可与传承	A1：首先是对于国家和文化的认可和认知程度，最主要的还是对互相的文化认可和支持的态度，都不能抱有一些过于极端或者敏感的方式或者想法 A27：在这种冲突的大背景下，如何去发掘中国优秀的传统文化，并且把这些文化不断去传承、发扬，让西方了解真正的中国、更全面的中国 B5：我们也希望成员可以充分了解不同的国家，不仅包括我们国家的相关政策，还有"一带一路"共建国家的人文文化，我们才会有信心，可以把它输送到海外去 B10：拥有丰富的文化底蕴是接纳外来文化的前提。唯有深刻理解、认同并珍视自身的本土文化，我们才能在广泛吸纳外来文化精髓的同时，避免逐渐迷失自我，确保本土文化的独特性与生命力得以延续
文化感知力	A10：亲身体验国外的文化至关重要。通过参与海外的研修班，与来自不同学校和文化背景的学生交流互动，尽管时间或许有限，但"百闻不如一见"，学生们能够亲眼见证、亲身感受，从而获得更为深刻和独特的理解和认知。这样的经历对学生的成长和视野拓展无疑具有不可估量的价值 B3：我感触比较深的是我的英语课老师，上英语课的时候，她会让我们去阅读一些国外的时政新闻、最新的社科类论文，让我们感受思维的碰撞。当时她特别倾向于让我们去学习英文、教育方面的一些论文和知识 C4：在文化感知力方面，尤其是在我们接触新的文化时，会接触到不同的人和事，你自己也会有一个应对的过程，所以在接触人、事、物的时候，需要具备感知力和敏锐度 C6：若见识有限，当面临外来的文化差异挑战时，个人心态的调整可能会变得困难，且应急反应能力也会受到考验。因此，我认为在学生时代，广泛接触并了解多种文化，能够为我们日后更好地应对这类挑战打下坚实基础，使我们更加从容不迫
组织协调能力	A2：但是我们学生在团队合作方面还是比较弱的，具体来讲，在一个组织、一个团队层面，我们学生单打独斗可能比较强，但是形成一个团队后，各干各的事情和协调组织能力明显是偏弱的 A15：赛事对学生团队意识的提升非常有帮助，因为这是一个团体性赛事，需要大家分工协调配合 A22：在实践过程中，我觉得同学们在一个团队当中的组织能力，包括协调各方面的能力都得到了提高
开放包容	A1：要深入理解其他国家大学生对创新创业的态度，因为这往往深深植根于各大学的特色，乃至国家的特色和文化背景之中。因此，我认为首要的是保持一种包容的心态 A21：我认为文化的融合至关重要。要培养学生包容的心态，鼓励他们多观察、多体验，这样有助于他们形成新颖独特的见解和创意 A2：第一个就是理解和包容。不同文化背景的学生在一起工作或者学习，肯定有一些如价值观、审美观，或者具体的工作方式有所区别，那大家要完成同一个工作，在一起学习，理解和包容是第一位的 A28：从理想的层面来说，对于我们的学生，要用一种宽容的心态去包容不同的东西 B10：我们应当学会从其他文化中汲取优秀的传统，并将其灵活应用于我国的现实情境中。这要求我们勇于打破固有的刻板印象，以开放的心态去接纳和融合 A24：对文化的认识还包括文化方面的自信和包容，既有对自己文化的自信，又有对其他文化的包容 C6：拥有开放的心态至关重要，它使我们能够理解并接纳不同文化间的巨大差异。我们应当认识到"存在即合理"，每种文化形态都是在特定历史和社会背景下形成的，都有其存在的道理。因此，我们不能简单地以对错来评判，而应学习并尊得每种文化的独特之处 C7：另一个就是包容，基于谦卑或者说谦虚的心态，有包容的精神，与人打交道的时候会遇到各种文化的人，要尊重别人的文化、生活的习惯、宗教信仰等

续表

范畴	原始语句（初始概念）
尊重理解	A5：当我们踏入其他国家学习或工作时，首要任务是让自己顺利适应新环境。这不仅仅局限于学习语言，更重要的是在掌握语言的基础上，深入理解并融入当地的文化 B9：每个国家可能确实有一些对自己身份的不同认知，强硬的碰撞可能会存在一些冲突，这个时候就需要一些包容和理解，从对方的角度来思考问题，这是我对跨国交流的一些理解，我觉得尊重很重要 B10：对于不同的文化，我们应该是一种尊重的态度。在我们这一方水土养育出来的人，可能没办法很认同他们的那些信仰，但是在他们那样的环境生长起来的人，他们的思维方式肯定跟我们是不一样的，所以我们应该要尊重别人 C4：作为一名翻译，我逐渐从理解不同文化的角色中过渡到现在的职位，这一过程让我深刻体会到尊重和欣赏不同人群的重要性。我的感受就是求同存异，接受每一个人的不同，也接受每个人都有自己的想法 C6：第二个是理解能力，需要换位思考，想想他人为什么那样做，他们的生活习惯、思维，包括工作方式，在处理问题的时候，他们的价值观需要被理解，找到这种差异的背景才能理解它的来龙去脉到底是什么
勇敢自信	A1：我们应勇于追求创新，致力于提升能力、质量和效率，不断突破自我，实现更高的目标 A24：在多年的医学科研工作中，我深入研读英文 SCI 文章，努力与国际前沿接轨，探索未知领域。这一过程与创新创业有着诸多相似之处，都需要我勇敢地迈出步伐，踏入未知。我认为，勇敢与自信是这一过程中不可或缺的品质，它们推动着我们不断前行，探索新的可能 C7：但是有很多学生，感觉就是跟不同文化的人在一起，其实是非常有自信的，这是来自文化的自信、经济实力的自信，还有来自技术实力的自信
实事求是	A1：实验室及专业学科的教育，可以增强学生的全球视野，使学生更加深入地理解世界范围内的学科前沿、技术难题以及实际社会需求 A28：创新创业教育这个过程传递给学生的就是一种精益求精、实事求是的态度，如果为了结果，中途造假、学术不端，这个事情还不如不做，我觉得给学生传递实事求是的态度非常重要 A15：这种求真求实的坚持在沟通的过程当中可能会觉得是障碍，但实际上并不是，因为他会去精益求精地做，只是从专业的角度和非专业的角度来看会有差别
专业知识	A1：创新创业的核心在于发挥个人的专业背景和特长，依托于此建立起强大的创新能力，这是竞争力的关键所在。基于深厚的学科背景和独特的专业特色，我们需要拥有切实且强大的创新能力，这才是创新创业的基石 A15：当学生对项目本身有了深入的了解后，这种了解将反过来促进他们自身专业知识和能力的提升与成长 B9：对于创业者而言，持续学习和掌握财务知识至关重要，特别是在创业初期。创业者应当尽早学习并掌握财务知识，或者在团队中指定一名关键成员专门负责财务方面的把控，以确保企业的稳健发展 A10：缺乏必要的知识是无法成功参与创业的。例如，如果连创业计划书都不会撰写，那么仅凭基本的知识是远远不够的。创业者还需要具备基本的技术经验，才能为企业的创立和发展提供有力支持 A8：像华为这样的全球型企业，其产品设计人员不仅语言沟通无障碍，而且具备出色的跨文化工程能力。因为当产品在不同地区落地时，需要面对当地独特的通信协议标准与环境。如何使产品适应并配套这些差异，涉及众多专业知识。因此，对于通信专业的学生而言，在学习专业课程时，除掌握常规的通信协议外，还应深入了解不同国家对不同标准协议的支持情况，并扩充这方面的知识，以便更好地适应未来的职业挑战 B5：我希望从大学出来的学生，除掌握专业的知识技能之外，他可以在海外跨文化方面做到大而专且细而精 B7：在接触并学习多个专业领域后，我深刻体会到了多学科知识对培养个人综合能力的重要性。作为一名大学生创业者，我坚持走多文化、多学科综合发展的道路，这为我的成功奠定了坚实的基础 A16：无论是创新、创业，还是大学生去从事各个方面的创新创业训练、培养，以及真正地去创建公司，都有一个很重要的问题是知识储备，尤其是专业基础知识的储备

续表

范畴	原始语句（初始概念）
文化知识	A20：首先要知道当地的政治和文化生态，不然很难适应；其次要了解各个地方的政治、文化等特点，还有就是党政纷争，这个还是比较重要的 A10：我们所说的"知识"，指的是对已有经验的学习与借鉴，是从他人那里获取并吸收过来的东西 B5：当人才进入公司并被安排到海外工作时，他们可能会在某个国家长期驻点、工作和生活。因此，我们需要他们对该国的人文文化和地域文化有一定的了解，以便更好地融入当地环境，顺利地开展工作 A28：对于创新创业人才可能还需要他能够知道不同文化背景的人是不一样的，这就涉及一些跨文化的知识熏陶 A30：我认为，包括交际在内的许多方面，如思维方式、言谈举止等，都是可以通过学习相关知识、阅读相关书籍来加以改变的。知识能够为我们提供新的视角和方法，帮助我们提升交际能力和沟通技巧 C4：我认为可以多去了解一些跨文化背景的历史知识，同时学习企业管理中常用的专业工具和方法，这将有助于我们更好地应对不同文化背景下的挑战，提升管理水平 C6：我提议通过呈现一些更具实际意义的案例或具体内容，对不同区域、国家和文化进行循序渐进的介绍，以此拓宽大家的视野。最简单有效的方式就是从具体案例入手，让大家能够更直观地理解和感受
程序性知识（宗教、法律等）	A6：对于通信专业的学生，不同国家的通信环境协议是不一样的，在学习专业课程的时候，除了学习常规的一些通信协议，要了解不同的国家对不同标准协议的支持，同时还要扩充这方面的知识 A29：在创新创业的过程中，学生们经常会遇到法律法规方面的问题，如注册公司的资本要求、注册地点、注册流程，以及是否需要法律顾问等 B9：其实我们觉得应该还要包括对不同国家政策的了解，只有在符合不同国家的相应政策的情况下，跟随着市场去做相应的创新创业工作，那才有可能长远 C5：了解美洲、欧洲的国家有一点很重要的是，一定要学习西方宗教史，要对其文化有深刻的了解，要相当熟悉当地的宗教
语言知识	A5：在我们进行专业认证的过程中，特别强调了课程体系中语言类课程的重要性。这些语言课程旨在提供跨文化交流的坚实支撑，例如，英语课程能够助力工科学生顺畅地阅读国际前沿的学术文献 A5：当我们踏入其他国家学习或工作时，首要任务是让自己顺利适应新环境。这不仅仅局限于学习语言，更重要的是在掌握语言的基础上，深入理解并融入当地的文化 B3：在技能方面，英语比较重要，因为英语是世界性的语言，能够熟练使用英语无疑拥有了跨越文化交流的得力工具 B15：但是我们要在当地推广的话，就必须去了解当地的一些文化、气候环境，来给他们制订一些相应的方案 B9：当来自多个国家的同学需要组建一个团队时，首要面临的挑战便是语言障碍。对于中国本土成长的学生而言，由于接触英语环境的机会相对有限，因此真正与外国友人用英语进行流畅沟通可能会感到颇为吃力 C5：至少前往阿拉伯国家时，必须能够看懂、听懂、会讲阿拉伯语；与英语国家交流时，则需要能够理解、听懂英语，并且自己也能流利表达。语言无疑是首要的，若连基本的语言都不通，想要建立跨文化沟通能力几乎是无法想象的 C3：我的英语可能算一个优势，连接中方及外方，从这个工作上，我确实能起到一个桥梁的作用 C6：最大的挑战可能就在于语言障碍，这种障碍不仅体现在能否听懂对方的话语上，更主要的是，不同文化背景下，语言所蕴含的情绪、意识乃至深层次含义可能存在显著差异 C7：在"一带一路"的文化交流中，英语的能力毋庸置疑是非常重要的，英语的听说读写都是非常重要的，我觉得这是我们"走出去"非常重要的能力
沟通交流能力	A15：参与过创业活动的同学，会在整体意识、人际关系的处理以及与人沟通的能力上得到全面的锻炼与提升

续表

范畴	原始语句（初始概念）
沟通交流能力	A27：其实我觉得更多的还是要去学习这个国家在语言表达上面和中国的区别。在未来，不管是在创新创业还是在其他方面，和美国人或德国人说话，其实表达的方式和中国人是不一样的。所以这其实也属于学生在学习跨文化沟通能力的知识体系上面的差别 A5：其实真正的沟通学习可能不仅限于语言层面，你到了一个全新的环境里面去沟通和交流的时候，不再只是知识的问题，还可能已经触及另外一个层面，除知识学习之外，平时提到的沟通交流能力，我觉得是有必要把它从知识的学习当中拆分出来的 A2：二是学生在对外交流、资料查询与理解，以及深入了解他人和国际环境方面的国际化能力显得较为薄弱。相比之下，其他国家，如巴基斯坦，尽管地理位置与我们不同，但其国内欧美人士众多，大学或单位中多国人员分布广泛，国际化程度高。而在我们国家，学生来源相对单一，即便是与如印度尼西亚这样国际化元素丰富的国家相比，我们学校的国际化氛围和元素也显得较为不足，因此在多元文化交流和体验方面存在一定的欠缺 A23：在跨文化沟通层面，我们面临的障碍主要包括语言障碍和非语言障碍。语言障碍通过系统的学习可以较快地克服，然而非语言障碍的沟通则需要长时间的实践积累与深化理解 C5：第二方面，我认为至关重要的能力是沟通能力。这不仅仅关乎沟通的效率，更在于能否准确理解对方言语中的直接含义与潜在意图，同时深刻理解其所属文化背景或风俗习惯的不同。在此基础上，进行有效且恰当的沟通，才是沟通能力的真正体现 B9：最为关键的是，应让来自不同国家的同学们，即便在未组成正式团队的情况下，也能在老师的引导下，借助跨国交流软件，实现跨国的沟通与互动
语言表达能力	A14：我认为，在整个过程中，他们的团队协作与沟通能力、领导力、组织能力乃至个人的语言表达能力均能得到显著提升 A27：我深信，语言不仅仅是交流的工具，它更是文化的载体。以高语境文化和低语境文化为例，这两种文化背景下的语言表达方式截然不同。因此，学生在学习跨文化沟通能力时，除了掌握语言本身，更应深入理解目标国家与中国在语言表达上的差异 A27：在跨文化沟通中，包括在我的礼仪课上面我也会跟学生说，在使用非语言表达的时候，其实是要小心的，因为在使用非语言表达之前，首先必须清楚不同文化背景下，它的非语言是有差别性的
实践应用能力	A14：学生可以通过比赛进一步了解到如论文、科研的规范，到底应该怎么去做，包括实践到底该怎么去进行 A15：学生在这个过程中需要从一个科研工作者变成创业领导者，角色的转变会促使学生在实践方面的能力有所提升，如对成果转化、市场的了解，包括运作的流程，甚至涉及他和生产的厂家、中间的合作商等，他都会有不同的接触 A28：对于当前的一般普通高校而言，推进创新创业项目更多被视为对学生专业知识的一种补充，是旨在培养他们实践能力的一种重要训练方式 B2：我认为，参与创新创业比赛的学生相较于未参与此类比赛的学生，往往在实践能力和技术实现方面展现出更强的实力。特别是在工科领域，这类比赛能有效避免学生出现理论知识丰富但动手能力不足的情况，也就是常说的"眼高手低" B11：在我看来，对于大学生的创新创业来说，我认为最重要的还是实践，我们都会提创新源于实践，创新要应用于实践，最后的创新成果也是由实践来检验的 C6：就目前我的个人经历来看，大部分学生的眼界和实践经历存在一定的局限性
问题解决能力	A21：我希望他们能够去发现问题，能够有抓住机遇的能力，商业领域称之为"商机"。我们希望学生具备发现问题、解决问题的能力，发现一些技术或产品并能够有效地解决这些问题 A29：在专业以外，怎么样去注册公司或者获得专家的好评，怎么去提高自己的演讲能力等 A17：第一个需要突破的障碍，在于能否以平和的心态去审视他人的成果。在审视的过程中，要学会区分优劣、做出选择，并进而内化吸收使之成为自己的知识。最终，需要通过理念的升华，形成自己独有的见解和体系。这便是文化接受与吸收能力的培养过程 C6：接下来，我认为至关重要的一点是思考和应变的能力，即如何妥善应对文化差异。是选择入乡随俗，顺应当地的文化习惯，还是在尊重差异的基础上寻求共识，这都是需要深思熟虑的问题

续表

范畴	原始语句（初始概念）
国际视野	A19：国际视野这几个方面，第一个就是我们对国际上的形势或者国际上专业的发展有能够迅速捕捉的能力；第二个就是有国际交流能力，能够知道国际上的发展，能够跟国际上进行交流；第三个就是能够向国外输出一些东西 A20：因为我博士是在国外读的，所以我会觉得国际视野其实对学生是特别重要的，就跟我们上大学要去大城市一样，这就是视野性扩展，我觉得这对以后形成价值观还是特别重要的 A18：从跨文化的视角来看，那些表现出色的企业，其视野绝不会局限于眼前，而是拥有更为宏大的战略格局和国际眼光 A17：例如，今年我们做非物质文化遗产，是黑龙江牡丹江的一种绣工艺，但是我们不想把它局限在我们牡丹江，更不想只局限在黑龙江，也不想只局限在我们国家，我们要走向世界 A28：在创新创业的过程中，学生需要具备国际或跨文化的意识。他们在设计项目和应用技术时，应当拥有国际视野。我认为，在培养学生创新创业能力的过程中，市场意识的培养至少应包含国际意识的融入 A24：我认为，要拥有宽广的格局和视野，首要的是具备国际化的视野，或者是对不同文化有深入的了解和体验。这种国际化的视野可能源自学生们日常的课堂学习、观看的纪录片、阅读的书籍、浏览的小视频，以及参与旅游、参观、交流等活动所积累的经验
辩证意识	A26：我在课堂里面，喜欢讲我个人留学的感触，分享的目的是让他们要有一种意识，或者是要有一种正确的态度，要有一种辩证思维，要正确地去看待其实任何事情都有不同的面 A27：例如，项目化教学、小组讨论，或者是专门的课题，实际上这都可以提高学生的辩证思维 A16：许多学生在面对问题时，第一反应往往是告诉评委或指导老师自己能做什么。然而，有一部分同学则会反过来思考，社会和国家需要他们做什么。我认为，这部分同学能够准确把握问题的核心，主动探寻并回应社会与国家的需求 B10：还应该学会思考和提炼，就是在不同的文化中提炼出适用于本土的文化。同时也需要善于总结，在文化交流与碰撞中，总结出属于自己的一些观点，避免在跟随他人的过程中逐渐失去自我
共同体意识	A14：我们在做的过程中也发现了很不错的一点，就是我们有学生提出来加强中华民族共同体意识的选题，我认为港澳台学生有这样的想法是非常不错的，而且非常符合我们国家的导向和期待 B8：自从做了创业项目之后，我的整个大局观得到了升华 A26：我觉得意识的培养，真的在创新创业当中是非常重要的。而且这种意识，它不仅仅是一种全球意识，还有习近平总书记说的人类命运共同体的意识 A17：因为人类命运共同体就是指，全球都是在一起紧密相连的，大家都是同步向前，虽然有前有后、有快有慢，但最终我们的诉求就是大家都能够向着更优的方向去发展 B10：我们必须深刻认识到，在当前全球化日益加深的社会大环境下，未来跨国合作与交流将会日益频繁
创新意识	A1：第二点，关键在于具备基本的创新能力。这意味着我们要持续思考并时刻铭记树立品牌意识、激发创新活力以及重视专利保护的重要性 A17：大学生之所以能走出去，很重要的一点，就是要找准自己所做的创新的技术、创新的服务、创新的品牌，这是在社会之中的立足点 A1：第二个方面在于基本创新能力的重要性。我们必须时刻牢记树立品牌意识、激发创新能力以及增强专利保护意识。我认为，拥有核心的创新能力是前提，只有在此基础上，后续的努力才可能展现出更大的价值和意义。如果缺乏核心的创业能力或技术壁垒，即便其他方面展示得再出色，也可能只是社会上所戏称的"PPT 创业"，即仅停留在理论层面，难以转化为实际成果 A29：同学间的交流互动能力至关重要，这包括了对创新意识的培养与保持敏锐的创新思维 A16：为了突破国外的技术封锁，我们需要激发学生的原始创新能力，并调动他们积极参与创新创业实践活动的热情与积极性

续表

范畴	原始语句（初始概念）
团队意识	A15：赛事对学生的团队意识的提升非常有帮助，因为这是一个团体性赛事，需要大家分工协调配合 A2：但是我们学生在团队合作方面还是比较弱的，具体来讲，在一个组织、一个团队层面，我们学生单打独斗可能比较强，但是形成一个团队后，各干各的事情和协调组织能力明显是偏弱的 A29：学生需要提升的不仅仅是技术领域和专业知识方面的能力，从用人单位的角度来看，他们越来越重视职业能力的培养，包括创新意识以及团结协作的意识 B9：还有一个创新创业的思路，就是去认真地思考团队的分工，包括一些股权的划分
主动意识	A20：学生有他的意愿，你非要让他坐在教室里45分钟，给他灌输国外的文化，可能也不一定有效果 A10：例如，在岗位创业中，起初没有意识到跨文化因素的存在，但一旦意识到，其重要性便不言而喻。此时，是积极应对还是消极逃避，就完全取决于个人是否具备主动的意识了 A16：首先得有主观意识和主观能动性，让大学生发自内心地关注到，要从不同的环境，不同的区域，不同的背景下去创业，而不只是局限于从身边、从熟悉的环境中去进行创新创业实践 A17：这有可能是大学生在创业过程中一个很重要的共同点或者激发点，就是他要去积极地、主动地去对接企业 B2：另一方面，机遇也起着重要作用。那些更愿意主动与各个实验室或导师联系的学生，通常能获取到更广泛的创新创业相关实践活动的信息，因此他们可能更容易参与并投身于这些实践活动之中 B4：我认为，态度是决定因素之一，关键在于大家是否愿意尝试新事物，是否热衷于寻找国际性的创新创业竞赛、创业交流机会等，以此来拓宽创新创业活动的视野和范围
家国情怀	A26：我会觉得家国情怀很重要，国际视野很重要 A18：创新创业人才的一个特殊技能，就是要急国家之所急，做国家之所做所想 A17：一个最重要的事情就是通过现在的人才培养服务于将来的国家需求，让我们的国家更强大，能够屹立于世界，所以这个时候一定要让学生有开放的眼光、大的格局来看待事物，我在什么位置，国家在什么位置，世界在什么位置，那么我应该到达什么位置 B9：在筹备这个项目时，我们怀揣着一个真挚的愿望，那就是展示中国的独特之处，讲好中国的故事 A18：其实更多要思考的应该是如何培养学生把中国的文化传播出去的能力，如基于"一带一路"这个特色，怎么在"一带一路"共建国家的文化和中国文化交流碰撞时，更好地讲好中国故事，打造中国名片

注：SCI英文全称science citation index，即科学引文索引。该开放式编码结果只列举其中一部分典型语句

（二）主轴编码

主轴编码（spindle coding）是将一个类属或维度作为编码的核心，研究者可以通过归纳与演绎，将开放式编码中抽出的初始概念范畴，按照一定的逻辑进一步整合归纳，将初始概念范畴分类维度化，提取出更高层次的主范畴，得到更有研究针对性的概念类属，也就是主范畴。在对专业知识、文化知识、沟通交流能力、实践应用能力、尊重理解、创新意识、共同体意识等22个初始概念进行分析、整合、归类之后，得到知识维度、技能维度、态度维度、意识维度、价值维度（表5-17）。

表 5-17　主轴编码结果

主范畴	副范畴	范畴内涵
知识维度	专业知识	创新创业大学生在大学学习的专业知识
	文化知识	创新创业大学生具备的中国文化知识、世界文化知识、普遍文化知识
	语言知识	创新创业大学生掌握的不同语种的语言知识,如英语
	程序性知识	创新创业大学生掌握的不同国家的宗教、法律等知识
技能维度	沟通交流能力	在跨文化过程中与他人进行沟通交流的能力
	语言表达能力	能用准确的语言向他人表达,并在不同文化背景下灵活采取不同表达方式
	实践应用能力	将理论知识等运用于具体实践中的能力
	问题解决能力	运用知识解决具体情境中问题的能力
	组织协调能力	在项目实施等过程中对不同文化背景个体的组织协调能力
态度维度	开放包容	认同本民族文化的同时,包容尊重其他文化,求同存异
	尊重理解	尊重理解不同的文化,不同国家的政治法律制度、文化习俗、宗教信仰等
	勇敢自信	勇于创新,敢于尝试,敢于自信拥抱不同的文化
	实事求是	一切从实际出发,面对不同文化不轻视、不夸大
	国际视野	怀揣国际眼光,深刻理解国际形势,从世界的角度了解国际社会
意识维度	创新意识	能够综合运用已有的知识、技能、信息等,提出新方法、新观点的思维能力
	团队意识	在团队中具有整体配合意识,与成员互相帮助,协同合作
	主动意识	按照自己的意志学习做事,不受外力干扰,积极主动地拥抱不同文化
	辩证意识	勤于思考,能从不同角度思考问题,辩证看待事情,善于抓重点,找关键
价值维度	文化认可与传承	对不同文化的认可支持与接受,对本族文化的传承与发展
	文化感知力	对不同文化的敏锐感知与理解能力
	家国情怀	立足本国文化传递中国声音,铸牢中华民族共同体意识
	共同体意识	立足民族,面向世界,牢固树立"人类命运共同体"理念

(三)选择性编码

选择性编码(selective coding)是研究者要在主轴编码的基础上,通过进一步归纳、提炼其呈现的主范畴间的逻辑关系,构建出基于主范畴的关系结构。本书通过利用"故事线"的方式,结合系统性的论证以及对原始资料记录进行互动、比较、提问,发现可以用"知识、技能、态度、意识、价值"的核心范畴/维度来分析其他所有范畴；通过进一步厘清各主范畴的关联结构（表 5-18），得出核心范畴的要素内涵和路径关系，通过关系图的形式将其加以展示，形成了基于选择性编码梳理的比较清晰的"故事线"。

表 5-18 核心范畴与主范畴的关联结构

关联结构	关联结构定义	受访者典型语句
知识维度	创新创业大学生的专业知识、语言知识、文化知识以及程序性知识是跨文化能力要素的重要组成部分	1. 尤其是专业基础知识的储备 2. 英语是世界性的语言，能够熟练使用英语无疑拥有了跨越文化交流的得力工具 3. 要知道当地的政治和文化生态，不然很难适应 4. 要对其文化有深刻的了解，要相当熟悉当地的宗教
技能维度	创新创业大学生的沟通交流能力、语言表达能力、实践应用能力、组织协调能力、问题解决能力是跨文化能力要素的重要组成部分	1. 我认为至关重要的能力就是沟通能力 2. 和美国人或德国人说话，其实表达的方式和中国人是不一样的 3. 对于大学生的创新创业来说，我认为最重要的还是实践 4. 不同学校不同文化的学生在一起，他们的理解和认知不一样
态度维度	创新创业大学生的开放包容、勇敢自信、尊重理解、实事求是以及国际视野是跨文化能力要素的重要组成部分	1. 文化的融合至关重要，要培养学生包容的心态 2. 我对跨国交流的一些理解，我觉得尊重很重要 3. 使学生更加深入地理解世界范围内的学科前沿、技术难题以及实际社会需求 4. 我们对国际上的形势或者国际上专业的发展有能够迅速捕捉的能力
意识维度	创新创业大学生的创新意识、团队意识、主动意识以及辩证意识是跨文化能力要素的重要组成部分	1. 同学间的交流互动能力至关重要，这包括了对创新意识的培养与保持敏锐的创新思维 2. 赛事对学生的团队意识的提升非常有帮助，因为这是一个团体性赛事，需要大家分工协调配合 3. 首先得有主观意识和主观能动性，让大学生发自内心地关注到
价值维度	文化认可与传承、文化感知力、家国情怀和共同体意识是跨文化能力的根本导向	1. 把这些文化不断去传承、发扬，让西方了解真正的中国、更全面的中国 2. 而且这种意识，它不仅仅是一种全球意识，还有习近平总书记说的人类命运共同体的意识 3. 创新创业人才的一个特殊技能，就是要急国家之所急，做国家之所做所想

根据"故事线"，创新创业大学生首先要有基本的外语知识和专业知识，这是开展创新创业的前提，文化知识和程序性知识则是顺畅沟通的保障；基于知识，在创新创业过程中学生便具备了语言表达、沟通交流的技能，并能将知识应用于实践当中解决问题，以启动并开展创新创业实践；在此过程中，学生始终秉持开放包容、勇敢自信、尊重理解、实事求是的态度，为顺利开展创新创业活动保驾护航；而要让创新创业实践活动更上层楼，关键在于学生的创新意识、团队意识、主动意识、辩证意识，能为更高质量的创新创业注入强大动力；自始至终，在跨文化的语境下，价值素养是优秀创新创业人才的根本考量，学生创新创业的根本

旨向在于家国情怀、社会主义核心价值和共同体价值观的引领，服务于社会主义现代化强国建设和人类命运共同体建设。

　　结合故事线，基于编码分析，本书构建出基于访谈的创新创业大学生跨文化能力"故事线"模型图（图 5-4）。

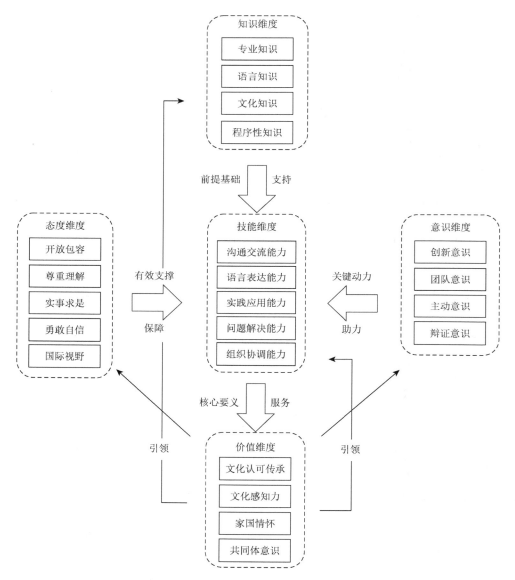

图 5-4　基于访谈的创新创业大学生跨文化能力"故事线"模型图

（四）饱和度检验

扎根理论强调，为确保研究的科学性、结果的准确性，需要持续寻找新的证据开展理论采样，同时与已建立的类属不断进行比较、分析和修正，直到不再发现新的概念类别，方能达到理论饱和。本书对已预留采访语料进行饱和度检验，没有发现新的重要类别、范畴或关系，主范畴也没有产生新的副范畴或关系。因此，本书所构建的创新创业学生跨文化能力结构模型实现了理论上的饱和。

三、创新创业大学生跨文化能力要素及特征解析

按照程序化扎根理论的操作流程，通过开放式编码、主轴编码以及选择性编码已经对访谈资料进行了系统的分析，得出了创新创业大学生跨文化能力要素的五大维度，本部分就其内容要素展开深入分析。

（一）知识

知识属于德国哲学巨擘哈贝马斯眼中的人类社会的基础性旨趣，即人通过获取知识来帮助其实现对自然和社会的技术上的控制。在上述模型中，无论是关于自己国家的社会群体及其文化的知识，还是关于个人和社会层面的互动过程的知识，涵盖的都是研究客体的工具性知识。对于创新创业大学生而言，不仅应具有关于自己国家的社会群体及其文化的知识，也要熟悉对话者国家的相关知识，尤其要注意培养自己关于个人和社会层面的互动过程的知识。

整体理解上，首先，扎根理论中凸显的创新创业大学生的专业知识、语言知识、文化知识属于有关事实、数字和传统的陈述性知识，其重要性不言而喻，其中，语言构成人的世界，真实世界在很大程度上是被无意识地建构于特定文化群体的语言习惯之上的，这对于时刻面对不同"真实世界"的创新创业大学生尤其关键。例如，受访者坦言，语言知识是理解不同文化的基础，没有能与人相通的语言，在跨文化的过程中寸步难行；再如文化知识要求了解不同文化背景下的政治、经济、风土人情等，以更好地适应跨文化背景下的学习和工作生活。其次，有关社会化过程本身的知识并不能自动获得，但却是成功跨文化交际的基础。与此同时，还需辅之以程序性知识，即人们应具有在具体的社会环境中采取适当和明智的行动方式。例如，创新创业大学生在跨文化交际中，需要特别注重熟知其他国家（地区）有关创新创业的法律法规、相关政策和行业性知识等，同时不少受访者还提及要具备对创新创业所需的工商税务知识、金融保险知识、企业/项目

的运营知识、管理知识等；最后，要保证自己摄取知识的来源渠道正确，不能吸收带有文化偏见的知识。人们获得的知识可能不是"客观"和"正确"的。相反，有些可能被刻上了偏见和成见。如果把知识放置在跨文化实践的语境中，创新创业学生不仅可以获得知识，加深对他人的理解，还可以完善其现有的知识结构。

具体而言，从知识维度来看，创新能力依托于核心的专业知识与学科知识，而跨文化也同样需要丰富的文化知识和语言知识，没有强大的知识做基础，一切都只能是空中楼阁。在研究开展访谈的过程中，受访高校教师在提及创新创业大学生跨文化能力培养时，不少受访者提及知识储备的重要性。本书针对创新创业大学生跨文化能力培养研究，无论是创新创业还是跨文化的过程，二者皆离不开知识这片土壤。

"无论是创新、创业，还是大学生去从事各个方面的创新创业训练、培养，以及真正地去创建公司，都有一个很重要的问题是知识储备，尤其是专业基础知识的储备。所以要想在跨文化环境下实现创新创业，我认为基础知识、专业知识以及创新创业相关知识的储备是非常重要的。"（A16）

而在知识维度中，文化知识作为知识模块中的一部分，必不可少。在跨文化的过程和背景下，大学生会感受不同的文化碰撞，要在这一过程中应对自如，就需要提前做好文化方面的知识储备，例如，了解不同文化背景下的政治、经济、风土人情等，在充分了解这些文化知识的基础上，才能更加顺畅和更好地适应跨文化背景下的学习、工作和生活，并且随着对各方面知识的学习、了解以及逐步深化，这些关于不同文化的知识也会让学生的视野越来越开阔，学习得越深入就越谦卑，越能以开放包容的态度去面对未来学习和工作生活中的文化冲突。

"我们创业的话，尤其我们在农业上的投资很多在非洲，非洲是中国人投资农业最主要的地方，这当中要有的能力，首先要知道当地的政治和文化生态，不然很难适应；其次要了解各个地方的政治、文化等特点，还有就是党政纷争，这个还是比较重要的。"（A20）

事实上，对于创新创业大学生的跨文化能力来说，语言知识也至关重要。在跨文化的过程中，出于工作和学习的需要，不可避免地要与不同的人打交道，而语言的重要性就由此凸显，语言是交流的工具，有受访者认为语言是理解不同文化的基础，如果没有能与人相通的语言，在跨文化的过程中就寸步难行。

"至少前往阿拉伯国家时，必须能够看懂、听懂、会讲阿拉伯语；与英语国家交流时，则需要能够理解、听懂英语，并且自己也能流利表达。语言无疑是首要的，若连基本的语言都不通，想要建立跨文化沟通能力几乎是无法想象的。"（C5）

除此之外，程序性知识也不可欠缺，程序性知识是指一套办事的操作流程和步骤，是关于"怎么办"的知识。在跨文化背景下，程序性知识指的是创新创业大学生在面对不同文化时，具备如何应对的知识。具体来说，比较典型的例子就是法律和宗教。不少受访者提及，在这两方面，确实存在欠缺的地方需要提升和弥补。

"对于通信专业的学生，不同国家的通信环境协议是不一样的，在学习专业课程的时候，除了学习常规的一些通信协议，要了解不同的国家对不同标准协议的支持，同时还要扩充这方面的知识。"（A6）

"了解美洲、欧洲的国家有一点很重要的是，一定要学习西方宗教史，要对其文化有深刻的了解，要相当熟悉当地的宗教。"（C5）

（二）技能

哈贝马斯的沟通理性理论强调，人类与自然之间的知觉性认知交换以人与人之间的解释性认知交换为前提，而对于创新创业大学生来说，相比积累更多的知识，在跨文化过程中具体地利用技能进行实际应用显得尤为必要。因为知识并不是一成不变的，因此个人不仅需要掌握获得知识的技能，更重要的是掌握创造知识的技能。Byram 在其 ICC 模型中将跨文化交际能力的技能分为解释/关联技能、发现/互动技能，这在本书的扎根理论研究中均有明显的体现。

在该内涵的整体理解上，一方面，解释/关联技能是指从自己和他人的角度解释和分析数据，并找到其中内在关联的能力，这既关乎语言表达、组织协调，更关乎跨文化沟通交流。这种技能需要借鉴学习者现有的经验，以及来源于正规教育或与不同文化背景的对话者的直接互动或间接互动，要求学生在创新创业过程中，结合所学所感客观地对待不同文化的行为、价值观和规范体系基础，准确快速识别、解决文化差异带来的相关问题。在实际访谈过程中，有高校受访教师提及，在创新创业和跨文化的过程中，学生沟通交流和语言表达能力得到了提升，但在实际的文化差异情境中学生对跨文化现象的识别能力和处理能力还有待提升。另一方面，发现/互动技能则要求学习者具有获得某种文化习俗新知识，以及在实时交流和互动的前提下运用这些知识、态度和技能的能力。这启示创新创业大学生一是要通过自己对其他文化的好奇心来汲取现有的知识，以保持对不同思想、信仰和身份的敏感度，并提高发现和解释的技能，特别注意批判地认识本族文化和其他文化的共同与差异之处，从多文化角度看待其他国家（地区）的政治、经济、宗教问题，并熟练地运用其他语言来协商、解决，避免在语言和行动上冒犯其他文化的人，坦然接受并处理因为文化差异带来的压力；二是要特别注重实践能力的培养。创新创业本身就带有很强的实践导向，脱离了实践的创新创业更是无稽之谈。

具体而言，从技能维度来看，对于创新创业大学生个人来说，由于知识并不是一成不变的，相比积累更多的知识，在跨文化过程中能够利用技能进行实际应用，也十分必要。而在跨文化过程中，必然也会和不同文化背景的人进行沟通交流。在实际访谈过程中，有高校受访的教师提及，在创新创业和跨文化的过程中，大学生的沟通交流和语言表达能力在实际的锻炼中，事实上得到了一定程度的提升，但对于在实际的文化差异情境中学生的沟通交流能力，还需要进一步地提升。

"其实真正的沟通学习可能不仅限于语言层面，你到了一个全新的环境里面去沟通和交流的时候，不再只是知识的问题，还可能已经触及另外一个层面，除知识学习之外，平时提到的沟通交流能力，我觉得是有必要把它从知识的学习当中拆分出来的。"（A5）

"我认为，在整个过程中，他们的团队协作与沟通能力、领导力、组织能力乃至个人的语言表达能力均能得到显著提升。"（A14）

实践应用能力是创新创业大学生的跨文化能力中重要的组成部分，在跨文化过程中，更需要学生亲身去感受不同背景下的文化差异，以及学会处理和化解文化冲突。在创新创业和跨文化的结合下，实践能力也因此更加凸显出其重要性。实践能力具体来说就是要让源于实践的一切知识进行理论创新，最终到实践中去检验。从研究的具体访谈来看，通过跨文化的创新创业，学生的实践能力有所提高，但同时也有需要进一步提升和改进的地方，总体来说，实践能力对于创新创业大学生跨文化能力的构成而言，其重要性是不可否认的。

"学生在这个过程中需要从一个科研工作者变成创业领导者，角色的转变会促使学生在实践方面的能力有所提升，如对成果转化、市场的了解，包括运作的流程，甚至涉及他和生产的厂家、中间的合作商等，他都会有不同的接触。"（A15）

"在我看来，对于大学生的创新创业来说，我认为最重要的还是实践，我们都会提创新源于实践，创新要应用于实践，最后的创新成果也是由实践来检验的。"（B11）

"就目前我的个人经历来看，大部分学生的眼界和实践经历存在一定的局限性。"（C6）

同时，本书在访谈过程中发现问题解决能力是受访者反复提及的部分。在创新创业和跨文化的实践过程中，学生会遇到各种各样的问题和困难，有些问题可能是类似的、重复出现的，也有始料未及的新问题，这就需要学生去调动已有的知识经验，发挥主观能动性去尝试解决问题。

"我希望他们能够去发现问题，能够有抓住机遇的能力，商业领域称之为商机。我们希望学生具备发现问题、解决问题的能力，发现一些技术、产品并能够有效地解决这些问题。"（A21）

"在专业以外，怎么样去注册公司或者获得专家的好评，怎么样去提高自己的演讲能力等。"（A29）

（三）态度

整体而言，知识与技能能为创新创业跨文化行为提供坚实的基础，而对其正确使用与否则在很大程度上依赖于参与者的认知，即个体对态度对象所持有的有评价意义的观念和信念。跨文化领域对于态度多从伦理视角出发，强调交流主体在跨文化交际中保持的好奇心和开放性，能够暂停对其他文化的怀疑、坚定自己文化的信仰。随着人们对自我和他人了解得更多，态度会在跨文化互动过程中被改变，人们可能会意识到他们对其他个人或文化的有限的、单方面的和不正确的看法和态度。创新创业大学生跨文化能力的态度维度要求大学生在跨文化交际中保持开放性和好奇心：对其他文化保持积极态度，去除负面和刻板的印象，从而将文化冲突降低到最低层面，为文化间的互动和创新创业业务的开展提供动力；对他人和其他文化的好奇心则有助于将差异转化为创造性接触其他事物的机会，好奇心也是建设性地解决文化冲突的先决条件。此外，对文化差异的包容和好奇能为创新创业人才提供从多个角度感知他人的机会，这十分有利于调解和弥合文化差异，更有助于获得新的知识和加强跨文化交际所需的技能。

从态度维度上来看，这一维度所包含的具体内容，在实际的访谈中是受访者提及最多的部分。一方面是开放包容，研究中的访谈对象，无论是高校教师、学生，或是企业的负责人，在提及跨文化这一概念时，大部分受访者谈到最多的便是要有开放包容的态度。对于高校教师来说，从其自身的跨文化经历的体会以及对创新创业大学生的跨文化能力培养的角度，都认为要用开放的心态去面对不同的文化和挑战，包容可能存在的差异和冲突，这是一切平等沟通的前提。另一方面是尊重理解，这与开放包容是相通的，就是要接受不同的文化，尊重理解不同的观点。

"第一个就是理解和包容。不同文化背景的学生在一起工作或者一起学习，肯定有一些如价值观、审美观，或者具体的工作方式有所区别，那大家要完成同一个工作，在一起学习，理解和包容是第一位的。"（A2）

"对于不同的文化，我们应该是一种尊重的态度。在我们这一方水土养育出来的人，可能没办法很认同他们的那些信仰，但是在他们那样的环境生长起来的人，他们的思维方式肯定跟我们是不一样的，所以我们应该要尊重别人。"（B10）

在态度维度上，实事求是和勇敢自信同样重要。创新创业本身就有需要大胆尝试、敢于追求的意味，在共建"一带一路"倡议的背景下，创新创业大学生更要向国际前沿靠拢，走出国门，并且需要他们在跨文化的过程中，带着勇敢自信的态度，对自身的能力自信，对自己所做的事业自信，更要有对本民族的文化自信。但这样的勇敢和自信不是盲目的，是建立在保持清晰头脑和反省思维的基础上，在学习和工作中仍然保持实事求是、精益求精的态度。有受访者也在访谈时指出，他们希望在培养创新创业大学生跨文化的能力时，给学生传递实事求是的精神态度，从实际出发，不脱离社会，了解社会的需求和痛点。

"但是有很多学生，感觉就是跟不同文化的人在一起，其实是非常有自信的，这是来自文化的自信、经济实力的自信，还有来自技术实力的自信。"（C7）

"创新创业教育这个过程传递给学生的就是一种精益求精、实事求是的态度，如果为了结果，中途造假、学术不端，这个事情还不如不做。我觉得给学生传递实事求是的态度非常重要。"（A28）

学生的国际视野也是态度维度十分重要的内涵。在跨文化的过程中需要创新创业大学生具有国际前沿的战略眼光，视野要足够宽广。高校教师提到，在学校的培养当中，学生在设计或参与一个项目，或者推广一个技术应用的过程中，需要运用国际化的眼光去看，尤其是在当前我国与共建"一带一路"国家开展经济合作的背景下，创新创业大学生在市场意识方面要有国际视野。

"因为我博士是在国外读的，所以我会觉得国际视野其实对学生是特别重要的，就跟我们上大学要去大城市一样，这就是视野性扩展，我觉得这对以后形成价值观还是特别重要的。"（A20）

"例如，今年我们做非物质文化遗产，是黑龙江牡丹江的一种绣工艺，但是我们不想把它局限在我们牡丹江，更不想只局限在黑龙江，也不想只局限在我们国家，我们要走向世界。"（A17）

（四）意识

首先，创新创业活动是人们开展以创新为核心、灵魂和基础的推动经济社会发展的实践。这种实践要求强化参与者的创新意识，引导创意思维，倡导团队精神，对于大学生尤其如此。本书中，受访者关于"意识"或"思维"维度提及最多的便是创新。本质上，创新创业活动不同于重复性实践或适应性实践的创造性、个性化实践。考虑到创新创业大学生区别于普通大学生的特性，创新意识必然是跨文化能力培养中的核心；激发原始创新精神，也是大学生进行创新创业的重要动力之源。而在百年未有之大变局下，对于打破国外对我国技术封锁、解决更多"卡脖子"问题，创新至关重要。也有不少企业受访者、教师提到，在实际的创新创业项目或相关的比赛中，有专门的相关训练和课程旨在培养或者树立大学生的创新意识；然而有受访者指出，创新意识的重要来源是问题意识。同时唯有在未来创业活动中树立自己的品牌意识、专利意识，保持对于从事创新创业活动的积极性，创新创业大学生的发展方能行稳致远。

"为了突破国外的技术封锁，我们需要激发学生的原始创新能力，并调动他们积极参与创新创业实践活动的热情与积极性。"（A16）

"大学生之所以能走出去，很重要的一点，就是要找准自己所做的创新的技术，创新的服务，创新的品牌，这是在社会之中的立足点。"（A17）

其次，创新创业是以团队协作为重要组织形式的活动，不管是团队领导者还是参与成员，都必须具有团队意识。访谈中，负责相关工作的高校教师认为大学生在参加创新创业相关的活动后，其团队意识有较为明显的提高；也有受访者提到，大学生在团队合作方面依然存在薄弱之处，组织协调能力较差；企业负责人则强调，在专业技术领域，专业知识和技能的考查固然不容忽视，但用人单位也越来越看重个体在项目实施中的大局意识、协作意识和服务意识，这是团队意识的重要意涵。

"赛事对学生的团队意识的提升非常有帮助，因为这是一个团体性赛事，需要大家分工协调配合，我们做下来感觉学生在这一块提高得非常快。"（A15）

"还有一个创新创业的思路，就是去认真地思考团队的分工，包括一些股权的划分。"（B9）

最后，部分企业受访者认为，在跨文化的过程中，不可避免地有文化交流和碰撞，这就需要大学生能有自己的总结和思考，要秉持一种辩证思维，能够辩证地看待在创新创业或跨文化过程中遇到的问题，在文化冲突中去不断思考和探寻。这与ICC模型的批判性文化意识（critical cultural awareness）高度契合，即人除应具有解释文化差异的技能外，还应根据自己和其他文化的逻辑标准形成自己的批判性观点，对于创新创业而言，就是要根据明确的标准批判性地评价自己与其他文化和国家的观点、实践及产品的能力；能够以别人的眼光看待自己，从外部和其他角度看待世界，形成并坚持自己的批判性观点。

"还应该学会思考和提炼，就是在不同的文化中提炼出适用于本土的文化，同样也需要善于总结，在文化交流和文化碰撞中，总结出属于自己的一些观点，避免在跟随他人的过程中逐渐失去自我。"（B10）

在意识这一维度上，主动意识对于创新创业大学生的跨文化能力培养也发挥着重要作用。无论是创新创业还是跨文化，对于大学生来说，都不是一个被动的过程，是需要个体主观意识上的改变，并为之付出努力和行动的，在创新创业的过程中，需要个体积极主动地去与各方交流对接，如企业或是其他合作伙伴。而跨文化也同样如此，必须有主观能动性，意识到不同文化间的多样性，主动地拥抱和化解可能面对的文化冲突，这些都是建立在创新创业大学生愿意积极主动地去尝试和拓展的基础之上的。在访谈中，受访的大学生谈到，当他们自身主动地在创新创业活动中联系他人时，所得到的各方面信息来源更广，对自己的实践活动也越有帮助，反过来更加激励他们去参加更多的创新创业实践，足以表明主动意识的重要作用。

　　"学生有他的意愿，你非要让他坐在教室里 45 分钟，给他灌输国外的文化，可能也不一定有效果。"（A20）

　　"首先得有主观意识和主观能动性，让大学生发自内心地关注到，要从不同的环境，不同的区域，不同的背景下去创业，而不只是局限于从身边、从熟悉的环境中去进行创新创业实践。"（A16）

　　"这有可能是大学生在创业过程中一个很重要的共同点或者激发点，就是他要去积极地、主动地去对接企业。"（A17）

（五）价值

　　大学生在创新创业过程中，无论知识与技能水平如何、无论秉持何种认知态度与意识，对本国文化的传承意识、家国情怀及人类命运共同体是其根本旨归。这种在生活实践中形成的稳定的、包含情感和认知成分的观念集合，是创新创业行为的根本遵循：这是对自己国家和人民所怀有的深厚情谊，是对祖国的高度认同与归属，是主动投身祖国建设与发展的强烈使命感与责任感。

　　对于创新创业大学生来说，在多元杂芜的文化环境中，特别需要坚守本民族文化的主体性，同时具备强烈的文化感知力。创新创业当然需要谙熟他国文化，但在文化冲突与交融的大背景下，如何在高度认可本国文化的基础上发掘中国优秀的传统文化基因，并将其在创新创业的过程中加以传承与发扬，让更多不同文化背景的人更好地了解真实的中国及其优秀文化，是创新创业大学生的重要使命。而对异质文化的感知和人类命运共同体是一种整体性认识，是指将地球视为在自然、社会、经济、文化等多方面相互联系、相互依存的复合整体，要开阔视野，抬头观察和学习周边国家与民族的进步经验。

　　"因为人类命运共同体就是指，全球都是在一起紧密相连的，大家都是同步往前，虽然有前有后、有快有慢，但最终我们的诉求就是大家都能够向着更优的方向去发展。"（A17）

　　"我们必须深刻认识到，在当前全球化的社会大环境下，未来的跨国合作与交流将会日益频繁。"（B10）

　　"在文化感知力方面，尤其是在我们接触新的文化时，会接触到不同的人和事，你自己也会有一个应对的过程，所以在接触人、事、物的时候，需要具备感知力和敏锐度。"（C4）

　　家国意识与文化传承是创新创业大学生跨文化能力培养中不可或缺的部分。有高校受访教师表示，创新创业人才的一个特殊技能，就是要"急国家之所急，做国家之所做所想""展示中国的独特之处、讲好中国的故事是我们朴素真诚的愿景"。对于创新创业大学生来说，面对海外国际市场，有更多的跨文化的机会和际遇，更要有这样的觉悟去向世界传递中国声音。对于高校而言，在当前世界发展的背景下，创新创业大学生跨文化能力培养的整体目标应立足于"一带一路"倡议，而面向全球化背景下人类命运共同体建设和我国创新创业事业迅速发展的需要，不仅应关注创新创业所需相关的知识、技能、意识和认知，更要重视家国情怀、高尚品格与坚定政治方向的培养。这既是创新创业的时代之需，也是保持本土文化的伦理主张。

"创新创业人才的一个特殊技能，就是要急国家之所急，做国家之所做所想。"（A18）

"在筹备这个项目时，我们怀揣着一个真挚的愿望，那就是展示中国的独特之处，讲好中国的故事。"（A27）

"其实更多要思考的应该是如何培养学生把中国的文化走出去的能力，如基于'一带一路'这个特色，怎么在'一带一路'共建国家的文化和中国文化交流碰撞时，更好地讲好中国故事，打造中国名片。"（A18）

就共同体价值观而言，在国际化背景下，全球高校越来越强调创新创业教育，其教育体系也正面临着转型和升级，以知识的传授为核心的教育范式转向体验和知识相结合，创新创业的培养模式也越来越强调能力和普遍价值的双重培养。站在中国全面实现现代化、从世界大国成为世界强国的高度，必须努力培养更多具有国际竞争力的一流人才，这体现在人才的科学素养、创新精神、实践能力、国际视野、人文情怀和社会责任中，即不仅要有知识、有智慧，更要有担当、有胸怀；不仅要关注中国，更要关注世界、关心全人类。受访的高校大学生在经历创业项目后感受到自己的大局观得到了升华，且更加意识到在全球化背景下，人类命运紧密相连，其共同的目标和理念都是为了更好地发展。由此，让学生在设计、参与、推广项目和技术应用的过程中，培养他们具有国际化的视野，同时也培养他们在市场意识方面的国际视野。

（六）创新创业大学生跨文化能力的区别性特征

根据内涵探讨及模型构建，本书从理论上对一般意义上的跨文化能力进行了一定的扩展和深化，从实践上也体现出创新创业大学生跨文化能力与其他普遍意义上的跨文化能力存在一定区别。首先，本书发现了"意识思维"和"文化价值"对于创新创业大学生的重要性，这也是对现有 ICC 模型的重要拓展。在已有的通用跨文化能力组合式模型中，通常普遍关注跨文化交际所需的知识、技能、态度/情感（或称之为知、情、行），但本书发现，除上述能力外，创新创业大学生跨文化能力还特别强调创新地甚至颠覆性地主动提出解决问题的新思路、新方案，并秉持开创精神、团队意识坚持实施；同时在多元文化互动空前活跃的当今世界，更需要大学生在创新创业的实践中坚守中国立场，认可与传承中华文化，为本族文化的传承与发展和人类命运共同体建设做出新贡献。而这两个维度的提出，也能够为丰富现有 ICC 模型提供启发。其次，本书发现了创新创业大学生跨文化能力对知识的要求更为综合和复杂。现有模型均在其 ICC 模型中强调知识的重要性，但对于知识在具体的跨文化实践中呈现的样态与需求如何并未有清晰的指导，本书从专业、语言、文化、法律、宗教等层面加以明确，也更凸显出创新创业实践中跨文化能力中对知识的综合性要求。最后，本书的"故事线"体现出创新创业大学生跨文化能力中各要素的有机统一和动态融合，这在现有跨文化模型中常常被忽略。跨文化能力是动态复杂的变化过程，对创新创业大学生更是如此，因其具备强烈的创新精神和学习能力，其共情能力、全球视野等不断受到互动经验的影响，这也是他们的表现与其他跨文化行为的重要差别；而创新创业大学生的跨文化行为与其后的保障、内生的动力和价值观念的指向密不可分，共同构成了一个系统的整体。

第六章 "一带一路"倡议下创新创业大学生跨文化能力培养模式与实施路径

第一节 "一带一路"倡议下创新创业大学生跨文化能力培养目标、理念研究与培养模式概述

一、"一带一路"倡议下创新创业大学生跨文化能力培养目标

（一）培养目标概述

进入新时代，国际局势纷繁复杂，我国为构建全方位开放新格局，深度融入世界经济体系。加强与共建"一带一路"国家的交流互通和区域合作，承载时代使命的"一带一路"倡议应运而生。为响应时代号召，中国诸多行业企业大规模地"走出去"，把握发展机遇。然而，由于共建"一带一路"国家国情差异明显，在创新工作、开创事业的进程中也存在着诸多的困难和挑战。因此，我们更需要洞悉时代性和人才特质需求，树立好创新创业大学生跨文化能力培养目标，即培养有跨文化知识、技能、态度、意识和价值的创新创业大学生。

本书认为创新创业跨文化实践能力是创新创业能力和跨文化能力的交叉概念。结合前面文献研究、专家访谈、问卷调查等内容，本书提出创新创业大学生跨文化能力培养的整体目标如下。

立足"一带一路"等国家重大发展倡议，面向全球化背景下人类命运共同体建设和我国创新创业事业迅速发展的需要，培养富有家国情怀和高尚品格、具有坚定的政治方向、良好的品德修养、开放包容的态度、丰富的国际社会知识、良好的语言沟通能力，既熟练掌握创新创业所需相关的理论知识（专业知识、法律知识、人文知识等）和实践技能（沟通、应用、组织、管理等），又具有国际视野和中西文化底蕴，能够参与国际事务和国际竞争的高水平创新创业人才。

在百年未有之大变局的世界发展背景下，创新创业大学生跨文化能力培养目标还应凸显思政教育的重要性，即：紧扣立德树人根本任务，用习近平新时代中国特色社会主义思想铸魂育人，加强对学生的思想政治引领，不断教育学生树立正确的人生观和价值观，引导学生厚植爱国情怀，勇担时代责任，成为

既具备创新精神、完全胜任创新创业实践能力，又具备爱国爱党情怀和国际视野的新时代国际化人才，以爱国情、强国志、报国行为坚持和发展中国特色社会主义事业、全面建成社会主义现代化强国，为实现中华民族伟大复兴的中国梦贡献青春力量。

（二）"四维"培养子目标

具体而言，创新创业大学生跨文化能力的培养目标可以从知识、技能、态度、意识四个维度上来进行阐释。

一是创新创业和跨文化基础知识的储备。创新创业的大学生不仅需要具备必要的专业知识、经营管理知识，而且还必须掌握综合性知识，如相关政策、法规等知识，以及更多的人文社会科学知识，这就包括自己国家以及对话者国家的社会群体及其文化的知识。

二是跨文化交际和创造性解决问题的能力。这是指面对全新的社会环境，我们能熟练地利用聆听、观察、描述、比较等基本技能和交流沟通、冲突管理、反思评价、学习创新等实践应用技能，在增进理解的基础上，创新既有资源的组合方式，运用理论知识和实践经验解决实际问题。

三是对文化差异的开放态度，包括尊重、包容、理解、欣赏等基本素养和自我认知、全球视野、国际理解等价值情感。只有以世界眼光和战略思维兼收并蓄、博采众长，才能将文化冲突降低到最低层面。

四是创新性意识和共同体批判性意识，既强调在文化上根据明确的标准批判性地评价自己与其他文化和国家的观点、实践及产品的能力，又注重在思维上个人在接受事物之前对事物进行思考和审视的能力，更好地服务于创新创业的工作之中，全方位激发创新活力。跨文化创新创业教育和发展对青年国情教育、国际视野、全球素养的要求标准更高，更加需要教育引导学生正确认识世界和中国发展大势，帮助大学生正确认识中国特色和国际比较，全面、客观地认识当代中国、看待外部世界。因此，在跨文化创新创业教育的过程中，只有特别注重通过各种方式培养大学生的家国情怀和人类命运共同体意识，才能落实立德树人根本任务。

二、创新创业大学生跨文化能力的"三位一体"培养理念

为实现以上目标，做到大学生能够在跨文化素养和创新创业能力齐头并进地发展，总体上创新创业大学生跨文化能力培养应以"三位一体"作为培养理念，从学校、政府以及企业三个角度出发来培养大学生的创新创业能力和跨文化能力。

"三位一体"培养体系是指：学校、政府以及企业三方协同努力，共同培养创新创业大学生的跨文化能力。学校从培养大学生创新创业能力和跨文化能力方向出发，政府从出台发布有利于大学生创新创业和国际交流的政策角度出发，企业从给大学生提供优质实践项目、配备有经验指导教师的实践出发。"三位一体"培养体系在大学生创新创业能力培养中的构建，具有较强的稳定性，而且成功率比较高，所获取的教育价值较为显著。设立起学校、政府、企业"三位一体"的创新创业大学生跨文化能力培养体系，能够最大限度地促进大学生的创新性产出，培养学生的创业和就业意识，同时通过沟通和合作实现锻炼交际能力和积累跨文化知识的完美结合，以此来适应国家经济发展要求，缓解大学生就业压力。

学校是人才培养的主要基地。创新创业大学生跨文化能力培养在很大程度上取决于高校的培养能力及培养环境，取决于高校能否为大学生提供良好的基础知识教育，使得学生具备良好的心理、人文及科学等各方面综合素质。目前，我国部分高校的创新创业和跨文化教学理念比较落后，教学模式单一，以理论传授为主，忽视了学生动手实践能力的培养。为此，高校应当转变旧有的培养理念，及时做出相应的教学调整，全面推进素质教育，营造良好的跨文化环境，创造与来自不同地域、不同学科的大学生相互交流的机会，培养出高素质的复合型、创新型人才。此外，高校要注重"三位一体"的联动效应，加强校政企三方合作，在相关优惠政策和国际交流项目的扶植下，通过各种各样的方式，调动学生的主观能动性，进而培养学生的跨文化能力。

高校在开展创新创业大学生跨文化能力培养工作的过程中，为了能充分发挥"三位一体"协同育人的价值和作用，要重点促进人才培养工作的全面创新，在正确教育理念的支撑下就面向社会发展过程中对创新创业型人才的跨文化能力需求，积极开展校企合作、产教融合协同育人工作，在各国政府牵线搭桥、跨国企业交流配合下探索国际性创新创业人才孵化基地的构建，有效促进协同育人培养模式的全面创新，为国际视野和国际竞争力的创新型人才培养搭建坚实的平台，打造教育合作交流的区域高地。对于协同育人机制的构建，应与不同协同机构之间构建紧密、深入、稳定的合作关系，发挥当地政府、高校和国际性企业的联动作用，形成人才共育、过程共管、责任共担的合作机制，确保能促进协同育人合作的纵深化发展，形成实质化的育人工作体系，实现学校教育与国际社会需求的有效对接。不仅如此，"三位一体"还要优化配置资源，强化资源支撑。在新时代背景下积极探索校政企"三位一体"协同育人资源的整合应用，发挥资源禀赋作用，有效推动协同育人管理的全面创新，在资源的优化组合和科学配置基础上，激活协同育人机制的内生动力，保障决策管理、协调运行关联机制作用的充分发挥，为我国经济社会的发展提供相应的人才保障。

三、"一带一路"倡议下创新创业大学生跨文化能力培养模式

寻求"三位一体"的全面优秀发展，不仅需要多方力量共同发力，还要求制定特定的教育培养模式，具体来讲，就是构建以沉浸式跨文化课程、多层渐进式跨文化实践体系和以静动结合、时空融合、知行耦合、多维互动的教学模式为主的培养模式。

（一）浸润式多维度跨文化课程模块

浸润式多维度跨文化课程主要分为语言文化类、专业类、国际化、交际实践类四个模块，在知识、技能、态度和意识上全面提升学生综合素养，达成跨文化能力提升目标，具体如下。

语言文化类课程主要从语言和文化两个层面夯实学生的基础知识和语言技能，培养学生的文化敏感性，提高他们的跨文化能力。和传统的教学相似，语言文化类课程主要采用阅读、讲授、展示、讨论和观看视频等方法，授课内容主要围绕教材展开，且课文涉及的文化大多为英美文化，主要教授外语以及共建"一带一路"国家的文化知识，包括外语语音、语法、词汇、语篇、翻译、文学等内容，以此来建构相关语言文化知识，培养听、说、读、写、译等能力以及跨文化交际能力。

专业类课程主要建构相关专业知识，完善知识体系。创新创业大学生要提高跨文化能力，需要掌握经济、贸易、新闻、法律、管理、教育、媒体文化等多领域的专业知识。有的知识虽然不属于本专业的必修内容，但如今复合型人才的塑造需要大学生涉猎多类知识，以保证其在不同领域进行跨文化交际。因此，高校可考虑促进跨学科辅修第二学位，将部分专业课程，如财务管理、文化产业管理、人力资源管理、商务沟通、网络新闻编译等设置成面向全校的公选课，以此来加深学生对不同领域和行业的理解。

国际化课程旨在国际观念的指导下，把国际的、跨文化的观念与知识融合到课程中，拓宽国际视野，培养国际意识，掌握国际惯例。相关的课程包括国际法、涉外商业谈判、国际经贸、国际金融、国际传媒、国际市场营销、国际经济法、国际组织与机构、跨国企业等，通过学习和了解国际经济、国际传媒、国际事务、国际组织、国际问题等相关的知识，学生能够知道在国际场合人们如何打交道，以及如何和他人展开合作，确保在国际化的赛道上，了解主要国家与地区的社会经济情况，能在涉外经济贸易部门、外资企业及政府机构从事实际业务、管理、调研和宣传策划工作。

交际实践类课程强调通过实践方面的培训培养跨文化交际能力、创新能力、学习与研究能力。例如，通过地区简介、语言培训、定文化同化训练、定文化阅读、演讲或讨论视频观看、泛文化同化训练等方式，讲解各国经济、管理、商务、媒体文化案例，学习交际策略、研究方法、创造心理学、计算机科学等知识。同时，还要丰富课堂形式，打造跨文化课堂，让不同文化背景的学生在同一环境下，借助小组讨论回答问题、团队合作完成课程项目、学生成果展示与答辩等方式为学生提供实际锻炼的机会，让他们能够在课堂上提高跨文化交际实践能力。

（二）多层级渐进式跨文化实践体系

值得一提的是，跨文化课程往往是以教师作为引导者来教导学生的，所以在此模块上要提升创新创业大学生跨文化能力的培养水平，教师的教授能力和专业素养显得尤为重要。教师的课堂设计、授课技巧优秀可以让学生充分地吸收知识，确保课堂质量的下限，而广博精深、学贯中外的教师能够给学生提供多元的知识结构，提高学生学习的上限，帮助他们运用所学理论解决实际问题。然而，即便有交际实践类课程来为学生传道授业，跨文化交际实践能力的提升还远远不够，交际实践能力作为现在乃至以后国内跨文化能力培养的薄弱环节和突破点，跨文化的技能、态度和意识维度还需要继续在更多的渠道得到训练与提高。因此，我们应该充分发掘跨文化体验式培养模式，增强学生的多元文化认同感和跨文化意识，培养他们的文化分析解释能力和沟通能力，将经验、智慧、才能、情感和意志积极地调动与整合起来，运用批判性思维予以升华和创新。

体验式培养模式应当创建服务于大学生的跨文化实践体系，为大学生创造有利的实践环境，好比高校的示范性实验教学中心在能够开展日常科研教学的前提下，搭建实训基地和实践平台帮助学生开展跨文化实践活动。高校还要不断地加强跨文化宣传，营造良好的培养氛围，使学生能够认识到跨文化能力在创新创业乃至个人职业生涯发展中的重要性，并根据自身的需求，将有效的信息转化为行动力。

此外，还可以利用国际化活动和项目将大学生创新创业、全球治理人才培养、中外人文交流等要素有机融合。一是应积极利用国际组织的实习机会。联合国教科文组织、国际贸易中心以及联合国开发计划署三大国际组织每年向全球招募实习生，中国国家留学基金管理委员会也会对此提供资助，有些项目是帮助亚非拉发展中国家青年创业，学生可以从帮助别人中锻炼自己。二是要充分利用海外大学的实习资源。中国学生到国外大学主要是访学，派遣学生出去参与实习的高校不多。一些国外高校，如美国佐治亚大学、印第安纳大学以及泰国清迈大学等，能为访学学生提供与本校学生同等待遇的实习机会，拓宽了中国高校与国际著名跨国企业间的交流渠道。三是来华留学生大多由各高校国际教育学院统一接收、安排学位项目和短期进修项目。国际化的关键是要从教育教学、环境氛围各方面打造。可根据专业，将留学生分散到各学院给中国大学生提供跨文化沟通的机会。对于汉语或英语比较好的留学生，引导和鼓励参与本校创新创业团队，发挥外援作用。

（三）"三合一多"教学模式

第一，"三合一多"教学模式中的"三合"内涵主要包括：一是"静动结合"，即沉浸式课程教学模式；二是"时空融合"，即开放式教学模式，如慕课、翻转课堂、SPOC（small private online course，小规模限制性在线课程）等；三是"知行耦合"，即学训一体的教学模式。

第二，"三合一多"教学模式中的"一多"主要是指师生多维互动的教学过程。具体包括：一是由教师主导到学生中心；二是从课堂讲授到项目化管理；三是从传统模拟到实战演练；四是主体间性师生关系建立。

第二节　"一带一路"倡议下创新创业大学生跨文化能力培养师资研究

创新是我国科技发展的重要驱动因素。创新创业教育在我国也日益受到重视，2010 年 5 月，《教育部关于大力推进高等学校创新创业教育和大学生自主创业工作的意见》指出"创新创业教育要面向全体学生，融入人才培养全过程"[①]。2015 年 5 月，国务院办公厅印发《关于深化高等学校创新创业教育改革的实施意见》，再次明确强调了"面向全体""融入人才培养体系""普及创新创业教育"的基本原则和总体目标（王占仁，2015a）。创新创业教育要融入人才培养全过程，培养学生的创新创业精神、创新创业思维、创新创业行为方式等。

随着创新创业课程在高校中不断开设，创新人才培养的专业化，即创新创业教育的专业化是必然趋势（杨晓慧，2015）。专业的创业教育需要匹配专业的师资队伍来推进创业教育的高质量发展。高校在发展创业教育时，教师的能力建设是关键，教师层面在高校创新创业教育战略地图中是重要的一环，与学生需求层面和学校内部层面具有同等重要的地位（路海玲等，2019）。教师质量关系到培养学生的质量，不论是创新创业教育理论的研究与建设、课程的开发与实施，还是创业实践活动的指导，教师在其中都扮演着重要的角色，是高校开展创新创业教育

[①] 《教育部关于大力推进高等学校创新创业教育和大学生自主创业工作的意见》，http://www.moe.gov.cn/srcsite/A08/s5672/201005/t20100513_120174.html。

的重要保障。此外，在国家建设"一带一路"的背景下，高校培养的创新创业人才需要具备一定的跨文化能力，进行经济、文化交流，应对国际风险。在人类命运共同体的倡导下，我们需要消除国家间的矛盾，减少分歧，达成共识，以促进全球经济政治文化交流和合作的进一步深化。综上所述，研究创新创业跨文化教师对培养高素质的创新创业跨文化人才具有重要的意义。本节内容从"一带一路"倡议下创新创业跨文化教师队伍构成、创新创业跨文化教师的独特性、创新创业跨文化教师队伍建设困境及建设路径四部分进行阐述。

一、"一带一路"倡议下创新创业跨文化教师队伍构成

高校的创新创业跨文化教师对象是多样的，一般由不同教师群体组成，构成创新创业跨文化教师队伍。目前，创新创业跨文化教师队伍是由专职教师和兼职教师组成。专职教师是高校校内的教师群体，主要由三类成员组成：一是不同学科背景的专业教师；二是就业创业指导中心工作的教师、辅导员和教务处工作人员；三是创业学院和创业孵化基地的教师。兼职教师是校外聘请的企业家、创业者和教师。

创新创业跨文化教师可以从宽泛的角度去理解。首先，在专创融合的背景下，高校的专业课老师在教授学生专业知识的基础上，讲授学科前沿的趋势、行业的痛点和热点、国内外学科专业发展的差异，有意识地渗透创新创业和跨文化的内容，让学生了解如何利用本专业进行创新创业跨文化活动。学科专业老师有不同的研究方向和科研项目。因此，许多学生的创新创业项目是依托学科专业老师的科研项目开展的，或是学生想做某个方向的创新创业项目，找到在这方面研究比较深入的专业老师进行指导。从广义来说，学科专业老师都有从事创新创业教育的潜质。其次，就业创业指导中心工作的教师、辅导员和教务处工作人员主要从事学生工作，负责管理学生就业创业工作，掌握当前学生就业创业的情况和信息，积极引导学生参加各类创新创业跨文化活动，为学生就业创业提供经验和渠道，帮助学生疏通就业创业过程中的困难。再次，许多高校都成立了创业学院和创业孵化基地，培养了一批专门从事学生创新创业跨文化活动的教师，主要职能有：组织创新创业教育课程、组织开展创业训练、支持学生开展创新创业实践、帮助孵化创新创业项目、搭建创新创业教育公共平台、打造创新创业教育生态圈等。有些高校还会成立由创新创业教学改革一线教师组成的创新创业教学委员会和由不同部门和学科背景优势的教师组成的创新创业指导团队。创新创业教学委员会和创新创业指导团队研讨创新创业课程，指导创新创业实践，支持创新创业工作。最后，聘请校外的企业家、创业者和高校教师作为兼职教师。外聘的企业家、创业者有丰富的企业创业管理实践经验，在企业创业和管理上的见解更有时代性、针对性和具

体性，能够在一定程度上弥补校内专职双创跨文化教师在创业经验上的不足。高校需要针对学生的创新创业跨文化需求，甄选一些企业外派在国外的高管，或者是在外面任教的有丰富创新创业跨文化经验的华人教师给我们讲授创新创业跨文化课程。高校选择的企业也需要有行业针对性，需要是国家支持的产业和行业重点发展领域，且企业的成长背景和经历需要合法合规。在外聘的教师中，校友是个十分重要的资源。成功创业的和有丰富企业工作经验的校友能根据学科背景为学生提供有关本学科如何创新创业的经历和企业工作经历，甚至提供给学生跨学科、跨领域、跨文化创新创业和工作的经历，帮助学生拓宽创新创业跨文化视野。

专兼职结合的创新创业跨文化教师队伍结构能够利用校内外的资源帮助学生进行创新创业跨文化活动，拓宽创新创业跨文化教师对象，呈现出多元化的师资队伍特点，能够吸引更多有能力、有想法，以及不同学科背景和工作经历的教师、企业家进入教师队伍中，提升创新创业跨文化教师教学水平。

二、"一带一路"倡议下创新创业跨文化教师的独特性

创新创业跨文化教师群体不是特定的某个学科专业背景的教师，而是不同部门、不同学科、不同工作经历的教师组成的师资队伍，其教授和指导的学生也不是特定某个专业的大学生，而是全校范围内不同专业、不同年龄的想要进行创新创业跨文化活动的学生。此外，指导和开展"一带一路"倡议下的创新创业跨文化教育需要教师具有多学科、多领域知识，具备一定的创新创业跨文化经验。因此，创新创业跨文化教师在教师群体、教学内容、教学方式上具有一定的特殊性，在教学和指导过程中也产生了创新创业跨文化教师独有的特点。

（一）知识层面

1. 丰富的创新创业跨文化经验

创新创业跨文化教师，相较于创新创业教师，差别在于创新创业跨文化教师的教学和指导包含跨文化的性质。跨文化性质具体到教师层面即有一定的国际视野、有国际交流合作经验、带领团队参加国际性的创新创业竞赛。具有跨文化性质的创新创业教师能够在学科和创新创业项目上和国外学术机构有学术上或者是实践经验上的交流和合作，能够给学生讲述更多国外的实践经历，帮助团队理解国外团队的创新创业路径和团队管理办法。此外，有国外实践经历的教师能更多地了解国外实验室、国外高校的研究形式，能更好地指导学生完成相关的项目或进行国外实践项目的学习，从而极大地激发学生创新创业的兴趣。

2. 系统化的创新创业知识体系

创新创业教育具有丰富的知识体系，包含多个学科、多个领域的知识，如财经类知识、管理类知识、法律法规知识、相关的专业知识，甚至包括心理学知识。因此，创新创业跨文化教师的独特性之一就是其丰富的知识体系。虽然创新创业跨文化教师队伍由不同部门、不同学科和工作经历的教师组成，不同的课程由不同学院的教师进行教学，但是进行创新创业跨文化教育的教师不能仅仅具备本学科背景和本工作岗位的知识，还须具备开展创新创业跨文化教育所需要的知识，或多或少地了解和掌握多领域、多学科的知识，只有这样，拥有丰富的知识体系才能更好地开展创新创业跨文化教育。

（二）实践层面

"一带一路"倡议下的创新创业跨文化教师需要一定的跨文化实践经验。创新创业跨文化教育是一项注重将理论运用到实践，将实践转化为成果的活动。学生在学校主要进行理论知识的学习，在参与创新创业跨文化活动中体现的思维较理想化，需要教师的指导。因此，具有创新创业跨文化实践经历和阅历的教师举出的教学案例才会更实际、更深刻，对学生进行创新创业跨文化活动的帮助较大。当前，随着校企合作的不断深入，创新创业跨文化教师也逐渐开始在校外企业挂职，对行业发展和创新创业的理解要相对成熟，能够给予学生方向上、方法上、决策上的建议。

（三）意识层面

"一带一路"倡议下的创新创业跨文化教师需要一定的复杂问题解决意识。创新创业跨文化教师除要具备一定的知识体系、实践经历外，还需要有解决复杂问题的意识，要了解市场，具备对产业发展的敏感度，要反馈到指导学生的实践活动中。比如，指导学生参加创新创业大赛，竞赛的选题就需要创新创业跨文化教师帮助确定方向；要想培养出重点项目，就需要教师用其商业意识评判项目在操作上的可行性和在商业上的价值性。

（四）能力层面

"一带一路"倡议下的创新创业跨文化教师需要有持续学习的能力。其一，创新创业跨文化教师队伍的组成结构已要求教师必须提升自身的专业能力,通过理论学习和实践学习提升面向"一带一路"创新创业需求的基本能力。其二,创新创业跨文化教育的一个关键因素就是"创新"。在引导学生创新创业的过程中,面对不同的学生团队,教师要思考不同学生提出的不同寻常的创新想法,需要教师和学生共同学习和研讨。这一教学相长的过程意味着教师要和学生互相学习,共同进步。

(五)资源层面

"一带一路"倡议下创新创业跨文化教师自身需要较丰富的国际化创业资源。学科专业教师有专业相关的科研项目和人脉上的资源;就业创业指导中心的教师、辅导员和教务处工作人员有一手的学校创业信息和支持渠道;创业学院和创业孵化基地的教师对接市场和企业,能够引入企业和产业上的资源和支持;校外兼职的企业家能够提供创新创业跨文化策略、资金支持、场地支持。创新创业跨文化教师拥有一定创业资源这一特点能帮助学生找到合适的项目、对口的产业以及相关的人脉资源,使学生创新创业过程更顺畅。

(六)个人特质层面

1. 精益求精的态度

"一带一路"倡议下的创新创业跨文化教师在教学指导过程中需要精益求精的态度。创新创业类的竞赛在不同阶段都需要写计划书、总结,准备答辩材料,对项目方案、细节有较高的要求。团队想要在校赛、省赛、国赛中脱颖而出,就必须对项目进行多次打磨。从拥有参加创新创业的想法到真正落实创新创业项目这一过程是漫长的,需要团队付出时间和精力。教师指导和培养学生的过程也是漫长的。因此,在这个过程中,创新创业跨文化教师需要在选题、策划、调研、撰写报告、答辩、孵化项目这一系列的创新创业跨文化过程中传递给学生精益求精的态度。

2. 热爱创新创业跨文化教育

"一带一路"倡议下的创新创业跨文化教师需要热爱创新创业跨文化教育。创新创业跨文化教师除了需要具备理论知识、实践能力,还需要持有热爱的态度。教授和指导创新创业跨文化教育的教师大多来自不同部门和不同学科,由学院或学校安排教授创新创业跨文化课程。因此,双创跨文化教师只有热爱双创跨文化教育,主观上想要上好这门课程,才能以积极主动的态度对待双创跨文化教育,愿意花时间和精力研讨课程以及指导学生,最终才能有好的教学效果。

3. 大胆创新的精神

"一带一路"倡议下的创新创业跨文化教师只有自身有大胆创新的精神才能引领学生敢闯敢创。创新创业是一件需要"折腾"的事情。正所谓：创，始也。"创"字就代表了从无到有的过程，需要有独到的见解。创新创业跨文化教师需要有自己的想法，开阔眼界，审时度势，全面看待问题，大胆创新，将大胆创新的精神传递给学生，播种下双创基因，引领学生从多角度思考问题、散发思维，做到敢闯敢创。

4. 个人魅力

"一带一路"倡议下的创新创业跨文化教师的个人魅力指的是由内而外散发出来的专业素养。这种专业素养不仅仅体现在广阔的知识面上，更体现在讲授知识过程中散发出来的吸引力。一位具有个人魅力的创新创业跨文化教师可以通过不同的教学形式和讲授方式吸引学生的注意力，让学生乐于接受创新创业跨文化知识，带领学生发现创新创业跨文化教育的魅力，找到自己感兴趣的方向，以强烈的内驱力投入创新创业跨文化活动中。

三、"一带一路"倡议下的创新创业跨文化教师队伍建设困境

为了更直接地了解当前我国创新创业跨文化教育的现状，本书对国内18所开展创新创业跨文化教育且有一定经验和成果的院校围绕创新创业跨文化教师队伍建设的现状进行了半结构化访谈，得出以下五点存在的问题。

（一）面向"一带一路"创新创业跨文化育人能力不足

创新创业跨文化教师自身需要具有一定的岗位胜任力，即要有一定的专业能力。教师的知识能力水平对教育教学质量有着重要影响，教师只有重视专业素养和教育教学水平，才能成为高水平的创新创业跨文化教师。但由于教师队伍来源的多样性，创新创业跨文化教师没有面向共建"一带一路"国家需求的系统化培养，许多教师缺乏相关跨文化知识和技能，难以将专业性知识和创新创业跨文化知识相结合。因此，缺少创新创业跨文化知识和能力会影响教师在创新创业跨文化教育上的育人能力，使其难以输出足够的创新创业和跨文化的知识。

（二）面向"一带一路"创新创业跨文化实践能力不足

"一带一路"倡议下的创新创业跨文化教育是一门实践性很强的学科，不仅需

要教师拥有丰富的理论知识，还应具备扎实的创新创业跨文化实践能力。当前，创新创业学院具有承担教学的职能，具有一定数量的专任教师。高校的创新创业跨文化课程主要由本校的老师承担，但许多教师自身缺少专门面向"一带一路"需要的跨文化实践经历，只在理论知识层面完成教学任务，在实践层面缺少更实际、更生动的教学内容。且在发展过程中发现，双创跨文化教师更多的是承担有关创新创业跨文化的公共基础课和通识教育课程，以教学为主，对培养创新创业跨文化实践能力的重视程度较低。

（三）相关管理机制不完善

目前，虽然许多高校在不断深入创新创业教育，相继成立创新创业学院和产业孵化园，但部分高校仍缺少完善的创新创业教师管理机制。其一，创新创业跨文化教师的工作量没有统一的认定要求。高校的各个学院有不同的考核要求，对创新创业跨文化教师的认定要求不一致，没有统一的对教师指导学生参加竞赛和教学工作量课时的认定和考核，这会导致学院对创新创业跨文化教育考核占比较低的教师没有足够的外驱力投入双创跨文化教育。其二，高校对创新创业跨文化教师的激励政策不完善。高校没有明确双创跨文化教师的职业晋升路径和奖励政策。

（四）面向"一带一路"的创新创业跨文化师资不足

随着创新创业教育在我国高校的不断发展，创新创业教育被要求"融入人才培养的全过程"，意味着高校需要对学生提供个性化、多样化的创新创业教育，也意味着对创新创业教师的需求日益增多。高校创新创业跨文化教育的高质量开展，首先要有足够数量的师资保障。但在具体操作层面，高校没有足够的创新创业跨文化教师来承担"一带一路"相关课程和指导学生创新创业，也难以在短时间内培养足够的创新创业跨文化师资。此外，虽有校外企业家和创业者作为高校创新创业跨文化的兼职教师，但校企合作程度不高，且校外兼职教师主要在高校开设创新创业讲座和交流会，缺少技能类的课程，使得在指导学生参与创新创业跨文化的方面互动不足。同时，学生也少有深入企业事业单位，参与企业运作、发展、管理与积累经验的机会。

（五）面向"一带一路"的创新创业跨文化氛围不足

高校的创新创业教育还处在初级阶段，不同群体缺乏对创新创业跨文化教育观念的正确认识，接受度不高，高校也未能因此形成良好的创新创业跨文化教育氛围。教师在缺少创新创业跨文化氛围的校园环境中不能全然地理解和支持"创新创业教育融入人才培养全过程"，导致一些教师很难全身心地投入高校倡导的创新创业跨文化教育和"专创融合"教育。

四、"一带一路"倡议下的创新创业跨文化教师队伍的建设路径

本书根据创新创业跨文化教师队伍建设的现状，采用"能力-动机-机会"（ability-motivation-opportunity）理论，即 AMO 理论，为创新创业跨文化教师队伍建设提供路径参考。

1982 年，Blumberg（布隆伯格）和 Pringle（普林格尔）首次将 AMO 模型引入绩效研究中，认为工作绩效是由组织中的个体能力、动机和机会交互作用决定的（顾旻灏等，2022），即个体是否采取某一行动不仅取决于个体是否具有采取某一行动的能力，还取决于个体对是否采取某一行动的动机强弱，同时也还依赖于其所处的客观环境，即机会因素的影响（姜友文，2018）。本书基于此理论，探讨创新创业跨文化教师队伍建设的主要路径，即创新创业跨文化教学能力的基本保障、创新创业跨文化教学的动机驱动、创新创业跨文化教学的机会支持。

（一）面向"一带一路"需求的创新创业跨文化教学能力基本保障

大学教师的教学能力主要体现在三个方面，即所教学科的知识、教育专业的知识和能力、教育专业精神（张应强，2010）。就"一带一路"倡议下的创新创业跨文化教师群体现状而言，其教学能力重点要加强创新创业跨文化学科的知识以及创新创业跨文化教育专业精神。在教师招聘和选拔、教师培训等方面要重视创新创业跨文化教师的知识和教育专业精神。

第一，在教师招聘和选拔过程中，确立能力标准，建立门槛要求。首先，不同层次、不同类型院校应根据本校特色和创新创业跨文化教师需求制定能力标准和建立门槛要求，根据能力标准和门槛要求对应聘者的知识技能和专业精神的匹配程度进行筛选，确保学校一开始就招聘到合适的人选。其次，由于一个教师难以拥有完备的知识体系，因此，要通过构建一个专业的教师团队带领学生进行创新创业跨文化活动，来保证教师团队知识结构和能力结构的合理性。因此，在招聘过程中还要考虑教师队伍的知识能力结构，做到协同互补，发挥所长，实现 $1+1>2$ 的团队效益。最后，兼职教师的聘请要以创新创业跨文化教育的相关性、工作实绩以及在校工作时间等为主要标准。各高校要加大校外兼职教师的聘请力度，充分发挥兼职教师的优势和作用。在兼职教师的招聘和选拔上，要结合

学校创新创业跨文化主要学科、领域和行业的要求招聘具有经营和管理跨国公司经验的一线工作人员、企业家、创新创业者，并且要能确保一定时间的校内外教学学时，加强校企合作的深度和广度。

第二，通过培训，强化教师认知和教学能力。首先，学校应安排创新创业跨文化教师参加权威机构开展的、国家认可的职业资格认证培训，逐步落实创新创业跨文化教师全面持证上岗，如组织创新创业跨文化教师参加由共青团中央、全国青联与国际劳工组织合作开展的 KAB（Know About Business，了解企业）创业教育项目，并取得 KAB 讲师证，参加各地的创业导师培育工程和创业年会，提高对创新创业跨文化的认知水平，把握最新的创新创业跨文化动向。其次，邀请国内外知名的各类企业家、创业者以及领域内的专家或教师来学校开设讲座和讲课，用亲身经历和实践经验讲述创新创业跨文化的前沿知识和传授一定的技能。再次，定期组织教师到相关企业挂职工作和学习，了解企业和市场实际的运作情况，掌握最新的市场信息和培养实践能力。最后，创新创业跨文化教师要积极、主动地开展创新创业跨文化活动，带领和指导学生进行创新创业，在实际的活动环境中获得真实的体验和经历，在实践中提升创新创业跨文化教学能力。

（二）面向"一带一路"的创新创业跨文化教学发展动机驱动

动机是激发并维持教师专业行为的发动性因素。教师的工作动机对激活和强化教师的专业行为、保证教师教育行为和活动的有效性起着重要的作用（庞丽娟和洪秀敏，2005）。双创跨文化教师队伍的结构要求大部分教师在完成本职工作的基础上进行创新创业跨文化教育，这需要有不同的激励措施让教师愿意从事双创跨文化教育。因此，社会的不同机构必须采取措施激发双创跨文化教师的教学动机，激活和强化双创跨文化教师的专业行为、保证双创跨文化教师教育行为和活动，以此提高教师队伍的专业性。

第一，高校应建立完善的服务"一带一路"创新创业教育激励政策。高校应制定完善的激励机制，提供资金支持，建立适当的薪酬体系，加大与"一带一路"相关领域创新创业跨文化教育的考核评价力度，畅通晋升渠道和促进专利转化。完善的激励政策是提升教师教学发展的关键外部动力。高校应根据创新创业跨文化教师的教学效果、实践成效、学术成果等贡献合理分配薪酬，实现业绩的直接反馈。高校对不同类别、不同岗位和负责不同教育教学部分的教师应有明确的考核评定和职业晋升路径，让考核评定和职业晋升在促进创新创业跨文化教师教学发展上发挥正强化的作用，促使教师提升自我教学能力和取得明显的教学效果。创新创业跨文化教育作为一项强实践性的活动，需要一定的项目支撑，这需要高校提供一定的资金支持教师开展项目和促进项目落地。

因此，高校应从多个环节完善外部激励政策，调动教师教学的积极性和潜能，为教师营造正向的教学氛围。

第二，激发教师发展内驱力，使教师形成持久稳定的教学行为动机。教师内驱力的生成促进，实质上就是对教师思想、情感、使命等方面进行转变和调整。因此，生成教师的内驱力，需要转变教师的教育思想认知、引发教师执着的目标追求、引导教师树立正确的教学态度和引导教师修炼高尚人格（徐帅和赵斌，2018）。首先，教师的教育思想认知会影响教师的教育实践。双创跨文化教师要树立正确的创新创业跨文化教育理念，把教育教学过程看作一个启发、引导、培养学生创造力的过程，注重提升学生的创新意识、创业精神和创业能力。其次，目标信念能坚定教师向前的决心。双创跨文化教师要确定专业发展和教学教育的目标，在利己和利他的双重作用下，克服专业提升和教育教学的各种困难，达成目标追求。再次，态度会影响教师的实际表现。要生成强烈的内驱力，双创跨文化教师要在正确的创新创业跨文化教育理念引领下开展教育教学工作，强化教学获得感，提高创新创业跨文化教育的思想水平，最终不断强化专业精神和专业认知。最后，教师人格是教师专业发展的隐性构成。教师要意识到自身的人格修养能对学生产生深远的影响，从而不断修炼高尚的人格，促进教师内驱力的生成。

（三）面向"一带一路"的创新创业跨文化教学机会支持

教师要在创新创业跨文化活动中取得一定的成果，除需要有一定的能力和动机之外，还需要服务于"一带一路"的相关组织机构提供支持。机会是一种资源支持，对教师教学发展具有重要作用。高校、政府和企业需要在不同层面上为创新创业跨文化教育提供机会支持。

高校在提供培训与培养机会、建立完善的激励政策、提供资金支持之外，还需要建设面向"一带一路"的创新创业跨文化教育实践基地，深度进行产教融合，加强与国外高校的交流合作和营造良好的创新创业跨文化氛围，为教师从事双创跨文化教育活动提供实践支持，在校企间和校际实现教师互聘、资源共享，拓宽教师的视野，提高教师工作的积极性和提升教师自身的教学和科研能力。

政府要加大支持力度，完善和落实相关的法律政策，根据高校创新创业跨文化教育发展情况，适时地出台促进创新创业跨文化进一步发展的相关政策文件，并且联动各部门积极监督落实政策。此外，政府需要对创新创业跨文化活动提供一定的资金支持，设立专项资金对教师的成长培训和项目实施给予一定资助。政策还需要做好高校和企业间的桥梁，整合社会资源，统筹协调建立创新创业跨文化实践基地，搭建校企合作平台，疏通校企合作间的阻碍，做好后勤保障工作。

企业要积极和高校合作设立实践基地，共享部分资源，协同培育"双师型"教师，帮助建设一支高素质的创新创业跨文化教育师资队伍，推动产学研深入发展。企业应充分利用现有的资源，和高校教师共同开设创新创业跨文化教育课程，打造科学、系统、全面的创新创业跨文化教育课程体系，在丰富教学资源的同时提高教师的知识能力水平。更重要的是，企业需要具有一定的社会责任感，清楚地认识到教育的发展和人才的培养不单单是高校的职能，还是社会不同组织和机构的责任，需要社会各界协同发展教育、培养人才，只有这样，企业才能有内驱的动力持续不断地加强校企合作和协助高校进行育人工作。

第三节 "一带一路"倡议下创新创业大学生跨文化能力培养课程体系研究

一、高校创新创业课程体系现状

（一）课程目标

根据专家访谈，本书的大部分样本高校将培养学生跨文化能力的通识课程定义为大学英语通识课程，将大学英语课程等同于跨文化课程。例如，C 高校在其《指导意见》中明确指出"注重培养学生的语言运用能力和跨文化交流能力，主要课程为大学英语系列课程"。为响应新版《大学英语教学指南》的颁布，也为了提高大学英语课程的培养成果，很多学校都对大学英语课程的培养目标做出了调整。尤其是《大学英语教学指南》中多次提到的英语应用能力、创新实践能力、跨学科与跨文化能力等关键词也成为大部分院校大学英语课程的目标之一。40 年以来，教育部大学英语课程教学指导文件中的教学目标以及对应的课程设置演变如表 6-1 所示。

表 6-1　教育部大学英语课程教学目标以及对应的课程设置演变

时间	目标
1985 年（理工科）	培养学生具有较强的阅读能力、一定的听和译的能力、初步的写和说的能力，使学生能以英语为工具，获取专业所需要的信息，并为进一步提高英语水平打下较好的基础
1986 年（文理科）	培养学生具有较强的阅读能力、一定的听的能力、初步使学生能以英语为工具，获取专业所需要的信息，并为进一步提高英语水平打下较好的基础
1999 年	培养学生具有较强的阅读能力和一定的听、说、写、译能力，使他们能用英语交流信息。大学英语教学应该帮助学生打下扎实的语言基础，掌握良好的学习方法，提高文化素养，以适应社会发展和经济需求

时间	目标
2004 年	培养学生的英语综合应用能力,特别是听说能力,使他们在今后的工作和社会交往中能用英语有效地进行口头和书面的信息交流,同时增强其自主学习能力,提高综合文化素养,以适应我国社会发展和国际交流的需要
2007 年	培养学生的英语综合应用能力,特别是听说能力,使他们在今后学习、工作和社会交往中能用英语有效地进行交际,同时增强其自主学习能力,提高综合文化素养,以适应我国社会发展和国际交流的需要
2015 年	培养学生的英语应用能力,增强跨文化交际意识和交际能力,同时发展自主学习能力,提高综合文化素养,使他们在学习、生活、社会交往和未来工作中能够有效地使用英语,满足国家、社会、学校和个人发展的需要
2020 年	培养学生的英语应用能力,增强跨文化交际意识和交际能力,同时发展自主学习能力,提高综合文化素养,使他们在学习、生活、社会交往和未来工作中能够有效地使用英语,满足国家、社会、学校和个人发展的需要
2022 年	培养学生的英语应用能力,增强跨文化交际意识和交际能力,同时发展自主学习能力,提高综合文化素养,使他们在学习、生活、社会交往和未来工作中能够有效地使用英语,满足国家、社会、学校和个人发展的需要

可以看出,随着全球化的不断发展,各国交流的不断深入,培养跨文化交际意识和交际能力成为大学英语教学必须遵循的课程目标。根据我国现阶段基础教育、高等教育和社会发展的条件现状,大学英语教学目标分为基础、提高、发展三个等级。在三级目标体系中,基础目标是针对大多数非英语专业学生的英语学习基本需求确定的,提高目标是针对入学时英语基础较好、英语需求较高的学生确定的,发展目标是根据学校人才培养计划的特殊需要以及部分学生的多元需求确定的。大学英语教学与高中英语教学相衔接,各高校可以根据实际需要,自主确定起始层次,自主选择教学目标。分级目标的安排为课程设置的灵活性和开放性提供了空间,有利于实施满足学校、院系和学生个性化需求的大学英语教学。

大学英语根据三级教学目标提出三个级别的教学要求。基础目标的教学要求主要针对英语高考成绩合格的学生,是大部分学生本科毕业时应达到的基本要求。提高目标和发展目标的教学要求针对大学入学时英语已达到较高水平的学生,也是对学生英语应用能力要求较高的专业所选择的要求。对英语高考成绩基本合格的学生,学校可适当调整基础目标的部分教学要求。大学英语三个级别的教学要求分总体描述和单项技能描述。总体描述包括语言技能与知识、跨文化交际能力和学习策略的要求;单项技能描述则从听、说、读、写、译五个方面对三个等级的教学目标作进一步的说明。各高校应依据《大学英语教学指南》提出的三级教学目标和教学要求,结合学校、院系和学生的实际情况,确定具有本校特色的教学目标和教学要求(表 6-2)。

表 6-2　　通用英语、专门用途英语和跨文化交际的课程目标

目标	通用英语课程	专门用途英语课程	跨文化交际课程
总目标	培养学生英语听、说、读、写、译的语言技能,同时教授英语词汇、语法、篇章及语用等知识,增加学生的社会、文化、科学等基本知识,拓宽国际视野,提升综合文化素养	以英语使用领域为指向,以增强学生运用英语进行专业和学术交流、从事工作的能力,提升学生学术和职业素养为目的	旨在进行跨文化教育,帮助学生了解中外不同的世界观、价值观、思维方式等方面的差异,培养学生的跨文化意识,提高学生社会语言能力和跨文化交际能力
基础阶段	以高中英语选修Ⅰ课程为起点,使学生英语能力达到该指南规定的大学英语教学基础目标的相关要求	在培养学生语言技能的同时,帮助学生了解和掌握初步的通用学术英语知识以及与专业学习相关的基本英语表达	以丰富学生中外文化知识,培养学生中外文化差异意识为目的
提高阶段	强调听、说、读、写、译技能的进一步提升,使学生英语能力达到该指南规定的大学英语教学提高目标的相关要求	通过教学,使学生较好地掌握通用学术英语和一定的职业英语知识,培养学生基本达到用英语进行专业交流、从事工作的能力	在学生已掌握的语言文化知识基础上开设,帮助学生提升文化和跨文化意识,提高跨文化交际能力
发展阶段	注重学生较高层次语言应用能力的拓展训练,满足具有拔尖创新潜质的高水平学生参与国际学术交流的需要。使学生英语能力等达到该指南规定的大学英语教学发展目标的相关要求	帮助学生利用英语提高本专业学习、工作的能力,特别是在专业领域用英语进行交流的能力	旨在通过系统的教学,进一步增强学生的跨文化意识,扩展学生的国际视野,进一步提升学生的语言综合应用能力和跨文化交际能力

由表 6-2 可以看出,跨文化交际课程在英语课程中非常受重视,《大学英语教学指南》划分出了非常详细的三层目标,包括基础阶段、提高阶段、发展阶段。

从样本高校的具体执行情况来看,有 78% 的样本高校在其《指导意见》或者"培养目标"中提出培养学生的"全球化意识"、具备一定的"国际视野"。只有 34% 的样本高校明确提出了培养学生的"具备宽广的国际视野,能够在跨文化背景下进行沟通和交流"或"提高跨文化的理解和沟通能力,体现国际视野和国际交流能力",并且大部分样本高校将跨文化能力局限在了"跨文化交流能力",将跨文化能力仅理解或具体实践在"沟通交流"层面。

(二)课程结构现状

总体框架课程设置是教学目标在学校课程计划中的集中表现,是对课程结构和课程内容所做的安排和规定。大学英语教学的主要内容可分为通用英语、专门用途英语和跨文化交际三个部分,由此形成相应的三大类课程。大学英语课程由必修课、限定选修课和任意选修课组成。

根据样本高校的数据来看,样本高校跨文化课程的学分设置情况较为模糊。2007 年,教育部公布的《大学英语课程教学要求》中要求,大学英语课程要融入

学校的学分制体系，尽量保证在本科总学分中占 10%（16 学分左右）。然而，样本高校的英语课程学分多分布在 8~12 学分，在实践层面上还未达到理想水平。多数样本高校大学英语通识课程由四门课程组成，授课时间基本上为大学一、二年级，从新生入校连续授课至课程结束。

在其他跨文化类人文社科课程的选修课，在对高校的创新创业大学生进行问卷调查时发现，62%的学生仅仅上过一门涉及跨文化类型的课程。在样本高校中，只有 6 所高校开设的选修课中明确开设跨文化相关的课程组，可供学生在四年内选修 2 学分。例如，同济大学将跨文化类人文社科选修课放在了"社会发展与国际视野"板块中，云南大学将其放在了"文明对话与国际视野"板块中，南昌大学将其放在"文明对话与世界视野"板块中。其他高校虽然有开设部分少量的跨文化课程，但均未成体系，混杂在庞大的通识选修课中。另外，与跨文化相关的专业也开设了大量的跨文化课程，例如，安徽大学经济学院国际经济与贸易专业开设了国际贸易国际经济合作、跨境电商、国际营销、国际贸易地理、国际贸易保险、经济法、国际商务、英文合同翻译、国际商务谈判与礼仪、外贸英语、国际服务贸易、中国对外贸易概论、跨国公司与跨国经营、跨境电商、外贸口语、英文合同翻译等课程；武汉大学外国语言文学学院英语专业开设了英语散文赏析、跨文化交际、英语演示与表达、电影中的美国文学、英语戏剧选、莎剧赏析、华裔英语文学、西方文学理论、希腊戏剧、英语经典文学导读、英国文学、英汉口译、西方思想经典导读、西方文明史、财经英语、美国思想史等。但这些分布在专业中的跨文化课程属于专业必修课与选修课范围，不面向全校开放，在此不做统计。

同时，很遗憾的是，相比于创新创业教育，在调查的 50 所高校的培养方案中，均未有学校提到跨文化实践课程方面的内容，样本高校还未将跨文化实践纳入学分体系，也没有看到高校对跨文化实践相应的鼓励政策。

总体来说，跨文化教育现在并没有教育部明文规定的课程设置，部分高校也没有引起非常大的重视，导致现在跨文化课程并没有形成一个完整的体系。华南师范大学的 H 老师曾谈道："我们毕竟不像思政课程一样，是教育部的一个要求，但是跨文化课程方面，其实我们还是做了的，其实我们还是有一些零散的老师和零散的课程，但是它可能不成为一个体系。"

（三）课程内容现状

尽管绝大部分样本高校都意识到了跨文化能力的重要性，但是大部分样本高校的跨文化交际课程仍然以英语课为主，和英语必修课、选修课相融合，并且多划分在英语必修课或者选修课的板块中。但部分高校除英语课程之外的跨文化课程数量不多,零星地散落在选修课程之中,夹杂着几门浅显初级的跨文化课程。根据《大学英语教学指南》中的要求,大学英语教学的主要内容可以分为三个部分,通识英语课程、专门用途英语课程和跨文化英语课程,学校要处理好由此形成的三类课程之间的关系,实现共同发展。目前我国高校的大学英语课程主要分为两部分:必修基础课和选修通识课。基础阶段的内容主要在于承接学生高中时期的英语教学,针对学生在英语使用方面语法单词的内容进行强化。

现阶段各高校的教学内容以英语教学为主,跨文化内容设置的分布范围只是英语板块中一个较小的层面。《大学英语教学指南》指出基础级别的跨文化交际课程以丰富学生中外文化知识,培养学生中外文化差异意识为目的。可在通用英语课程内容中适当导入一定的中外文化知识,为学生讲授与中西文化相关的基础知识。提高级别的跨文化交际课程在学生已掌握的语言文化知识基础上开设,主要包括文化类和跨文化交际类课程,帮助学生提升文化和跨文化意识,提高跨文化交际能力。

跨文化交际课程旨在通过系统的教学,进一步增强学生的跨文化意识,扩展学生的国际视野,进一步提升学生的语言综合应用能力和跨文化交际能力。

在各样本高校的公选课中,虽然有 6 所样本高校的通识选课板块中开设了"国际视野"相关内容的板块,但是大部分高校在这部分选修课中只重视如何认识文化与文化的差异,如何避免文化与文化之间因为差异而造成的交际障碍等,内容仍然只停留在对跨文化能力培养的认识层面。高校涉及跨文化内容比较多的专业基本上为语言类专业、传媒类专业,以及像"国际经济与贸易"这种类似直接与国际区域或视野相关的专业。在这些专业中,跨文化课程作为该专业的专业基础必修课,要求该专业学生掌握必备的知识与能力,是专业指向的学习,而不是通识指向的学习。并且就在这些以跨文化为主要学习内容的专业中,语言类、传媒类专业的教学内容也主要是比较各种不同的文化差异,以认识各国不同的文化为主;经济类专业会涉及国际经济与贸易、国际法学、国际商务谈判、跨国经营、国际财务等课程。同时,现阶段多数高校的跨文化课程内容为介绍理论,缺乏对当下国际形势、国际前沿热点问题的关注。

另外,部分高校在跨文化课程方面做出了极大的努力。在研究样本中发现中国政法大学在跨文化课程方面做得尤为出色。中国政法大学专门开设了国际课程组,要求学生修读 2 个学分,共有 365 门课程供学生选择,对培养大学生的跨文化能力形成了丰富的课程体系。

中国政法大学的跨文化课程集中了全校各学院之力,开设课程的学院包括法学院、民商经济法学院、国际法学院、刑事司法学院、政治与公共管理学院、商学院、人文学院、外国语学院、光明新闻传播学院、科学技术教学部/法治信息管理学院、比较法学研究院、人权研究院、社会学院、中欧法学院、教务处等。开设的课程建构采用跨学科融合框架,主要涵盖以下维度:法学领域系统开设各国宪法比较、民商法实务（含民事法、劳动法、贸易法、产权法）、刑事司法制度及法律史研究；政治经济方向整合国际关系理论、外交战略分析、国际贸易实务与跨国企业治理模块，贯通政治学与商学边界；人文思想脉络纵深延展艺术史（东西方视觉体系比较）、思想史（哲学与宗教演进研究）、文化史（跨文明对话视角）三大谱系；创新实践板块聚焦全球化语境下的新媒体传播、当代社会治理辩论及创新管理实训，强化演讲修辞与战略决策能力；交叉学科前沿则通过"法律经济学""数字政治学"等课程，实现法学、经济学、新闻传播学的范式重构。该架构既保持民法、刑法等传统部门法的专业深度，又通过文化史与宗教史的比较视野拓展人文纵深感，更借力国际电子商务、跨国司法冲突等新兴议题推动知识体系的动态更新。

根据访谈，各高校的创新创业教育管理人员、一线教师在专门针对创新创业大学生实施创新创业教育时，将跨文化课程内容融入创新创业教育的具体做法，教师回答（节选）如表6-3所示。

表 6-3 跨文化课程内容融入创新创业教育的具体做法案例

学校	具体做法案例
哈尔滨工程大学	确实，我们这节课的重点就是跨文化的创新创业教育，尤其是在参与高水平比赛的这一阶段表现得尤为明显。我们进行分析时意识到，目标不仅仅是让中国走在国内的前列，更是希望中国能走在世界的前列。因此，仅仅了解我们自身的状况是远远不够的，我们还需要了解整个世界的现状。这就要求我们必须跨越区域、国家和文化的界限。这里的"文化"涵盖了多个方面，如产品的文化内涵、公司的文化理念、价值观念，以及它们向用户传递的价值塑造需求
中国计量大学	其实，在培养学生的跨文化能力或进行跨文化能力培养方面，存在多种载体。然而，在我们学校，跨文化教育与创新创业教育的契合度并不广泛。目前，我们所做的主要是组织学生参与一些与跨文化能力相关的比赛，比如涉及"一带一路"能力的竞赛，这些比赛与跨文化能力的培养较为贴合。但坦白来说，在创新创业领域，专门针对跨文化能力培养的比赛或教育项目并不多见
青海大学	在跨文化教育方面，我们与澜湄地区的青年创新创业大赛有一个对接，这样的赛事能够让不同民族之间的学生相互交流和交融，从而使我们学校的学生有机会参与到民族文化交融的过程中去。然而，除此之外，我感觉学校为这部分学生提供的平台或教育资源还是相对较少的
南京工业职业技术大学	具体来说，目前跨文化教育似乎并未深度融入我们的人才培养体系之中。虽然人才培养的目标或方案中可能会简要提及，但似乎缺乏具体性的指标和硬性的规定。不过，值得一提的是，我们学校相当重视国际化工作，因此在开展创新创业活动或诸多项目工作时，国际化的元素也都会被逐步融入进来

从对样本高校的创新创业教师的访谈来看，针对创新创业型学生具体的跨文化指导的情况，大部分高校是缺失这一部分内容的。大部分样本高校与样本高校教师还没有意识到要针对创新创业大学生做一个典型的跨文化训练。创新创业大学生的跨文化教育还是基本上从学校的英语课程或公共选修课中得来。

（四）课程实施现状

　　高校跨文化课程实施的现状描述主要从课程的组织形式和课程的教学过程两个方面来进行描述，课程的组织形式包括各类课程的面向对象及其开设时间；课程的教学过程主要是指教师在授课时所采用的教学方法。

　　在大学英语课程方面，主要是以全校必修课的形式开展，授课面向全体大学生，按照不同的等级对学生程度进行划分，实施三类教育，开设时间主要是在大一、大二学年，四个学期上完。

　　从大学英语课程的授课情况来看，我国尽管有部分文化、经济较发达的地区已经开始对小班教学、学生研讨的课程形式进行了有益的尝试。例如，清华大学、北京大学、同济大学以及香港的部分高校。但是据调查结果，全国大部分地区的高校还属于大班授课制，为公共必修课，往往一个英语班级中包含各个学院的同学，人数基本为30～60人，甚至很多高校的大学英语公共必修课程的班级人数高达80人。

　　同时，我们对教师的授课方式进行了调查，发现高达76.46%的学生都选择了讲授的上课方式，只有15.05%和19.42%的学生选择了实验实践式和情景模拟式。学生认为跨文化课程的教学方式中应该加入"情景模拟式""案例式""直观演示式""教学参观式""实验实践式"等多样的教学方法，但从两道题的选项对比结果来看，学生希望的教学形式与实际学生上课过程的情况差距较大。例如，51.79%的学生希望在跨文化教学中加入情景模拟式教学，但实际只有18.72%的学生在实际的课堂中涉及过情景模拟式；40.77%的学生提出希望在跨文化教学中加入实验实践式的教学方式，但是实际只有13.85%的学生有过这样的经历。

　　虽然大班教学的教师讲授制可以有效地节约师资，提高教学效率，增加各学院同学之间的交流机会，但是大班教学的教师讲授制面临的问题在于，教师无法顾及每一位同学的学习情况，教师和学生之间的互动性不强，学生参与度低，教师也无法很好地设置情景教学模式，让同学们深度参与课堂。另外，其余的跨文化课程主要是以通识选修课的形式开展的，授课面向全体大学生，以自愿的形式参加。

　　在访谈的过程中，南京农业大学的老师向我们介绍了南京农业大学金善宝书院的跨文化教育的实施情况，具体如下。

　　L老师（南京农业大学）：以我们学校典型的金善宝书院为例，在人才培养过程中，大一阶段首先进行的是分类，特别是从英语能力入手。新生入学后，会根据他们的英语水平分配不同的班级，重点培养学生的语言能力。这一语言能力的培养持续了一年，并在暑假期间安排了半个月的强化英语学习，专门加强英语语言和文化的学习。原本我们计划邀请外教参与，但受疫情影响，外教时间受限，尽管并非全由外教授课，但我们的口语教学部分确实有外教参与。大一阶段主要是为学生的语言学习打下坚实基础。到了大二，则转向专业英语的学习，这不仅仅是学习英语，更重要的是通过英语进行专业交流。我们计划让学生都有出国交流的机会，且每个学生都需要有至少一个月的出国经历。具体出国交流的院校由各个学院根据专业特点联系，如农业专业的学生可能会前往康奈尔大学或荷兰的瓦赫宁根大学等顶尖学府。对于大三的学生，我们要求他们参加国际会议，进行国际交流。这是金善宝书院对学生的明确要求。这个例子也是我们国际化工作中做得最为出色的一个。当然，国际化需要资金投入，因此在我们学校，不同学院的国际化程度存在差异。一些传统优势学科，如农学和资源环境科学，由于与国外教师联系较多，国际化工作相对容易开展，也做得更为出色。而一些基础科学专业的学生，由于人数众多且国际化需要更精准的定位，因此国际化工作可能相对薄弱。此外，我们学校还有一些如 2＋2、1＋3 等国际合作培养项目，但这些项目的受众相对较少。

同时我们对现阶段创新创业大学生的跨文化课程培养学生能力的现状进行了调查。调查从创新创业跨文化能力的意识、态度、知识、技能四个方面进行。四个维度总体平均分为 3.57（图 6-1）。

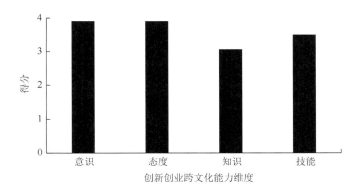

图 6-1　创新创业大学生的跨文化课程培养学生能力的现状

由图 6-1 可以看出高校跨文化课程对学生能力培养的现状。针对跨文化能力模型的四个维度，在跨文化意识上学生自我打分的平均分为 3.90 分，在跨文化态度上学生自我打分的平均分为 3.87 分，在跨文化知识上学生自我打分的平均分为 3.03 分，在跨文化技能上学生自我打分的平均分为 3.47 分。学生对自我的跨文化意识和态度的打分都相对较高，但在知识和技能的打分上都偏低，分数差距比较明显。

在"我喜欢寻找国际性创新创业竞赛、创业交流会等可能的机会来拓展创新创业活动"的回答中，31.76%的人只给自己打了 3 分，平均仅为 3.68 分，为"创新创业跨文化能力——态度"题中评分最低的一项，说明该类型的学生对主动寻找创新创业跨文化实践、竞赛等的意识较为薄弱，更多的是依靠教师的指引，缺乏一定的主动性。

在"创新创业跨文化能力——知识"中，C1"我熟知国内外的创新创业相关的法律法规"，C2"我熟知国内外关于创新创业的政策"、C3"我熟知国内外创新创业的管理与金融知识"三项得分均低于3分，分别为2.97分、2.93分、2.92分，可以看出学生在创新创业跨文化知识方面，尤其是在国际法规、政策、经济、管理方面的知识非常匮乏，这一现状与学校教育中亟待完善的教学空白存在直接关联。

（五）课程评价

问卷的调查结果（图6-2）显示，大部分学生跨文化课程的考试方式是闭卷考试、开卷考试、随堂考试、撰写报告、课堂参与。少数学生的跨文化课程还涉及课后参与、实践经历、演讲陈述等方式。

图6-2 跨文化课程老师对学生的考核形式调查结果

从调查结果看到，虽然考试并不是唯一的评价方式，近年来考试成绩比重有所减少，但是学生学习的主要评价方式仍然是以考试为主，不论是期末考试还是平时测试本质上都是量化评价方式，是以分数的高低评价学生能力的一种表现。

近年来，高校对于大学英语课程或跨文化选修类课程的评价方式有所改变，逐渐加大了形成性评价所占的比例，现在各高校的评价方式是以终结性评价与形成性评价相结合为主。但是，现阶段各高校基本上还是以笔试成绩为最终评价的标准，以笔试分数来衡量学生的能力高低，笔试成绩基本占到总成绩的一半。据了解，教师对形成性评价的打分十分宽松，同学之间不会出现太大的差异，所以成绩总体还是由笔试成绩决定的。

在整个课程评价的过程中，尽管现行评价体系在制度设计上强调终结性评价与形成性评价的有机结合，但通过深度访谈与田野调查发现，实操层面存在评价结构失衡——形成性评价在具体实施中可能流于形式化操作，未能有效实现其预设的促学功能。例如，某同学说："我们的成绩评定主要还是依赖于最后的考试分数。因为平时成绩老师给予的分数相差不大，除非有学生经常逃课，否则老师通常不会在平时分上做出太大区分。基本上，大家的最终成绩还是由期末考试所得分数来决定。尽管可能存在其他多种评价指标，但在实际评分中，它们的作用并不显著。"

同时，37.86%的学生对跨文化课程的评价方式的打分仅为 3 分，认为评价方式较为一般，只有 33.5%的学生认为打分方式较为合理，本题的平均得分为 3.63 分，低于整个问卷的平均分数，可以看出创新创业大学生对评价方式的合理程度满意度还是较低的。

二、"一带一路"倡议下高校创新创业大学生跨文化课程体系现状成因

（一）课程目标理念具有局限性

1. 课程目标理念不够全面，细化不足

针对创新创业课程中对学生跨文化能力的培养，根据前面分析的样本高校《指导意见》和《培养方案》来看，经过上述对所收集的高校所得数据的编码，可以看出，尽管培养大学生跨文化的能力成为共识，但是细化仍然不足，只停留在表面。目前，国内高校大都致力于培养具有全球化视野、思维和心智模式的国际化人才，更重视对学生国际视野、思维层面的培养，对面向"一带一路"的跨文化能力的培养重视程度普遍较低。

从各个高校的培养目标中可以看出，各高校现在对跨文化能力的认识仅仅局限在了"跨文化交际"能力上，将跨文化能力的定义狭窄化了。尽管在《大学英语教学指南》中将跨文化能力的培养分为了三个层次，指导高校和教师对不同的学生分层次培养，但是在实际教学过程中，没有明确清晰三个层次的学生的培养目标，表述较为笼统含糊，没有明显的层级性。

同时，根据访谈的各个高校的老师和学生的情况，各个高校还没有意识到创新创业教育与跨文化教育的联系。例如，访谈时，一位老师说："我们目前还没有将跨文化能力和创新创业能力结合起来进行培养的实践，一直将它们视为两个独立的能力领域进行培养。"由此可以看出，尽管各高校都逐步重视跨文化人才的培养，但是教育理念仍然滞后，课程目标的设置上仍然存在问题。

2. 课程目标没有针对性，学生完成度不高

从样本高校的各个专业的《培养目标》来看，课程目标基本上千篇一律，十分笼统，没有针对性。依照学科分类，可以把大学分为综合类、理工类、师范类、农林类、政法类、医药类、财经类、艺术类、军事类、旅游类；按照办学层次分类，可以把大学分为双一流院校、普通院校、高职高专院校；按照办学定位分类，可以把大学分为研究型和应用型等。本书所选取的 50 所高校，在以上三种类别中均有所涉及，但是在具体研读各高校的培养目标时，却没有发现明显的差别。也就是说各高校并没有按照自己的实际来制定跨文化人才培养的目标，忽略学校的办学定位，只是停留于跨文化课程设置的宏观层面，没有明确培养的具体方向，这样就会导致其培养的人才的市场差异竞争力削弱。具体而言，不同办学特性的院校，由于不明晰本校培养的跨文化人才的差异性，培养的人才大而化之或者并无特色，也直接忽略了创新创业课程与办学特色之间的联系，只停留于创新创业课程设置的宏观层面，局限于整体培养学生的创新素养、创业能力以及创业精神，也正是如此，后续的课程体系设计与其他院校无差异。

同时，学生对于自我目标的完成度评分也不高（学生一般较少会给自己打高分），大部分学生对自我评分都在三四分。可以看出，创新创业大学生认为自己非常好地完成了跨文化课程目标的比例很低，大部分同学都认为自己没有较好地完成目标。

（二）课程结构设置不够合理

1. 高校间课程设置差异过大，划分不明确

我国高校现阶段的跨文化学分和课时目前没有确切的规定，除较为统一的必修英语课程之外，其余的跨文化方面知识的课程差异很大。各高校各自为政，没有形成对跨文化课程统一高效的规划以及标准。从各高校的《培养方案》和《指导意见》可以看出，部分高校除大学英语课程之外，没有别的跨文化课程设置，部分高校有少许跨文化类型的课程分布在众多选修课中，数量少、不易引起重视且没有选修的规定。只有少数高校非常重视跨文化教育，开设了跨文化课程，培养学生的跨文化能力，且要求学生必须选修 2 个学分。各样本高校差距过大，重视程度不一，课程内容质量参差不齐，部分样本高校还处于忽视跨文化课程的状态。通识教育课程领域的划分，对于保证学生接受全面的知识和能力训练有重要的意义。调查显示，各大学对跨文化课程的划分标准多不一样，同一课程在不同的大学可能分在不同的类别中，同一课程在不同的大学中内容可能也有所不同，如跨文化类的课程，有的大学归到人文类，而有的大学则归于社科类，有的大学则归于国际视野类。从发展和规范的角度来看，对跨文化课程领域应进行科学且明确的划分。

2. 跨文化课程必修课与选修课失衡

《教育部关于进一步深化本科教学改革全面提高教学质量的若干意见》要求，各高校应通过推进学分制、降低必修课比例、加大选修课比例、减少课堂讲授时数等，增加学生自主学习的时间和空间①。然而，现阶段整个跨文化选修课程的课时（学分）都偏低，尽管教育部规定了降低必修课比例，扩大选修课比例，但是并未对此做出具体规定，很少有学校规定在这部分通识教育课程中，选修课应该占多大比例，这就导致高校现阶段整体上还是以必修课为主，自主设置的选修课较少。可供学生自由选择的跨文化课程的选修课较少，导致有需要的学生无法在跨文化类选修课中寻找到自己需要的部分，例如，创新创业大学生无法针对自身对跨文化创新创业的需求找到适合他们的跨文化类课程，导致创新创业类大学生无法很好地提升自己的创新创业跨文化技能。

3. 课程之间缺乏连贯性和层级性

教育必须具有连贯性与层级性。连贯性指教育必须坚持全程化培养，结构必须完整。层级性指课程结构必须由易到难，由简到繁，具备一定的逻辑顺序，阶梯式上升。然而，通过对样本高校跨文化课程的教学安排分析可见，大部分高校的 16 个学分，共 256 学时的英语课程基本上要求学生在大一、大二全部修完。学生在大一、大二往往英语课程较为充足，每周 4~8 个学时，学时较长，接受的跨文化教育很充分。然而在大三、大四阶段，往往得不到相应的跨文化能力的培养。大部分学生既缺少跨文化学习环境，又缺乏系统的跨文化教育。英语能力是一种需要不断练习和学习的能力，一旦中止学习或者练习，能力就会快速下降，所以我们可以看到大部分学校大三、大四的学生以英语听说能力为代表的跨文化能力在完成大学英语课程后快速下降。

另外，大学开设的跨文化类型的选修课，没有区分层次，也没有将跨文化课程分类为各个不同的方面，往往是各种类型的课程混杂在一起，学生无法按照自己的能力与需求进行选择。

（三）课程内容不够完善

1. 课程数目少且内容不完整

部分高校只开设几门概论性的跨文化教育课程，且课程内容较为浅显。少部

---

① 《教育部关于进一步深化本科教学改革全面提高教学质量的若干意见》，https://pgzt.situ.edu.cn/__local/5/CE/9C/18DFD06F439AFF63DC6A70A7373_DE1EEECF_3EA1F.pdf?e=.pdf。

分高校涉及了创新创业管理、商务等方面的教学内容,但是针对培养目标最常提到的培养创新精神的课程仍然较少,对学科前沿、创新思维训练等也不够重视;在创业能力方面,创业中所需要的关于企业管理、商业行为等方面的知识涉及较少。从创新创业类课程的学分设置看,样本高校学分差距过大,课程内容良莠不齐,反映出高校对创新创业重视程度不一。部分高校盲目追求形式,虚高创新创业学分,部分样本高校还处于忽视创新创业课程的状态。张红玲(2012)认为两个问题尤为突出:其一,将文化教学作为语言教学的附属品,只在时间和条件允许的情况下关注文化教学,文化教学因此不成系统。其二,外语教学中的文化教学长期以来目标不明确,教学内容不完整。

2. 课程内容不够丰富

跨文化课程集中在英语课程学习支持跨文化能力培养。在部分高校的跨文化课程建设上已有初步的跨学科融合,但是大部分课程仍然只限于英语课程和语言课程或教育课程的融合。这些课程重视引导学生初步了解外国的风俗、习惯、文化,提高学生的语言水平,但较为忽视跨文化能力中除语言能力之外的深层次的内容。目前的英语教材很少涉及英美以外的文化内容,更不用说教材中所列的普遍文化规律和跨文化意识与能力的培养(张红玲,2012)。中国大学英语跨文化教学中存在的一个主要问题是文化教材的缺乏。材料是教师教学和学生学习的基础。解决教材存在的问题是实现跨文化外语教学目标的关键。崔丽丽(2013)提出,我国高校开设的跨文化课程通常以欣赏、鉴赏为主要目的,缺少用以发展批判性思维的批判、辨析类课程。跨文化课程的作用仅仅停留在扩大学生的兴趣与知识面的教育层面上,由于课程之间的逻辑联系和课程结构设置没有精心地规划,学生接受的知识结构无法构成网状脉络,更不可能达到知识间的思维迁移和通识。这就导致跨文化课程不可能全面实现通识教育的目标,更谈不上关注学生的国际化素质发展与国家需要。

3. 跨文化课程内容忽视中国故事

习近平总书记在中共中央政治局第三十次集体学习时强调:"讲好中国故事,传播好中国声音,展示真实、立体、全面的中国,是加强我国国际传播能力建设的重要任务。"[①] 在党的二十大报告中,习近平总书记指出:"坚守中华文化立场,提炼展示中华文明的精神标识和文化精髓,加快构建中国话语和中国叙事体系,讲好中国故事、传播好中国声音,展现可信、可爱、可敬的中国形象。"[②] 迈入新纪元,在"一

[①] 《习近平主持中共中央政治局第三十次集体学习并讲话》,https://www.gov.cn/xinwen/2021-06/01/content_5614684.htm?jump=true。

[②] 《习近平:高举中国特色社会主义伟大旗帜 为全面建设社会主义现代化国家而团结奋斗——在中国共产党第二十次全国代表大会上的报告》,https://www.gov.cn/xinwen/2022-10/25/content_5721685.htm。

带一路"背景下，我们主动地"走出去"，同时也要带着中国文化一起"走出去"，把中国故事讲好，把中国故事传播好，这是时代赋予高校的责任。

大部分高校的跨文化课程体系过多地关注其他文化的起源与发展，而对中国传统文化未能给予同等的重视，没有突出中国文化的价值（崔丽丽，2013）。中国传统文化的内容在教材中极为罕见。这严重影响了学生的文化平等意识和文化认同能力，也将影响中国传统文化在世界的传播。

许多高校的英语语言教育偏重目标语文化的传授，注重英语书面语言表达的能力，忽视了培养学生用英语顺畅、顺利地表达中国本土文化的能力。因此，很多大学生在跨文化交际中变成了单向、被动的交际者，即在跨文化交流中被动地提供交际对方所需的信息，或单向地了解、获取英美文化知识，没有意识和能力适时主动、有效、对等地向外输出、弘扬本族优秀文化传统，造成了"中国文化失语现象"（张兰，2003）。研究发现，调查样本中只有28%的大学生能完全用英语表达中国的传统节日（如春节、中秋节、端午节）（张为民和朱红梅，2002）。然而与春节相比，学生对圣诞节的描述更加清晰和全面（李春晓，2008）。

目前，部分英语学习者不了解自己的民族文化，无法用英语表达自己。这就是上面提到的"中国文化失语现象"。在中国的外语教学中，中国文化与外语教学并不是相互作用的。没有认识到母语文化在外语教学中的地位和作用。我国严重缺乏母语文化教育。

"中国文化失语现象"给跨文化交际带来了巨大的负面影响。明显的危害是阻碍了跨文化交流的顺利进行，因为我们不能用英语介绍我们的文化。此外，我们将失去很多向世界传播中国传统文化的机会。如果我们在跨文化交际中患上本土文化失语症，同时又一味地迎合外来文化，就很难在联系紧密、全球化的世界中得到发展。

4. 培养创新创业和跨文化能力的课程缺乏交叉

"一带一路"倡议下的创新创业大学生，除具有一定的创新创业专业技能外，还须具有"全球能力"人才应有的知识、理解力、技能、态度和价值观，具有全球视野，通晓国际规则，具备跨文化能力和全球竞争力。涵盖对自身和其他文化能够深入理解和批判性思维的跨文化能力，在创新创业的人才培养中显得尤为重要。跨文化素养不是针对外语人才、外交人才、对外经贸人才而言，而是面向所有受高等教育者，与创新创业能力同等重要，都是国家培养未来公民的基本内容。尽管高校的创新创业课程建设已取得了一些成绩，积累了部分经验，但面对"一带一路"倡议的重大机遇和挑战，现阶段大部分高校依然没有顺应全球化的时代要求，将跨文化能力和创新创业能力的培养有机结合，创新创业课程和跨文化课程多是独立设置的两个课程模块，两条线仍处于各行其道没有交叉的局面。从之前的访谈和研究中可以看出，大部分高校对于创新创业大学生的跨文化能力的培养还处于空白的状态。

（四）课程实施效果不理想

1. 忽略了理论与实践的结合

以大学英语为例，作为贯穿大学生大一、大二整学年的必修课程，大部分高校的英语课都是传统的授课方式，注重学生的读写能力，忽略了学生的听说能力，导致大部分学生虽然能顺利地通过大学英语四、六级考试，但是仍然无法用英语完成日常交流，无法顺利地完成跨文化交际。

由问卷调查题目"您参加过哪些形式的跨文化学习活动"的调查数据得知，77.14%的学生参加过外语课程学习，28.25%的学生参加过跨文化类人文社科课程的学习，有34.82%的学生在专业课程学习中涉及跨文化内容，只有9.46%的学生参加过国际学术会议，2.89%的学生参加过交换生项目、8.28%的学生参加过跨文化交流项目。由此可见，大部分学生接受的跨文化教育还是来自理论课堂，只有少数学生参加过有关跨文化的实践项目。

跨文化教育本应当理论与实践相结合，然而在很多高校开展的教育过程中，只注重了理论知识的传授，缺乏对于理论与实践相结合的教育手段。在具体的实践过程中，理论课教学能按时足额完成，但是由于高校跨文化教育的不够完善、学生缺乏真正的实践经历。

2. 学生参与度低，发挥效果不佳

从授课的形式上来说，单纯的教师讲授的方式本身就难以让学生参与进来，导致学生思想上重视不够，自信心不足，参与积极性不高。同时，大部分学生参与跨文化课程的形式都是理论课程，而实践类型的课程少，参与的学生更少，覆盖面不广。

3. 授课方式单一，师资力量不足

课堂教学是传播跨文化知识最有效的途径之一，在对各高校进行调查的时候发现，现阶段各高校的跨文化教育的授课形式过于单一，大部分还是以课堂教学的方式进行。大部分跨文化课程都由理论课程构成，主要对跨文化知识进行学术上的定义，并且这些课程往往局限于课堂内，以教师授课的方式进行教学。这种教学方式难以真正地激发学生的学习兴趣，使他们对跨文化产生有效且清晰的理解与认识。

在全球经济高速发展、信息化水平不断提高的情况下，单一的语言教学模式已经不能满足当今跨文化学习的需要。《中国大学生就业创业发展报告》写作组于2016年调研时发现，我国高校专任双创教育教师队伍存在数量较少、学历较高、职称偏低等特点。在对各高校教师进行访谈时也印证了这一点，针对创新创业型的大学生，高校较为缺乏专业的课程的授课老师，缺少既具备跨文化知识又具备创新创业知识的教师。

4. 学习过程中的重语言、轻文化现象

回顾中国过去几十年的外语教学理论和实践，可以明显看出，外语教学主要是教授语言知识，如单词分析、语法讲解、句型练习等。但对语言之外的文化因素重视不够。这是因为人们在一定程度上受到了"语言工具"理论的影响，习惯于把语言仅仅作为一种符号来教授。在重语言、轻文化的外语教学背景下，大学英语教学始终以培养学生的"纯语言能力"为主要目标。大多数课堂教学只关注语言教学本身，而忽略了与语言使用密切相关的文化因素（杨东杰和王维倩，2013）。因此，外语教学不应只关注语言本身，还应把学生的注意力吸引到目的语的文化背景上。

当下仍存在教师只注重课本知识，忽视对学生学习西方文化的指导的现象。近十年来，跨文化教学理念被越来越多的大学英语教师所接受。他们普遍认识到跨文化交际和跨文化教学的重要性，并普遍认为语言技能和文化知识同样重要。教师意识到英语教学不能只培养学生的语言能力。更重要的是培养学生的语言技能、跨文化交际能力和文化知识的完美结合。只有这样，才能在实践中避免文化误解。

5. 对知识和能力的培养不足

从调查问卷中可以看出，学生跨文化态度和意识方面评分自我评分都较高，但是在对于自我的知识和能力方面评分都较低。说明创新创业大学生已初步具有相应的关于跨文化的意识与态度，但是在对知识与能力的掌握上，学生对此还不满意。说明高校在具体课程实施的过程中，对知识的传授和能力的培养还不够到位。

（五）课程评价环节较为薄弱

1. 课程评价体系不规范，信度效度有待提升

近年来，中国的课程评价正在从借鉴外国经验到逐渐走上课程评价本土化的阶段。但由于课程评价体系必须具有一定的规范性，在建设的过程中仍然存在部

分问题，主要表现为：一方面，专业必修课、专业选修课、通识课、拓展课等课程评价的权重划分不够清晰，比例模糊，导致了过程评价取向的偏差，使过程性评价定位偏失，无法正确体现课程评价在课程中发挥的动态性；另一方面，高校对大学课程的现有评价标准过于宽泛，评价体系的规范性和细致性不足，以至于可用性方面稍有欠缺。课程评价体系的不规范导致无法实现全面的评价，不仅不能刺激学生学习的热情，而且也限制了学生的主体性，以此来衡量教学效果会降低评估的信度和效度。

跨文化课程与其他课程有所不同，因此在培养学生不同方面的跨文化能力时，其课程评价方式也存在较大的区别。例如，衡量学生跨文化意识和态度的方式绝不是以考试的方式进行的，而评估学生跨文化知识的掌握程度又离不开终结性评价，所以现阶段用同一种方式来对所有课程进行评价的方式是不合理、不规范的。

2. 评价方式单一，过程性评价可能形同虚设

根据上述所提到的评价方式来看，现阶段大学英语的教材中很少有涉及跨文化方面的内容（包括其他国家的文化、经济、地理等），英语考核（包括期末闭卷考试、大学英语四级、大学英语六级等）也很少涉及跨文化的相关知识。在大学英语的考核中，基本上也只涉及了对所学单词的掌握与运用，很少有对跨文化知识的介绍。大学英语事实上只培养了学生的读、写能力，对其他跨文化能力的评价几乎没有。

3. 评价意识不够明确，课程评价的区分度较低

"课程意识是人们对课程系统的基本认识，是对课程设计与实施的基本反映"（祖晶，2005）。中国曾受到苏联教育理论"大教学论"的影响，课程仅限于课程计划、课程大纲、课程教材的较为狭窄的范围中，在教学的狭隘背景下，这只是一个从属的概念。许多老师只有课程的观念而没有真正的课程意识，将课程评估与教学评估等同起来，只进行课堂教学评价方案的实施效果评价。而对于思考课程本身的评价，如课程标准、课程实施过程以及相应的条件却很少进行思考（侯建军，2015）。

三、"一带一路"倡议下创新创业大学生跨文化能力培养课程体系对策研究

完善的跨文化教育体系能扩大学生的国际视野，提高学生的跨文化能力，提升学生的整体素质，促进学生的全面发展。因此，必须加快跨文化课程的建设，

以顺应时代之变更。本书通过对现阶段各高校的跨文化课程现状进行分析，提出了相应的培养创新创业大学生的跨文化课程的路径。从建设原则、课程目标、课程结构、课程内容、课程实施、课程评价几方面入手，提出对创新创业大学生跨文化课程建设的优化意见。泰勒的目标学习理论与 Byram 的 ICC 模型对本书的对策建议有指导性作用，本书将根据其理论进行设计。首先确定课程目标与教学目标，其次根据课程目标设计出完整的课程结构和相应的课程内容，再次将这些经验组织起来，实施跨文化教育课程，最后对课程进行评价且进行课程反馈，并根据反馈的内容改进课程目标、课程结构、课程内容、课程实施。在设计跨文化课程的全过程中，将学者 Byram 的 ICC 模型的知识、态度、意识、技能四个维度融入课程建设的每一个环节（图 6-3）。

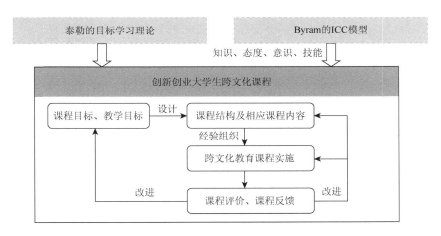

图 6-3　创新创业大学生跨文化能力培养课程体系设置思路

（一）高校创新创业跨文化课程设置的基本遵循与设计原则

在"一带一路"背景下，我们须拓展跨文化教育的视野，通过对跨文化课程体系的改革，将创新创业的培养与跨文化的培养相结合，培养具有跨文化能力的创新创业大学生。因此，在"一带一路"倡议下，高校构建培养创新创业大学生的跨文化课程设计应遵循、研究并实践以下方面。

1. 服务国家宏观层面的战略需求

实施创新创业教育是党和国家"加快建设创新型国家"的重要战略部署。党的二十大报告提出，要"加快实施创新驱动发展战略"，"加快实现高水平科技自立自强"①。新时代背景下，高校的创新创业课程不能停留在对大学生创业精神和职业技能的简单培训，限制于一种谋生手段的教育，而是要贯穿于通才型人才培养的全过程，使创新创业教育能够超越实体观，成为大学生主动适应经济社会发展的开创性思维和生活方式。

2. 满足跨文化人才培养的时代诉求

习近平总书记指出："当今时代，知识更新不断加快，社会分工日益细化，新技术新模式新业态层出不穷。这既为青年施展才华、竞展风采提供了广阔舞台，也对青年能力素质提出了新的更高要求。"② 全球化的潮流为我国高校加强国际合作交流提供了现实基础，也扩展和丰富了创新创业教育的内涵和外延。大学生作为世界全球化跨文化创新创业的潜在力量，不仅需要专业素质、语言、国际视野，还须具备相应的创新创业跨文化能力。因此，高校的创新创业课程也必须在建设理念和课程内容方面及时做出调整和更新，积极探索并实践将创新创业教育与跨文化能力的培养相结合，以期造就满足经济社会发展所需要的复合型人才。通过多个维度构建创新创业课程内容，培养学生以知识、技能、态度、意识为核心的创新创业跨文化能力。

3. 遵循课程变革自身规律

人才培养方案是学校落实党和国家人才培养总体要求，实施人才培养和开展质量评价的基本依据。而课程是人才培养方案的集中体现。构建支撑创新创业和跨文化能力培养特质的人才培养方案，找准课程体系体现和落实"培养什么人，怎样培养人，为谁培养人"的具体切入点，在培养目标上，将对学生创新意识、创新精神、创业能力和跨文化能力等的培养作为必备能力得到应有的体现；在课程设置上，将实践和支撑创新创业跨文化能力培养的系统化课程融入培养方案中，设置相应的学分要求，构建跨院校、跨学科、跨专业，体现通识教育基础上有特色的创新创业跨文化能力培养课程体系；在课程实施上，要建立质量改进机制，完善学分认定体系和考核机制，提高学生参与理论和实践教学的积极性。

4. 体现"课程跨文化"的先进理念

将跨文化教育与专业课程相结合，跨文化教育与专业实践相结合，跨文化课程与创新创业教育课程相结合，必修课程与选修课程相结合。增加跨文化类专业

① 《习近平：高举中国特色社会主义伟大旗帜 为全面建设社会主义现代化国家而团结奋斗——在中国共产党第二十次全国代表大会上的报告》，https://www.gov.cn/xinwen/2022-10/25/content_5721685.htm。
② 《习近平：在纪念五四运动100周年大会上的讲话》，http://politics.people.com.cn/n1/2019/0430/c1024-31059977.html。

必修课程和全校跨文化选修课程,体现"课程跨文化"通识教育跨学科的共融性,丰富"课程跨文化"优质课程资源,形成课程模块完整、实践属性突出、教学内容综合,融创新创业教育与跨文化教育于一体的跨文化课程体系。同时,紧跟国际潮流,顺应社会需求,提升创新创业与跨文化课程教学内容的实效性和先进性,探索跨文化教育与专业教育相结合、跨文化教育与创新创业教育相结合的深度融合的课程结构新体系,以及教学内容新内涵。

(二)课程目标:定位时代需求,细化培养目标

1. 精准定位时代需求,提升对跨文化课程重要性的认识

课程目标指该阶段课程所要达到的预期结果,一个好的课程目标必须具有时限性、具体性、预测性、可操作性。

随着经济全球化不断深入,地球逐渐成为一个地球村。时代要求更高素质的人才,时代赋予了高校新的历史使命。培养具有跨文化能力的人才是当今时代的潮流与趋势。经合组织各国都将跨文化能力纳入教育的总体目标中,以应对全球化所带来的文化整合与异质化的挑战。《大学英语教学指南》提出,大学英语课程的建设,一要适应国家发展需要;二要适应学生发展需要。王宝平(2016)提出,英语课程作为培养学生国际化素养的重要课程之一,非常有必要围绕国际化人才培养目标深化课程教学改革。李克强也曾指出,教育部门和广大教育工作者要认真贯彻国家决策部署,积极开展教学改革探索,把创新创业教育融入人才培养,切实增强学生的创业意识、创业精神和创造能力,厚植大众创业、万众创新土壤,为建设创新型国家提供源源不断的人才智力支撑[1]。为了能够更好地"走出去"和"引进来",跨文化教育和创新创业教育势必出现融合与交叉,培养具有跨文化能力的创新创业人才已经刻不容缓。

2. 细化跨文化课程目标,满足服务"一带一路"人才需求

跨文化能力可以根据 Byram 的 ICC 模型划分为知识、态度、意识、技能四个方面。现阶段的跨文化课程目标,如教育部在制定大学英语课程的目标时,在《大学英语教学指南》中只是较为笼统地提出:培养学生的英语应用能力,增强跨文化交际意识和交际能力,同时发展自主学习能力,提高综合文化素养,使他们在学习、生活、社会交往和未来工作中能够有效地使用英语,满足国家、社会、学

---

[1]《李克强对首届中国"互联网+"大学生创新创业大赛作出重要批示强调把创新创业教育融入人才培养 厚植大众创业、万众创新土壤刘延东出席相关活动并讲话》,http://www.moe.gov.cn/jyb_xwfb/gzdt_gzdt/201510/t20151021_214550.html。

校和个人发展的需要。教育部门应该制定具有更加详细、具体的相关文件对高校进行指导。高校应制定出更加切实、有效、可行的目标对教师进行指导。教育目标必须细化跨文化能力的要素，教师应根据实际情况制定出相应的、具有可操作性的教学目标。在课程目标中，明确跨文化能力培养在知识、意识、态度、技能方面所要达成的程度。在培养大学生创新创业能力的同时，培养大学生的跨文化能力，鼓励大学生通过学习跨文化知识、掌握在特定环境下运用跨文化技能和态度进行得体交流与沟通的能力、形成跨文化意识。鼓励学生运用跨文化的知识和技能，在创新创业的实践中，独立自主地发现问题、解决问题，并提出自己新的观点。以课程目标为指引，构建科学、合理的课程体系，培养大学生的创新创业跨文化能力，成为适应全球化的具有创新精神和创业能力的世界公民。

（三）课程结构：厘清系统模块，打造课程联动模式

1. 厘清跨文化课程领域在通识教育中的隶属模块

在现阶段高校的跨文化课程中，除英语课程属于单独的英语板块之外，其他的跨文化类课程都没有明确的分类。厘清跨文化课程在通识教育中所隶属的板块是非常有必要的。现阶段各高校的跨文化还很少有单独把跨文化课程作为一个独立的板块，大部分都归属到某一个板块之中作为补充。当高校把跨文化课程归属到"历史与文化"的类别之时，说明高校对跨文化课程的理解还不到位，更加偏重要素主义，重在使学生了解最基本的知识（袁西玲和崔雅萍，2010）。因此，为促进学生与世界文明进行对话，开拓国际视野，跨文化必须厘清与其他课程的关系和其所隶属的板块的名称，重视跨文化课程存在的意义和价值，体现跨文化通识课程的重要作用，并有利于培养学生的跨文化能力。

2. 打造贯穿校内外的三级课堂联动模式

在创新创业教育中，"课内、课外、校外"一体化的三个课堂的教学模式由来已久，许多高校已经做到了全方位、多层次地培育创新创业人才。为了培养具有跨文化能力的复合型创新创业人才，在跨文化教育中加入"三个课堂"的新型教育模式势在必行。除了重视传统的第一课堂，充分运用第二课外课堂、第三校外课堂也非常重要。在传统课堂上，重视知识的传授，在课外，真正让学生把学习到的知识充分运用起来，增强技能的熟练程度，进一步应用跨文化能力与创新创业能力，将二者相结合。第二课堂的主题尽量将创新创业教育与跨文化教育融合起来，使学生在创新创业的过程中充分运用跨文化的能力。第三课堂主要是让学生尽量多地参与到校外的创新创业跨文化实践中，在传统的

创新创业实践中融入跨文化的部分,如让学生到外资企业实习等,培养学生将理论运用到实际的能力。

(四)课程内容:优化横向组织,打造"跨文化能力模型"的课程组

1. 优化跨文化通识课程体系的横向组织

除正式的跨文化课程之外,非常有必要将培养跨文化能力的课程融入各个学科的专业课程和创新创业课程之中,在培养专业能力和创新创业能力的同时贯穿着跨文化能力的培养,使跨文化课程无处不在,达到"课程跨文化",这样才能更好地实现全方位培养学生的跨文化能力。跨文化教育要始终贯穿于外国语言的教学过程,引导学生在掌握文本的同时,学会分析文本,找出隐藏在文本之后的内在风土人情,并理解、包容、尊重对方文化,形成不同种族文化之间的相互迁移,进而实现跨文化的目的。在其他专业课程中,例如,法学专业,经济专业等。在学习中国法律法规、国家经济的基础上,可以使学生去了解世界各国的法律法规,世界各国的经济情况,理解不同地区法律、经济的差异,为完善我国的法律制度、增强我国的经济等提供有意义的借鉴。创新创业型的大学生也能够更加了解国外的制度、经济状况等,知己知彼,百战不殆,对"走出去"更加有信心。因此,建立包含各个学科的跨文化课程群,形成一个立体的跨文化教育体系是十分有必要的,有利于培养适应全球化和"一带一路"背景下的国际型创新创业人才。

2. 扎根传统,弘扬中国文化

跨文化能力并不是单向的能力,而是促进双方共同理解的能力。因此,我们在学习文化知识时也应该注意,所传授的文化知识也应该是利于文化双方相互理解的双向文化。因此,跨文化能力并不是培养变成"外国人",而是致力于打造"双文化者"。长期以来,我国高校的跨文化能力的培养存在过于重视西方文化,而忽视了本土文化,这样会导致学生的民族自尊心不足,同时,在我国综合实力日益强大的今天,我们更加要善于向世界展示自我,宣传我国的优秀传统文化。在跨文化实践的过程中,不仅要去理解对方的文化,也要使对方理解我们的文化。每一位跨文化者都在跨文化的过程中都承担着传播本民族文化的责任和义务,所以在跨文化课程内容的设置上必须包含着中华文化的呈现。

在访谈时,某位曾经就读西安外国语大学的老师曾回想起她本科时学习到的课程:我觉得对于我受益最多的课程,令我印象非常深的就是有一些很有意思的中国传统文化方面的课程,当时老师会特别讲一些专门的英文表达。我觉得这一点对于我来说还是非常有助益的,尤其是在工作当中,我会碰到不一样的外国人,然后我在给他们解读我们自己的文化的时候,就是一种文化自信,那种感觉真的就会油然

而生。某位受访同学也提到了："首先，我们国家是作为'一带一路'的领头国家。我们国家势必会输出文化。所以我们也希望团队成员可以充分地了解中国，了解我们国家的相关政策，了解我们自己国家的文化历史，而我们越了解自己的国家，我们就越有信心把国家文化输送到海外去，实现'走出去'，而不是对自己的国家一无所知，那样我认为是没有根的，是没有办法成功的"。

所以，当我们在设计跨文化课程的内容的时候，要特别注重加入中国文化课程群，保留属于我们独特的"中国身份"。

3. 打造包含"跨文化能力模型"的课程群组

根据学者 Byram 的 ICC 模型的四个方面，归纳形成创新创业大学生应该掌握的跨文化能力的二级指标（表 6-4）。

表 6-4　创新创业大学生应该掌握的跨文化能力的二级指标

目标层	一级指标	二级指标
创新创业大学生跨文化能力模型	跨文化知识	了解外国的历史、人文地理知识
		了解外国的政治体制、意识形态
		了解外国的经济、法律制度
		了解外国贸易与商务知识
		了解外国的生活方式、风俗习惯和价值观念
		了解外国人的语言和行为规范
		了解外国的宗教信仰和文化禁忌
		了解外国人的思维模式和交流方式
	跨文化态度	愿意学好外语
		愿意积极与外国人进行思想、文化和专业交流
		愿意尊重和适应外国人思维模式、价值观念和人文风俗
		愿意与外国人在学习和工作中合作解决实际问题
		愿意与不同文化背景的人化解冲突，求同存异
		愿意进行跨文化的创新与创业
	跨文化技能	熟练使用外国语进行有效沟通的能力
		理解外国政治、经济体制和意识形态的能力
		适应和接受外国人文思想、生活习惯和宗教信仰的能力
		接受和化解跨文化差异的能力
		在专业领域与外国人有效沟通、解决实际问题的能力
		在跨文化交往中有效解决跨文化冲突的能力
		在跨文化的背景下进行创新创业

续表

目标层	一级指标	二级指标
创新创业大学生跨文化能力模型	跨文化意识	意识到中国与外国的文化相似性和差异性
		意识到语言和文化的差异对学习和工作造成的影响
		意识到文化身份差异会造成交流障碍
		意识到跨文化交流的重要性
		意识到专业学习中跨文化教学内容的必要性
		意识到跨文化能力在创新创业中的作用

同时，在针对创新创业大学生进行问卷调查时，笔者设计了关于创新创业大学生应该需要哪样的课程的问题，具体回答如表 6-5 所示。

表 6-5　学生对课程/实践能推进创新创业型跨文化能力提升的认可度

题目/选项		1	2	3	4	5	空	平均分
1.1 跨文化创新创业相关的外语基础课程		22（2.89%）	38（4.99%）	196（25.72%）	283（37.14%）	218（28.61%）	5（0.66%）	3.84
1.2 跨文化创新创业相关的管理学、经济学课程		19（2.49%）	32（4.2%）	216（28.35%）	285（37.4%）	202（26.51%）	8（1.05%）	3.82
1.3 跨文化人际交流与沟通技能类课程		17（2.23%）	43（5.64%）	188（24.67%）	290（38.06%）	217（28.48%）	7（0.92%）	3.86
1.4 跨文化创新创业相关的政治学、法学课程		19（2.49%）	34（4.46%）	223（29.27%）	286（37.53%）	193（25.33%）	7（0.92%）	3.79
1.5 跨文化创新创业案例分析类课程		20（2.62%）	39（5.12%）	207（27.17%）	284（37.27%）	207（27.17%）	5（0.66%）	3.82
1.6 参加兼职，自身积累创业经验		27（3.54%）	39（5.12%）	204（26.77%）	276（36.22%）	206（27.03%）	10（1.31%）	3.79
1.7 其他课程或实践	跨文化创新创业个性化辅导课程	19（2.49%）	37（4.86%）	217（28.48%）	280（36.75%）	203（26.64%）	6（0.79%）	3.81
	创业者或企业家的定期讲座	24（3.15%）	54（7.09%）	239（31.36%）	257（33.73%）	181（23.75%）	7（0.92%）	3.68
	参加创新创业竞赛及兼职	22（2.89%）	33（4.33%）	215（28.22%）	271（35.56%）	215（28.22%）	6（0.79%）	3.83
小计		189（2.76%）	349（5.09%）	1905（27.78%）	2512（36.63%）	1842（26.86%）	61（0.89%）	3.80

注：因舍入修约，数据存在误差

该矩阵题平均分：3.80。

可以看出创新创业大学生对以上 9 种类型的评分的平均分是较高的,达到了 3.80 分,最高的"跨文化人际交流与沟通技能类课程"达到了 3.86 分,最低的"创业者或企业家的定期讲座"也有 3.68 分。可见学生对此类课程还是较为认可的。

根据本书提出的"知识、技能、态度、意识"四维模型和学生认可的创新创业跨文化课程表,作者建议高校针对创新创业大学生的跨文化培养构建完整的跨文化课程组。高校跨文化通修选修课程组建议主体由知识维度的课程和技能维度的课程组成,在对学生进行知识传授和技能训练的同时,潜移默化地培养学生跨文化的意识和态度,把意识和态度的培养融入每一节课的教学之中,贯穿进每一次的训练之中。通识选修课建议从学生能力培养维度,开设跨文化课程板块群组。依据跨文化能力培养的四个维度,结合本校师资和课程资源,分设以下课程群。

1)知识维度

(1)跨文化知识和文化传承课程。通过开设各国思想艺术类、各国文化历史类的课程,(如"美国社会与文化入门""欧洲文明初探""中美文化比较""现代英国文化与社会""中西方礼仪与习俗""当代俄罗斯社会与文化"等),让学生了解其他国家和地区的政治、经济、地理、历史、习俗等方面的知识,了解这些国家和地区在日常生活领域、生活条件、人际关系、行为举止、生活习俗等方面的社会文化差异。

(2)专业知识与视野拓展类。开设跨文化法学类课程、跨文化经济学类课程、跨文化政治学类课程帮助学生拓展更高层次的跨文化视野。

2)技能维度

语言交际课程。可以开设"汉英互译""口语训练""国际交流英语视听说"等课程,让学生在英语的映衬下发现语言差异及其内含的文化差异。

3)态度维度

开设跨文化历史类课程、跨文化宗教类课程、跨文化哲学类课程;同时着重开设中国传统文化类课程。开设"古代汉语""先秦诸子经典选读""两汉经学与政治""国画赏析""中国当代文学作品鉴赏""中国哲学""四书与中华民族精神"等弘扬传统文化,心存家国情怀,以家国情怀为根基,以传统文化为载体,帮助学生树立文化自觉、增强文化自信。

4)意识维度

意识维度思考与思辨课程。可以开设"公共演讲""外论""修辞学"等课程,让学生发现中英文的表述差异,思考隐含在语言材料中的思维差异和理解差异,培养他们的思辨能力和文化适应性。据此作者构建了初步的创新创业跨文化课程群(表 6-6),以供参考。

表 6-6 创新创业跨文化课程群设置参考

课程类型	课程
跨文化法学类课程	外国法史
	国际法学
	国际经济法学
	美国宪法
	比依教育法
	英国宪法
	国际贸易法
	世界法律史
	公司证券法
	美国担保贷款法介绍
	美国法律与实务
	创新经济学
	法与经济学:有效监管的设置
跨文化经济学类课程	创新经济学
	国际经济学
	世界经济概论
	当代国际关系理论
	社会资本和社区发展
	国际经济合作
	跨境电商
	中国对外贸易概论
	跨国公司与跨国经营
	跨境电商
	跨国经营理论与实务
	中俄蒙经贸专题
	"一带一路"背景下的企业国际化
跨文化政治学类课程	政治传播学
	美国外交政策
	国际发展
	国际政治学导论
	非洲政治
	全球治理和国际制度
	国际环境政治学

续表

课程类型	课程
跨文化历史类课程	中越关系史
	美国社会与文化入门
	欧洲文明初探
	中美文化比较
	现代英国文化与社会
	"一带一路"国家概况
	中西方礼仪与习俗
	当代俄罗斯社会与文化
	希腊文明初探
	世界现当代史中西文化交流考古
跨文化哲学类课程	西方哲学史
	古希腊哲学原著选读
	印度哲学
	西方伦理思想史
	西方哲学史
跨文化宗教类课程	世界宗教史
	世界各国宗教概况
	基督教信仰与文化
	佛教信仰与文化
跨文化语言类课程	大学英语基础 I
	大学英语基础 II
	大学英语基础III
	大学英语基础IV
	德语基础
	日语基础
	韩语基础
	俄语基础
	法语基础
跨文化思考与思辨课程	公共演讲
	外论
	修辞学

续表

课程类型	课程
中国传统文化类课程	古代汉语
	先秦诸子经典选读
	两汉经学与政治
	魏晋玄学
	国画赏析
	中国当代文学作品鉴赏
	中国茶文化
	中国哲学
	四书与中华民族精神
	传统节日与中国文化
	汉字与东亚文化
	中国古代礼仪文明
	儒学经典
	中国神话赏析
	全球化与中国文化
	长安与中国佛教
	民俗文化鉴赏
	魅力汉语
	中国古代诗词欣赏
	细读史记——中国好故事
	中国政治思想史
	考古发现
创新创业实战类课程	法律英语
	财经英语
	外贸英语
	外贸口语
	旅游英语
	商务英语
	职场英语
	国际交流英语视听说
	陈述与沟通（英语）
	多维交际英语
	英语演讲表达

续表

课程类型	课程
创新创业实战类课程	跨文化交际
	英语情景模拟专题
	口语训练
	听力训练
	汉英互译
	国际商务谈判与礼仪
	跨文化创新创业实训
	跨文化创新创业专题讲座
	跨文化创新创业案例分析
	跨文化商务沟通
	国际商务沟通与谈判

培养学生的跨文化意识，除利用课本中的材料外，教师还可以组织丰富多样的跨文化活动，让学生在参与活动的过程中提高自身的跨文化意识，提升自身对于不同文化的包容性。

第四节　"一带一路"倡议下创新创业大学生跨文化能力培养实践研究

实践教学在大学生创新创业能力的培养中发挥着关键性作用，其目的不仅是验证理论，对学生开展专业基本技能的训练，更重要的是对学生科学素质、创新精神和创业能力的培养。现阶段国内外学者往往结合"市场导向""专创融合""竞赛依托"以及"平台建设"等角度构建实践教学体系，从增强实践教学的实践性、真实性和有效性着手对实践教学的改革提出相关意见。

可以明确的是，对于培养"一带一路"倡议下创新创业大学生跨文化能力的目标不同于课程理论教学，其核心在于以创新意识和跨文化素养为根本，提高学生的实践能力。其中"创新创业跨文化精神"的培养，注重拓展学生勇于创新、敢担风险、团结合作、坚持不懈、包容开放的精神；"创新创业跨文化能力"的培养，以"创新"引导"创业"，注重全面提升学生的领导力、合作力、学习力、决策力、执行力、交流能力等。

对于"一带一路"倡议下创新创业大学生跨文化能力的培养的实践路径，要以创新创业能力为核心，结合跨文化能力模型的知识、态度、技能、意识四个方面的要求，整合校内外实践教学资源、设计实践教学内容，使学生在创新创业过程中，具备相应的文化知识、国际视野以及沟通能力等，以适应"一带一路"倡议和国际化趋势下对于创新创业人才的新要求。高校在实践教学体系构建中，应遵循循序渐进的原则，从基础层次、综合层次以及创新层次的能力培养要求着手，以学科竞赛、项目训练、实习以及创新创业训练等实践活动为载体，让学生在实践教学环节中，掌握创新创业跨文化能力。

下面将从实践教学的具体环节、实践教学的实施以及支撑和保障条件入手，探讨如何在实践教学中，促进创新创业大学生跨文化能力的培养（图6-4）。

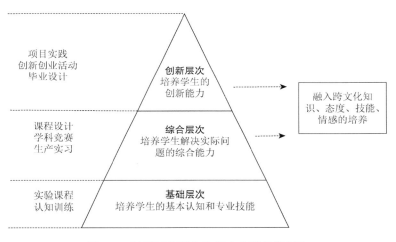

图6-4　创新创业跨文化能力实践教学层次

一、实践教学环节：融入跨文化能力培养，搭建浸润式实践教学体系

（一）基础层次

基础层次的实践教学其目标在于夯实学生的基础知识、提升基本技能，为后续课程的学习和实践能力的培养打好基础。对应跨文化能力模型，具体能力要求包括掌握基本的创新创业知识、文化知识以及二者结合的相关知识，并能够将理论知识与具体实践联系起来，具备相应的技能，解决基本问题。基础层次的实践教学包括认知实践和基础实验等，其具体内容如下。

认知实践是带有认知目的的实践，即通过实践来获得正确认识或检验认识的真理性。在认知实践中，培养大学生的创新创业跨文化能力可以通过创新创业虚拟仿真教学平台以及开展相关专题讲座。在虚拟仿真教学平台中，可以让学生探讨国内外前沿创新创业问题，小组合作分角色扮演，模拟多元文化创业情景，分析创新创业过程中可能遇到的跨文化问题并提出相应的解决措施。在开展相关专题讲座时，邀请国内外优秀企业家及创业者，特别是一些具有海外工作经历或者从事跨国工作的优秀创新创业代表交流经验，对学生和教师进行指导。

实验课程是利用实验室有关仪器、设备进行的实践教学活动。通常是在教师指导下，由学生自己动手完成各种实验。旨在检验课堂中传授的有关知识是否确切，并使之再现于实验室中，从而使学生能够理解并加以全面掌握与运用。其中，开放性实验是一种能够培养大学生创新创业跨文化能力的实验教学活动，相较于传统的实验课程，开放性实验是教师引导学生自行设计、自主实验的一种教学方式，能够使学生在实验教学中的地位由被动转换为主动，充分发挥学生的主观能动性，积极思维，大胆创新。在实验中，鼓励学生自行设计实验步骤和方案，整个实验过程学生无所依赖，自行完成，从而增强学生独立进行实验或者研究的意识。开放性实验对于激发学生的创新意识、独立意识和实践能力起着重要作用。

（二）综合层次

综合层次的实践教学打破了严密的知识体系和技能体系的学科界限，其培养目标是以学生的经验、社会实际和社会需要为核心，有效地培养和发展学生解决问题的综合能力。对应跨文化能力模型，综合层次的实践教学应注重培养学生在创新创业以及跨文化实践过程中解决复杂问题的综合能力，进一步提升其沟通能力、合作能力等技能。同时学生应该形成自己的价值态度，对文化交流、碰撞中的问题有自己的认知和理解。综合层次的实践教学包括课程设计、学科竞赛、生产实习等教学环节，其具体内容如下。

课程设计是本科教育教学过程中一个重要的实践环节，是学生综合运用一门或几门课程所学知识解决实际问题的过程。在课程设计的实践教学中，教师应选择与本课程相关的具有创新性和国际化的议题，鼓励不同专业学生甚至是和留学生合作交流、跨学科开展问题研讨，共同完成课程设计的内容。

学科竞赛是课堂的外延，是理论知识与实践应用结合、培养大学生创新实践能力的重要途径。要动员师生广泛参与各类竞赛，特别是加大对国际性比赛的宣传力度，从而激发师生创新创造及文化交流的热情。要充分借助"一带一路"平台，以及高校自身办学特点和经验，开展或积极参与相关专业性竞赛，如"'一带一路'暨金砖国家技能发展与技术创新大赛""'一带一路'国际大学生数字建筑设计竞赛""'一带一路'国际食品教育科技联盟国际大学生创意大赛""'一带一路'国际大数据竞赛"等。通过参与、举办或者共办各种专业类型的国际比赛，一方面可以促进学生在自身专业领域内的文化交流和创新，另一方面可以促进学校和学科自身国际化的程度，引进优质资源、对接国际标准、提升学科质量，进一步提高培养学生创新创业以及跨文化水平的能力。

生产实习是一种使专业知识与生产实践相结合的教学形式，学生能够以实际工作者的身份直接参与生产过程，既可以运用已有知识技能完成一定的生产任务，又可以通过实习巩固、丰富理论知识。在生产实习过程中培养创新创业大学生的跨文化能力，需要以校企合作为契机，扩宽与国内国际企业合作的深度和广度，对接国际标准和要求，精准培养适应于"一带一路"产业和行业发展需要的国际化创新创业人才。鼓励有条件的学生去跨国公司，甚至是去海外见习、实习。

（三）创新层次

创新层次的实践是在完成基础层次、综合层次的实践教学的基础上以培养学生创新能力为核心的实践教学，通常以社团、创新团队为载体，目标侧重于创新思维和创业能力的培养。在跨文化能力模型中，创新层次的实践教学更加应该突出学生创新意识和能力的培养，在跨文化交际中，学生应形成自己对于文化交流的态度和意识，能够积极主动地在多元文化情境中开展创新创业活动，并能够适应和克服因为文化因素所带来的创新创业思维和行为的差异。创新层次的能力培养建立在基础层次和综合层次对于学生创新创业和跨文化相关知识和技能的训练之上，是开展创新创业跨文化实践教学的最理想和有效的途径。创新层次的实践教学包括毕业设计、项目实践以及创新创业活动，具体内容如下。

毕业设计是检验学生综合运用所学理论、知识技能解决问题的能力，也是实践教学的最后一个环节。在指导学生进行毕业设计时，首先是高质量的选题。选题来源包括教师科研课题或者结合企业和社会发展的实际需要，对于培养创新创业大学生的跨文化，其选题更应该具备创新性、国际化，可考虑跨学科和多元化的选题。在完成过程中，鼓励不同学科、不同国家学生互相交流合作，培养学生在多学科背景下解决复杂问题的能力、团队协作精神和合作精神，以此全方位提高学生的创新能力、团队合作能力、大局观和整体观。

项目实践是指大学生社会实践项目主要利用大学生课余时间进行社会接触来提高自己的生活实践能力，也可以完成自己的课程研究，用自己的能力、才智帮社会做贡献，一般学校的暑期项目会包括"三下乡"、支教等活动。通过项目的形式，无论是科研项目还是社会锻炼，都可以极大地拓宽学生的视野、丰富自我，增强对社会的认知和了解，此外一个项目往往需要多人合作，对于提高学生的协调组织能力、交流合作能力也意义重大。从培养学生创新创业跨文化能力的角度开展项目实践，学校不仅要提供相应的平台和机会，不仅有国内实践项目，还有国际实践项目如一些短期游学、交换以及实习实践项目，更要对学生的项目选题做出正向引导和鼓励,一方面鼓励学生开阔视野、关注国际,另一方面可以让学生利用自身区域、家乡的特点开展实践调研,思考如何将民族特色、家乡特色以创新形式走向世界。

创新创业活动包括学生的创新创业实践模拟、参加各种类型的创新创业比赛甚至进行真实的创业实战等。就拿创新创业比赛来说,国内比较有影响力的比赛包括中国国际"互联网+"大学生创新创业大赛、"挑战杯"中国大学生创业计划竞赛以及在"挑战杯"基础之上的"创青春"全国大学生创业大赛等。2018年《国务院关于推动创新创业高质量发展 打造"双创"升级版的意见》明确要求拓展创新创业国际交流合作,扎实开展各类创新创业赛事活动,将"双创"打造成为我国与包括"一带一路"共建国家在内的世界各国合作的亮丽名片。此外国际组织也积极举办各种大赛,促进青年创新创业和文化交流,为高科技创新创业搭建国际交流平台,如国际大学生 iCAN 创新创业大赛,联合国开发计划署的"青年创客挑战赛"等。

在开展各类创新创业活动时,高校一是应该广泛动员,积极组织,除了传统国内的创新创业比赛,还要加强对一些国际性的创新创业比赛的介绍和宣传,借助"一带一路"平台,鼓励学生与不同区域及国家的学生同台切磋,互相交流。二是充分利用相关创新创业教育实训平台,发散学生思维,激发学生创新创业灵感,指导学生参与国内、国际创新创业比赛,提供仿真的创业体验和训练,促进学生创业技能的形成。三是创新创业基地、创业园对学生创业企业的孵化。在基地内,将创业模拟实训阶段的成果进行实际应用,真正使学生的创新创业能力得到提升。同时还可以促进"产学研"一体化发展,建立企业与院校的合作平台,积极地开展课题合作,借助多元化的合作模式吸纳更多的老师和学生加入创新实验、创业实践,实现双赢效果(杨颖和武兵,2016)。

在开展实践教学的时候,应明确实践教学基础层次、综合层次以及创新层次各教学活动的目标,使各层次之间的目标相互联系和有机结合,在整体实践教学上充分围绕创新创业人才培养目标分层次协同合作,培养学生的创新创业能力和跨文化能力。同时,跨文化能力内涵的知识、技能、态度、意识维度在实践教学每一个层次的培养都是有所涉及的,但是其侧重点和对应的目标指向不同,对能力的要求也有所不同,层层递进,相互交织,共同构成实现跨文化培养的创新创业实践教学体系。

二、实践教学的实施

实践教学的内容不同于创新创业理论课程,并不依赖现有的知识框架,而是更加注重学生自我知识的产出,在实践活动中通过自己的实践经验实现知识积累。

在现实教学中，传统常规的实践教学往往无法有效地支撑创新创业跨文化能力培养的目标，其弊端有三：一是实践教学各环节的分裂性，并没有形成一条能力培养的主线贯穿始终，各实践教学部分独立存在，没有密切联系；二是在实践教学中以单一学科为主，缺乏不同学科之间的联系和融合；三是在实践教学中未能突出实践性，综合性和社会性的实践较少。因此，我们必须重新思考行之有效的实践教学形式和手段，不断改革和丰富实践教学的内容和架构，以达到真正培养能够适应"一带一路"高质量发展，支撑经贸合作和文化交流的创新型人才。

（一）多层次、融入式的实践教学

创新创业能力和跨文化能力的培养并不能仅通过短时间内单一的课程教学实现，而应该是融入式地贯穿于学生的整个学习过程和学习的方方面面，即从纵向和横向两个维度来实现浸润式的创新创业跨文化实践教学。纵向是指时间学段上，从大一到大四年级，针对学生开展不同的创新创业跨文化实践。对于低年级的学生主要是激发及引导他们对跨文化现象的关注，如通过留学生联欢会、英语角主题讨论、跨文化知识讲座等；对于高年级学生，鼓励他们积极参与各式各样的创新创业和跨文化实践，如模拟联合国比赛、国际性/区域性的学科专业竞赛以及国际性的创新创业比赛。在对大学生创新创业跨文化能力的培养上，其时间不应是割裂的，而是要在人才培养中构成一套完整的、循序渐进的体系。

从横向角度来看，各个层次的实践教学都需要纳入对学生创新创业跨文化能力的培养，不同层次的实践教学环节对学生创新创业能力和跨文化能力的培养程度是不同的，越高层次对于学生活动的独立性、协作性和创新性更强，但并不意味着学生的创新创业能力只能在创新创业活动中进行，学生的跨文化能力只能在语言类课程中培养。创新创业和跨文化所包含的核心素养如创新意识、实践能力、合作能力、包容能力、沟通交流能力等应作为一种普世的素养，在实践教学的各个环节中均有所体现。

此外，在创新创业活动中，学校应提供不同梯度的实践平台，对应学生创新创业发展的不同阶段。金华职业技术学院教师说："我们学校是四级梯度式的实践平台。第一层级就是二级学院的创客空间，主要是做创业项目培育。第二层级是粒子空间，我们称陪跑阶段，从培育到陪跑，我们会请校外导师传授创业知识以及进行资源的对接。第三层级是大学生创业园，这里的项目就会比较成熟一些，也全部都是通过工商注册的创业项目。第四层级是将项目社会化，我们针对的对象从校内的学生扩大到在校的老师教职工，以及五年内的校友再加上校内培育的最优秀推荐项目。"

开展产教融合和科教融合也是多层次、融入式实践教学体系中的重要途径。

西安交通大学教务处处长谈道："学校要实现科教、产教深入的双融合，同时要建立一系列的平台去支撑双融合。现在每个学校会宣传我们拥有多少国家级平台、省级平台，但是这些平台很少向本科生开放。本科生应该充分利用这个平台去做很多事情，这样能够培养他的科研精神和学术素养。我们的平台应该真正做到共享，让本科生有机会参与进去。"

多层次、融入式的创新创业跨文化实践教学体系，是将创新创业和跨文化的教学内容逐步渗透到实践教学体系之中，实现整个教学过程的开放性、协调性，从而实现理论与实践、内容与结构以及课内外和校内外的有机结合（王亚楠和霍楷，2022）。

（二）跨学科交叉融合的实践教学

创新创业活动是一个综合复杂的过程，由于其资源的分散和限制，往往需要以小组和团队的形式展开，特别是"一带一路"和国际化背景下的创新创业，其面对的情况和问题更加复杂多变，需要多专业的人共同合作。传统创新创业活动仅立足于国内市场，仅需要专注于创业本身的专业性和创新性，而国际化的创新创业须立足于多元文化背景，从产品设计到商业运营，更加需要跨学科和专业背景丰富的团队。因此，跨学科交叉融合的实践教学，可以培养不同学科、不同专业的学生在团队中共同解决复杂真实问题的能力，同时他们在互相协作的过程中各取所长、提高自我，有利于培养复合型、创新型的人才。

因此在组织开展实践教学时，可以开设"综合实践课程"，安排多专业组合成班，打破一个专业一套培养模式的传统方案，并围绕一个真实的创新创业问题或者牵头一个真实的项目开展教学内容，此外还可以通过跨学科多专业协同毕业论文设计、跨学科多专业协同开展自主创新实验项目以及跨学科多专业协同参加学科竞赛等形式。

在参与跨文化创新创业竞赛中，中国计量大学的一位创新创业学生谈道："我们近期参加了国际'互联网+'创业创新大赛。我们的项目是一个基于物联网的农业预警方案，涉及的学科相当广泛，涵盖了工学、农学以及生物学。由于这是一个创业创新大赛，项目中也融入了财务经济学专业的知识，因此也有相关专业的同学参与。此外，我们的指导老师团队同样庞大且专业，其中包括物联网领域的专家、生物学方面的教师，还有来自浙江省农科院的顾问老师为我们提供指导。"

我国疆域辽阔，民族分布众多，很多地区本身就具有跨文化的先天优势，高校在进行跨学科、跨年级的实践教学中，自然而然会涉及文化交流互动的元素。青海大学的一名教师说道："我们在组织实践活动时，大学二年级有一个藏语言文化培训班，在这个班级里不仅可以学到藏语言，这是青海地区的安多方言（中国藏语方言的一种），而且还会讲解一些关于藏族的文化、传统礼仪、风俗习惯，如《萨迦格言》（藏族第一部哲理格言诗集，作者萨迦班智达以格言诗的形式，观察评论各种社会现象，提出处世、治学、识人、待物的一系列主张），还有那些闻名中外的史诗，如《格萨尔王》史诗（大约始于古代藏族的部落时代，最初记录了格萨尔的降生、征战和返回天界的故事，是世界上篇幅最长、规模最大的民间文学，得名'东方荷马史诗'），让学生对青海这一片伊甸园有了更深的喜爱之情。"

创新创业活动，特别是基于跨文化情景下的创新创业更关注"复杂"问题，聚焦"复杂化"。跨文化多学科交叉渗透，以"协同创新""学科融合"理念开展教学活动，体现人才培养目标特色（解建红等，2018）。除了打破学生之间的隔阂，建立跨学科、跨年级、跨地区和国籍的实践教学团队，同时还可以探索不同学科专业的教师、中外籍教师协同开设创新创业跨学科课程和创新创业跨学科项目的新模式，这对于促进学科教育、双创教育以及跨文化教育无疑也是一种可行途径。

（三）基于项目和竞赛，以实践能力为导向的教学

项目教学法（project teaching method）来源于德国的职业教育，是在建构主义和发现学习理论的基础上，师生共同参与的以项目为基础、以发展学生综合素养为核心的教学活动（林志东等，2009）。基于项目教学法的创新创业大学生跨文化能力培养应以真实的项目活动和各类创新创业竞赛为载体，学生以团队形式进行项目实践，养成科学分析问题、解决问题的习惯。学生通过发挥自身能力自主构建与完成项目，培养合作意识和能力，有利于激发学生的创新意识，渐进式提高学生的综合能力。

在创新创业跨文化实践教学中，应以团队、小组为基础展开学习，以现实的国际创新创业过程中的问题为中心展开实践。可以采用的教学法如 TBL（team-based learning）教学法、PBL（problem-based learning）教学法以及 CBL（case-based learning）教学法等。其中 TBL 教学法是以团队为基础的学习，有助于促进学习者团队协作精神；PBL 教学法是基于问题的学习，该教学法将学习置于复杂、有意义的问题情景中，以促进学习者自主学习和终身学习能力的发展；而 CBL 教学法是 PBL 教学法发展而来，是基于案例的教学法，设计与之相关的问题，引导并启发学生围绕问题展开讨论的小组讨论式教学法。以项目设计、课程讲授，实现实践与理论学科融合，给学生创造协作、沟通、表达和组织的机会，能够使实践教学达到教学效果的最大化。

在创新创业教育中，采取项目化的教学方式并不是鲜见的，哈尔滨工程大学

教师说道:"我们目前的课程主要是以项目化为主,就是基于学生参与的'互联网+'比赛和'创青春'相关的项目,将项目带入课程内,那么以这种方式教学,对他们的比赛成绩和创新创业能力的培养更有针对性。"

同时,在如何更好地将理论与实践相结合的探讨中,老师普遍认为参与创新创业竞赛能使学生的能力得到迅速的提升。昆明理工大学教师说:"在我们工科类学校,各种类型的比赛机会比较多,那么以赛促培是一种非常好的形式。我们应该多举办各种类型的赛事,除了已有的赛事,学校也可以多开展不同类型、不同学科或者交叉学科的竞赛,无论是小型的沙龙模拟比赛,还是大型的交流比赛都是非常有效的,能够培养学生的创新创业能力。"

"项目化"和竞赛形式的实践教学体现了实践内容的系统性、综合性,对学生综合能力、综合素质的锻炼与培养较为显著,是培养创新创业大学生跨文化能力的重要途径。

三、实践教学的保障和支撑条件

(一)制度保障

创新创业的实践教学不同于理论课程,其更需要大量的人力、物力和资金投入,特别是在跨文化能力培养的实践中。因此,创新创业实践教学的顺利实施首先需要学校层面相关政策、制度的支持和统一管理。

具体而言,一方面,从教学制度层面应该制定弹性的学分制,实践教学课程无法像理论课程那样严格有序,许多创新创业的实践课程未纳入第一课堂,因此要探索推进传统学分制改革,使得创新创业实践允许进行学分认定与课程免修免听,为学生开展创新创业实践扫除后顾之忧(米银俊等,2018)。另一方面,应允许学生跨学科选课,尤其针对创新创业大学生,要引导他们选修相应的商业类、语言类、礼仪类和文化类课程,为其开展创新创业跨文化的实践奠定理论基础。

从管理制度层面,第一,应实施相应的创新创业激励措施。一方面对创新创业指导教师在参与创新创业竞赛及创新创业项目中所付出的劳动以工作量的形式和其他报酬形式给予量化,提高教师的积极性,同时鼓励教师出国游学访学,与共建"一带一路"国家高校开展学术和科研合作,对能够将学术成果转化为双创项目的教师给予大力支持(包括但不限于经费支持、政策支持以及晋升条件的支持等);另一方面,设立国际创新创业奖学金和大学生海外合作创业项目专项基金,对表现突出和成果显著的学生或创业团队应给予相应的奖励,以鼓励大学生开展与跨文化相关的创新创业活动。

第二，要依据实践教学不同环节的特点制定相应的过程评价标准和以多元能力导向的成果评价制度。实践教学的不同层次以及不同教学活动在教学目标、教学内容、教学方法等方面存在一定差异，因此应按照实践教学环节的特点分类构建，将过程评价贯穿于实践教学的全过程（肖才远等，2022）。此外，以往对创新创业实践的评价指标仅针对创新创意以及专业技能层面，而忽视了在整个创新创业活动中学生的协调组织能力、人际交往能力、多元文化包容能力、国际视野等。创新创业实践是一项综合复杂的活动，创新能力和创业能力固然重要但并非唯一，因此要坚持多元能力的评价指标。具体对实践教学的成果的评价，可以从以下三个方面入手：一是根据实践教学实施过程中学生参与度、独立完成度、投入度、合作度情况进行评价；二是根据实践环节学生的作品（报告）进行评价；三是对于学生在创新和创业活动过程中知识增长、技能提升、态度和意识等方面进行前测和后测。

（二）平台保障

建设创新创业教育实践平台，有利于教师借助多姿多彩的活动进行创新创业指导帮扶，引导学生投身创新创业；有利于更好地整合教学资源，提升学生创新创业能力，为学生寻求创新创业机会。本书认为凡是设在高校内外服务于大学生创新创业教育与实践的各种类型的载体，统称为创新创业教育实践平台。因此将其分为创新创业活动硬件设施平台、创新创业社团平台、创新创业竞赛平台。下面对其进行具体论述。

首先，创新创业活动硬件设施平台，包括实验教学平台和校内外创新创业教育实践基地平台等。在实验教学平台中，首先要推动创新创业教育与专业教育融合，利用开放实验训练大学生的创新创业能力。其次设立专门的创新创业跨文化实验室，为学生提供国际创新创业项目实践条件支持，甚至提供相关的选修课程。在创新创业教育实践基地平台中，校内应吸纳优质的创新创业学生入驻平台，为其提供免费工位，并联合地方政府和企业提供国际国内法律、工商、税务、金融等方面的咨询辅导。校外创新创业教育实践基地平台包括大学生实习实践教育基地、大学生创新创业示范基地等（汤钰文和张亮，2022）。高校应联合政府和企业，依托地方资源优势和特色产业，特别是紧紧抓住"一带一路"的发展和机遇，建立校外创新创业教育实践平台，强化产学研协同育人职能。

其次，创新创业社团平台。高校要加强重视社团平台在促进大学生创新创业中的示范、引导、带动和服务作用。高校应组建跨国籍、跨年级、跨专业的梯队化的创新创业社团，并通过提供场地和技术支持以及教师指导，安排社团有计划、有组织地开展各类活动，如邀请国内外专家学者和教授、知名企业家进校做报告，让学生了解创业过程与方法；与模拟联合国、留学生组织开展各式各样的文化交流活动，包括"一带一路"的人文风情和社会经济发展情况介绍；暑期组织学生去国内和国外的创新创业夏令营，积极和不同地区的学生开展同台合作和比拼，感受文化碰撞下的创新创业过程。

最后，创新创业竞赛平台。创新创业竞赛平台包括校内竞赛平台和校外竞赛平台。创新创业竞赛不仅是面向少数精英学生的活动，而且是全体学生参赛的普通实践活动。高校应结合自身办学优势和学科专业特点，坚持"以赛促学、以赛促教、以赛促创"的原则（姚圣卓等，2022）。同时，高校应鼓励学生参与各种类型的全球创业大赛，使学生增长见识并从中发现国际创业机会，以达到培养国际化人才的目的。

（三）师资保障

教师的实践能力直接影响创新创业实践教学的成效。而传统上，我国高等教育以重理论轻实践的学术教育为主，青年教师往往都是从学校到学校，从课堂到课堂，因此教师的实践能力和实践教育能力均存在缺失和不足。若想要真正提升实践教学质量，培养大学生创新创业跨文化能力，对于师资队伍的建设应该从两方面入手。

一方面，要优化教师结构，包括年龄结构、学历结构、专职教师和兼职教师的结构以及本土教师和外籍教师的结构。创新创业跨文化教师队伍除需要校内的专业教师以外，还需要包括外籍教师和知名成功企业家、具有国际化创业背景的人士以及了解金融、政策等方面知识的专家等作为兼职教师。以完备的教师结构队伍、专兼结合的模式，从而在创新创业意识、创新创业理论、创新创业能力以及跨文化能力方面实现优势互补，以全方位地培养学生创新创业跨文化的知识、态度、技能以及意识。

另一方面，要加强教师的职后培训。高校教师受传统培养模式下的职前教育，实践能力先天不足，而职后的教师培训也往往更加关注教师教育教学能力，而忽视了教师实践能力和创新创业能力的发展。因此要根据不同发展阶段、不同学科的教师安排不同的实践工作岗位，特别是对于应用性很强的学科和专业，高校一定要通过产学研合作的方式，创造条件，有计划、有目的地选派教师到企业兼职，努力实现教师队伍的"双师化"（李春燕，2014）。此外，在跨文化和国际交流方面，邀请跨文化领域方面的专家和学者，为教师开展跨文化方面的专题培训。同时要加强与共建"一带一路"国家的访问和交流，一方面支持共建"一带一路"国家高校以及企业来学校交流访问，另一方面鼓励国内高校教师到共建"一带一路"国家开展学术和科研合作，将所学成果进行及时转换。针对教师部分，下一节将会进行全面、系统的讲解，此部分仅针对实践教学内容优化对教师的提出要求，因此不做过多赘述。

第五节 "三合一多"的创新创业大学生跨文化能力培养模式研究

随着社会知识经济和信息化时代的到来,社会发展也迫切需要培养出具有创新性、开拓性的人才,本书在"一带一路"倡议背景下,探索创新创业大学生跨文化能力培养研究。人才培养归根结底依托于课程,传统的课程教学模式教条化、静态化、模式化,在一定程度上限制了对学生的创新能力的培养,因此,本节对创新创业大学生跨文化培养的教学模式进行分析研究,以期能够对创新创业大学生跨文化能力培养提供参考。

一、"三合"的课程教学模式

教学模式是教学理论的具体化,是教学实践的概括化的形式和系统,具有多样性和可操作性。课堂教学模式即教师在课堂上针对学生学习而使用的教学方法。本节凝练出"三合"课堂教学模式,"三合"分别指静动结合、时空融合、知行耦合。

(一)静动结合:沉浸式课程教学模式

沉浸式课程教学即让学生进入特定的场景中学习,从而提升学习的专注度和效率,将沉浸式教学运用到课堂中,就是要人为制造一个课堂情境,将知识融入具体的情境中,让学生沉浸在学习情境中(艾兴和李苇,2021)。沉浸式教学模式在教育学方面具有较为扎实的理论基础,包括建构主义学习理论和体验学习理论。建构主义理论认为知识本身就具有情境性,要受到具体情境的影响,而学习者和情境的交互作用,对于学习效果至关重要。学生可以借助不同的情境理解知识,在情境中建构知识结构。

"静动结合"实际上指的是理论与实践相结合,"静"指在课程中学生学习创新创业相关理论知识,而"动"指学生在实践的具体情境中将知识操作与运用的过程。创新创业课程不单单需要理论,更具有很强的实践性,在实践的具体情境中,沉浸式地建构知识体系,是至关重要的。事实上,沉浸式教学在语言课程的学习和教学中的运用更为广泛,例如,在英语教学中,教师会创造目标语言环境,让学生沉浸在英语语境中,摆脱母语思维,从而快速掌握目标语言(朱叶丹,2022)。沉浸式教学从形式上看,更加强调以学生为中心,强调师生之间的互动,强调学生对学习内容的理解以及对学生情感态度的培养;从内容上看,沉浸式教学注重培养学生的思维能力、创新能力以及实践能力；从效果上看，沉浸式教学有利于提高课堂效率，增强知识传授的趣味性，同时有助于培养学生的学习能力。本书运用访谈法，根据实际需要，选取我国 11 所不同层次的创新创业典型经验高校以及 3 家相关企业为研究对象，通过半结构化访谈获取了大量资料。

在访谈过程中，北京航空航天大学的教师提到，实验室的文化和氛围对于大学生实际的创新创业能力有很明显的提升，实际上，受访者提及的实验室的氛围和文化，就是一种教学情境的打造，是沉浸式教学的一种运用。

"一方面，大学需要通过课程的知识化体系去引导和教育，或者提升学生在创新创业里面关于经济、一些专业领域里面的能力、特长。另一方面，就是通过实验室的教育，包括专业学科的教育，去提升学生对整体社会里面或者世界范围内的学科、一些技术的痛点难点、实际社会的需求这些方面的理解和认识。"（北京航空航天大学）

创新创业课程有一定的特殊性，这一类课程具有很强的实践性，因此，学校在双创课程的开展上，都有不同的实践形式和方法。华中师范大学的受访教师提到的创新创业课程以实践的形式完成，这在一定程度上，也是沉浸式教学的体现。

"我们过去每年暑假会推出博雅计划，这个是有学校经费支持的，今年没有开展这个项目。有这个经费的时候，我们带出去实践的这一部分学生都可以得一个学分，我们命名为创新创业课程，实际上是以实践的形式完成。我们选拔了大概二三十个学生参加跨文化的交流，去过新加坡南洋理工学院和美国的加利福尼亚伯克利分校，选拔了大概二三十个学生。"（华中师范大学）

总的来看，创新创业跨文化能力的培养与沉浸式的教学密切相关，创新创业课程的理论与实践相结合，就是"静动结合"的体现，本书访谈的许多来自创新创业典型高校的教师和学生都提及实践这一课程表现形式，足以体现出创新创业跨文化能力的培养实际上离不开理论与实践相配合的沉浸式教学。

（二）时空融合：开放式教学模式

20 世纪 30 年代，美国进步主义教育者提出"开放式教育"的主张，自 20 世纪 70 年代以来在美国和欧洲各国被广泛运用于教学实践中。开放式教育，意味着打破传统的封闭教育体系，以创新、包容、灵活的方式充分利用和调动课堂内外的教育资源，使师生在教与学中得以教学相长，提高学生的创造力和独立性，在教学中体现了以学生为中心，以学习为中心的教学理念（张晓刚，2022）。开放式教学就是开放教学内容、开放教学过程、开放思维空间，它不同于传统教学，它时间自由、空间自由，体现出时空融合的特点。开放式教学在实践中以创新教育为核心，以人的发展为首要目标，体现出以"学生为中心"的思想，在开放式教学模式中，教师尊重学生的主体地位，充分发挥自身的主导性和学生的主体性，同时追求教学过程的开放，让学生自主探究、独立思考，使其自悟。

信息技术的发展也为开放式教学增添了新的内涵和特点，慕课、翻转课堂 SPOC 的出现，使得开放式教学在快速发展的互联网时代有了更加具体的、得以依托的载体和途径。以慕课为例，随着网络信息技术的发展，2012 年，在线开放课程在国内高等教育领域迅速开展，慕课作为信息时代发展起来的新的学习工具，具有方便、开放性强、覆盖面广、知识表达形式丰富等优势（颜春静，2022）。慕课的发展不仅体现了科技的进步，更体现着学习中心在这个过程中的转移，慕课主要强调学，学生通常以自学为主，从被动吸收知识转变为主动吸收知识，这种学习模式有利于激发学生的创造力，更加有利于培养出国家大量需求的创新型人才。以慕课为载体的开放式教学更体现了"时空融合"，传统课堂要求教师在固定的时间与空间里将知识传授给学生，在这种情况下，学生也需要满足一定的空间与时间条件才能获取知识，而在慕课中，学生可以超越空间与时间的限制，无门槛地获取自己需要的学习资源。

在本书开展访谈的过程中，来自中国计量大学负责创新创业课程相关工作的张老师提到，计量大学为培养学生的创新创业跨文化能力，开发了丰富的课程资源，其中就包括慕课以及不同平台的一些网课资源。

"我刚才列举的也只是一部分课程资源，我们支持大家发挥所长，无论是兴趣爱好，还是专业领域的所长。学校还挖掘一些周围高等院校的一些特色课程，除此之外，还会购买一些网课，现在慕课也是比较流行的。"（中国计量大学）

来自哈尔滨工程大学的李老师提到，在哈尔滨工程大学的创新创业课程方面，理论课的内容主要以网课的形式让学生在线上学习。

"现在整个学院的课，学校的课是有 9 门，线下一共是 6 门线，线上课有几门是依托了一些如智慧树的平台上的网课。我们目前的课程主要是以项目化为主。我们是以项目的方式开展教学，因此可能理论上的内容相对较少。学生们主要通过线上方式学习理论课的大部分内容，而线下教学则主要是以点播（即针对重点或难点进行讲解）为主。"（哈尔滨工程大学）

除了购买线上课程资源，也有学校会自己开发具有特色的网课资源，昆明理工大学老师在介绍本校的创新创业教育课程设置时提到，学校想把这方面的课程更系统化、系列化，因此会自己开设一些精品课程在线上平台对外公开。

"我们目前开设了一系列跨文化课程，其中包括一门国家级的创新创业课程，以及三个国家级的精品在线创新创业课程。此外，我们还有七门慕课在国际平台上进行制作，其中三门已经成功上线国际平台，另外一门李老师的课程甚至登录了法国平台。我们的这些课程基本上都是对外公开的，每天选课的人数累计大约达到一万人次。"（昆明理工大学）

总体而言，随着互联网信息技术的发展，慕课以及其他各类线上平台的日益成熟，翻转课堂的出现，都使得教学资源得以优化组合，这种开放式的教学模式打破了高校之间的壁垒，突破了地域、时间的限制，使终身教育成为可能，做到了真正的"时空融合"。

（三）知行耦合：学训一体的教学模式

知行耦合，"知"指的是理论知识，"行"指的是实践，在学训一体的教学模式下，"学"对应的就是理论知识的学习，这一步是为后续的实训打基础，"训"对应的就是在实践当中去训练操作技能、运用理论知识，通过反复地训练所学习的知识，并在训练中将专业知识转化为技能，达到熟能生巧，服务于创新创业竞赛和工作。耦合实际是一个物理概念，原意是指"两个或两个以上的电路元件或电网络的输入与输出之间存在紧密配合与相互影响，并通过相互作用从一侧向另一侧传输能量的现象（刘燕华和綦书锐，2022）"。而知行耦合是指"知"与"行"相互转化，是知识到实践、实践到知识的互通。

在创新创业教育中，实践教学是各个高校都具有的教学模块，不同的学校采取不同的实践形式与方法，不乏高校专门成立了创新创业学院，开展更加丰富的实训项目，发挥学生作为"学"和"训"主体的作用。比如，在重视实践能力的前提下，注重匹配和对应课堂内教学与课堂外教育内容（刘薇，2020）；除此之外，就是短期与长期相衔接。短期是指创新创业的各类比赛，这些比赛也可以称作项目式教学模式，而长期是指贯穿学生四年的知识体系。通过课程教学获取知识，鼓励学生积极参与各类专业技能竞赛项目和技术创新项目，真正把理论学习、技能实训、专业竞赛和创业创新能力培养有机结合起来，促进认知和行为的相互作用，相互融通，使学生能够在学习、训练、竞赛和创新的过程中获得学习意识和专业能力上的提升，将学训一体教学模式的效果发挥到最大化。

各个高校实际上都在为给学生提供更好的实践机会做出努力，如在访谈过程中，北京航空航天大学的老师提到，学校为学生提供设备齐全的实践基地，开展规格较高的校内比赛，以赛促学，以赛促练，让学生能够到实践中去检验其理论知识的掌握程度，同时进一步激发学生的创新性。

"从学生大一开始，每个学生都会配备自己的导师，导师会给予他们必要的引导。我们学校内部还举办了一些非常重要的比赛，如冯如杯，其规格和影响力不亚于省部级以上的科技竞赛。学校为学生提供了非常充足的条件，不仅有实践基地，还有实实在在的空间和硬件设施，让学生能够实现他们的创新想法。"（北京航空航天大学）

哈尔滨工程大学的老师提到，他们会在学生学习理论知识的过程中发现与实际的结合点，为学生设计相关的训练项目，这种适恰性强、个性化定制的项目驱动式教学对于学生能力素质的提升具有很好的效果，是学训一体的教学模式的典型案例。

"既然我们采用的是项目驱动式的教学方法，那么我们也会将这一点融入整个教学体系以及细节设计中。以市场开发为例，我们可以结合跨文化元素，找到一个合适的知识点，并据此设计一个相关的训练项目让学生去实践。这样不仅能够提升学生的创新创业能力，还能够培养他们的国际化视野，使跨文化不仅仅停留在当前的理解层面，而是能够真正落地实施。这样一来，我们的教学工作就会更加系统和完善。"（哈尔滨工程大学）

除了校内的实训项目，在访谈过程中，发现也有部分高校会举办校际甚至国际的训练营，为学生提供更丰富的实践训练的机会。华南理工大学的老师提到，为培养学生的创新创业跨文化能力，学校会组织与国外高校合作举办的创意训练营，帮助学生开阔视野，锻炼学生的实践能力和创新意识。

"从实践方面来看，一方面，我们举办了创意创业训练营，之前曾与美国加利福尼亚大学伯克利分校以及香港科技大学合作，这些训练营提供了许多创业案例。来自不同高校的学生可以在这里碰撞思维，并在实践过程中进行交流。另一方面，我们也组织学生参加各种竞赛，就像樊老师提到的国际赛道竞赛，如'互联网+'国际赛道等。"（华南理工大学）

本书的访谈对象包含了在高校中参与创新创业实践的优秀学生代表，昆明理工大学的一名研究生提到，学校十分重视创新创业工作，为学生提供创新创业的孵化基地，与政府的产业园区合作对接，通过这些举措为学生参与创新创业活动提供便利，提高学生在项目上的积极性。

"我们目前有三家公司入驻到了政府的产业园区。这些园区不仅积极开展培训活动、讲座和论坛，还会联合周边的高校，如昆明理工大学等，共同组织线下的交流活动。我认为，带领学生到这些政府的双创园区，与这些企业进行深入交流，对于锻炼学生的创新创业能力是非常有益的。这样能让学生更直观地了解到，创新创业项目在经过学校的孵化并步入社会后，会呈现出怎样的状态。"（昆明理工大学）

实践教学和训练是培养学生创新精神和实践能力的重要教学环节，也是创新创业跨文化能力培养的重要组成部分。创新创业跨文化能力的培养离不开学生的实践能力，以及高校老师的理论知识教学。传统的老师教、学生学的课堂教学模式，无法培养出具有创新精神的人才，只有学训一体的教学模式，才能真正让学生做到知行耦合。

二、"一多"：师生多维互动

多维互动教学是指注重教师为主导、学生为主体，强调学生参与教学、教师引导学生，通过师生互动、生生互动和师师互动的协同完成教学以达到师生共同进步的教学模式，其主要理论基础是符号互动论。多维互动教学模式让师生互动与生生互动发挥出了 $1+1>2$ 的效果，能够充分开阔学生的思维和思考方式（陈肖艳，2022）。本书经过大量访谈及问卷调研，对师生多维互动的内涵产生了新的思考。因此，从大学生创新创业跨文化能力培养的角度出发，本章节从课程教学模式的角度，通过以下几个方面对师生多维互动的内涵展开阐释。

（一）教师主导到学生中心

传统的课堂教学模式是以教师为主导，教师在整个课程的教学中发挥主导作用，对整个教育活动起领导组织作用。常常表现为帮助学生明确学习目标、方向，规定教学要求和内容，选择恰当的教与学的方法。在教育史上，教师中心论的代表人物是德国教育家赫尔巴特，教师中心论强调教师在学生中的权威作用，一切教育活动的基础都应以教师为中心（陈佑清，2022）。在教育过程中，不能把学生的自由当作手段，而应当作过程的目的和结果。"闻道有先后，术业有专攻"，在教师主导的课程教学过程中，教师是系统知识的传授者、教育活动的组织者和学生学习活动的引导者。以学生为中心是指在教学过程中尊重学生的主体地位，充分发挥其自身的主导作用。学生中心论的代表人物是卢梭和杜威。他们认为学生的发展是一种自然的过程，教师不能主宰这种自然发展的过程，而只能作为"自然仆人"。学生的发展是一种主动的过程，教师的作用只在于引导学生的兴趣，满足他们的需要，不要对学生多加干涉，学生只能在个体经验中获得发展，取得他们所需要的知识。

创新创业活动具有很强的实践性，不同于其他的课程教学与学习，教师主导无法激发学生的创新活力，因此，创新创业活动须以学生为中心。在实际调研中，通过对一些创新创业典型高校的教师和学生的访谈，发现高校的创新创业课程十分注重以学生为中心，强调学生在项目等实践活动中的积极性和参与感。

北京航空航天大学的教师提到，教师在参与学生的创新创业项目过程中，感受到了学生自身强烈的主体地位，教师在这一过程中也得到了学习和提高，这是以学生为中心的最好例子。

"我认为应该与学生和其他老师一同学习和进步。在引导学生参与创新创业的过程中，我发现学生们的许多工作方式、想法以及他们所具备的一些能力，往往是许多老师所不具备的。因此，在与学生们共同工作的过程中，老师们其实也在不断地学习和提升自我。与学生相互学习、共同进步，这一点至关重要。"（北京航空航天大学）

在本书开展访谈的过程中，华中师范大学负责双创工作的教师提到，创新创业项目以学生为中心，产生了很好的效果，学生在这样的实践过程中，充分发挥了主观能动性，各方面能力也得到了很大的提升。

"我认为在整个过程中，学生的团队沟通、协调能力，领导力，以及组织能力和语言表达能力都得到了很大的提升。特别是团队的负责人，他们在很多情况下需要出面沟通，解决矛盾。在遇到困难时，尤其是学术理论上的难题，他们需要自己去查阅资料，进一步推动创新。而这些环节，往往也是老师不方便直接介入的，因此给了学生们很大的锻炼空间。"（华中师范大学）

总的来看，从教师主导到以学生为中心，在实践当中对于大学生创新创业跨文化能力的培养，产生了较为明显的正向效果。

（二）课堂讲授到项目化管理

创新创业本身具有很强的实践属性，创新创业课程需要讲授更多的实践知识，培养学生解决实际问题的能力，同时要求学生从全新视角去发现创新或创业的问题，并能够形成独特的思路和商业方案去解决问题，这就有别于以课堂讲授为主的传统课程教学。除此之外，以创新课程为主的理论性创新创业人才培养模式无法适应创新人才的培养需求，无法激发学生的创新活力和积极性。在本书开展调研过程中，发现许多创新创业典型高校都为学生提供了可参与的相关项目，采取项目教学法，脱离传统纸面教育和理论教育，紧跟"互联网＋"时代技术革命的步伐，让学生通过实际的项目参与，从做中学，提升创新创业能力。

项目化管理是来自管理学当中的概念，项目化管理是从项目管理的逐步深入中发展起来的，是将公司各项活动当作项目对待进而对其实行项目管理，也就是把公司进行项目化，运用项目管理的模式进行管理。而在创新创业教育中实施项目化管理的创新之处在于将课堂的教学模式和重心转变，打破课程以教师讲授为主的现状，学生由被动学生变为创新创业项目的主导（周红锋，2020）。通过培养学生的创新创业技能、认知、特质等全面培养学生创新创业的综合能力。

哈尔滨工程大学负责双创工作的教师就在访谈中提到，他们如何开展项目式教学的具体过程，其中有一套较为完整的操作流程，并形成体系推进课程的发展。

南京农业大学在创新创业教育中，还未完全采取项目式教学法，但受访教师提到，他们有这样的倾向，为学生在项目孵化和管理方面提供帮助和引导。

"我们现在就想的是，从项目萌芽状态要进行一些引导，还要有一些实训，促使学生能够做好项目，进而做好项目孵化的管理模式。"（南京农业大学教师）

从课程传统讲授转换成项目化管理，能够以成果为导向，使教学效果达到最优化。

（三）传统模拟到实战演练

创新创业本身就具备很强的实践性，传统的创新课程仅仅是注重模拟，一些沙盘推演类的课程，不能完全将实践环节落实到课程体系当中去，对于激发学生真正的创新活力作用有限。要提高大学生创新创业的综合能力，就要提供和创造足够的历练机会，以掌握足够的实践经验。只有通过实践，学生才能将课内学到的理论知识与现实问题结合起来。

对于学校而言，在调研过程中，发现许多高校为学生提供资金、场地、设备等资源，如设立创业基金、创业实践基地、科技园、孵化器等。例如，北京航空航天大学的受访学生，具体描述了他亲身参与到创新创业实践项目的历程以及感受。这样的实战演练让学生印象深刻，受益匪浅。

"我是从本科二年级开始参加了'冯如三号'创新实践项目（'冯如三号'无人机是由北京航空航天大学北京学院、冯如书院30多名大一、大二本科生自行研发、生产、制造的无人机。）我们在大二的上课期间，进行理论课程的学习，在大二的暑期开始，我们就去学校和企业合作的实践基地，和工人师傅直接面对面地接触，参与到这种无人机的制造、试验、试飞一些活动中去。"（北京航空航天大学学生）

哈尔滨工程大学的双创教师则阐述了如何帮助学生的项目进行孵化，为学生提供实战演练的机会。

"我们主要以带领学生做项目为核心，在课堂上，老师会针对项目进行深度孵化，通过分析现状来发现问题，并据此解决问题。教学模式上，我们采用有限的课堂讲解结合大量的实践训练，随后鼓励学生走出校园，进入市场，融入社会，将项目进一步孵化，并努力在省级及以上的比赛中取得优异成绩。"（哈尔滨工程大学教师）

创新创业课程需要讲授创新创业实践知识，培养学生解决实际问题的能力。要求学生从全新视角去发现创新或创业的问题，并能够形成独特的思路和商业方案去解决问题，这有别于以专业为培养目标的传统教学，更加凸显出实战演练的重要性。

（四）主体间性师生关系建立

在传统认识论中，师生是一种主客体的关系，教师在师生关系中占据主导地位，但随着社会的进步和教育的发展，这种观点日益显示出局限性。而主体间性是"主体与主体之间的相互性和统一性，是两个或多个个人主体的内在相关性"

（于学友，2004）。主体间性可以理解为交往的双方或多方都是平等的个体，都具有主体性，各自相互独立，相互尊重，又相互沟通，相互影响。主体间性师生关系的建立意味着在教育活动中，承认学生的主体地位，在教学过程中，教师和学生是相互影响、相互作用的。

在创新创业教育中，传统的"满堂灌"、教师的"一言堂"早已被时代所淘汰，同时在课程教学中，教师单方面的理论知识输出也无法培养出具有创新精神的学生。要承认学生的主体地位，在双创的项目实践和各种比赛过程中，学生才能充分发挥主观能动性，得到各方面能力的全面发展。同时，在主体间性师生关系中，教师自身也能得到进一步的发展，与学生共同参与实践的过程，这也是教师对自己的教育理念和教学行为进行反思和重构的过程。

昆明理工大学的受访教师提到，教师在带学生的创业项目中，团队的相互学习也能帮助其能力得到提升。

"在带领学生团队开展创业项目的过程中，我认为最大的收获与成功秘诀在于我们并不依赖老师个人具备所有能力，而是构建了一个指导教师团队。在这个团队中，我们能够实现互补与协同，共同推动项目的成功。"（昆明理工大学教师）

除此之外，来自华南师范大学的双创工作负责教师也提到，教师在项目式研学的过程中，和学生在同步学习、共同思考。这实际上就建立起了主体间性师生关系。

"我们刚才提到的这种项目式研学方式，让老师和学生处于同步学习的状态。就像老师带领学生参加一个比赛，在这个过程中，老师需要从单纯的知识传输者转变为综合的教育者，与学生一同思考。举例来说，商科领域的全国管理大赛，老师会带着学生一起深入研究案例，同时，老师也会从自己的角度出发，思考需要解决哪些管理问题以及如何应用相关理论，这样的思考过程对老师自身也是一种提升。"（华南师范大学教师）

（五）课程实施：重视传统课堂，丰富课堂教学方法与课外实践

1. 重视传统课堂跨文化知识的传授

跨文化通识课程发展的基础必须是理论建设。理论建设是跨文化通识课程发展的基础。跨文化能力的培养离不开传统课堂文化的传授。在我国发展跨文化教育必须结合中国的传统国情，结合学生发展的需要，继续重视传统课堂的知识的传授、意识态度的培养。在传统课堂中，教师可以设定明确的教学目标，把控学习进度，提供良好的集体环境和学习氛围。跨文化的大量知识都需要通过课堂教学来传授，传统课堂能最大限度地将人类历史文化等各方面的知识传授给学生。

传统课堂是学生能够最快、最有效地接受跨文化知识的途径。所以在重视跨文化实践的同时也要重视传统课堂的作用。

2. 丰富教学方法，激发学生学习兴趣

张春燕曾建议"跨文化交际课程教学时采用英汉双语、理论讲解、案例分析、课堂讨论、小组展示、跨文化交际实践相结合的授课方式"（张春燕，2015），在实际授课过程中，应采取多样的教学方法，摆脱从前只注重语言输出的传统教学方法的束圃，激发学生学习跨文化知识的兴趣，引导学生将跨文化能力运用到创新创业活动实践中。

根据调查问卷"您认为跨文化课程的教学方式应是？（多选题）"一题，可以看出创新创业大学生对传统授课方式还是较为支持的，但是除此之外，学生也希望加入"情景模拟式""案例式""直观演示式""教学参观式""实验实践式"等。

3. 组织多样化的创新创业跨文化实践，提供跨文化学习的环境

在访谈时，昆明理工大学的老师具有非常丰富的授课经验，她谈道："首先，从教学方法上来说，现在国家提得比较多的是混合式教学，线上和线下课程混合。那么，我当时在做慕课的时候，其实，我的观念就有两个。第一个是融入中华优秀传统文化，第二个在课程当中一定要加入中西方文化比较的内容。这方面的内容我觉得更多的是要通过混合式教学，要通过线下课程的小组活动来进行，不然单纯地'纸上谈兵'是达不到很好的效果的。比如，因为我的课程上线了法国平台，那么，在我的课堂当中，我的法国平台会有很多学生讨论区的问题。然后我会把学生这些讨论区的问题拿到我的真实课堂里面去让学生去看，它属于哪些类的问题，这些问题是学生在怎样的文化背景下提出的，让学生接触真实的跨文化情景，在一种切实的跨文化的氛围中去学习。在这个平台上经常有一些文化冲突的话题，然后我们可以把这些文化冲突或者文化差异放到我的课堂里面，让学生以小组讨论的形式，找出其中的一个课题进行讨论。不论是项目化教学也好，小组讨论也好，或者是专门的课题也可以，实际上都可以提高学生的这种辩证思维。同时我也会带学生去参加比赛，从第一课堂跳出来到第二课堂，通过实践性的项目或者案例教学。不管是东南亚的项目，还是欧美的项目我们都会去参加。因为这些项目才是真正的跨文化实践，我觉得可以培养学生在国际视野方面的能力，然后对文化有更深刻的理解，在这个基础上，我们去锻炼学生的创新创业跨文化能力就简单很多了。"

所以，非常有必要创设恰当的跨文化场景，使学生能够在恰当的氛围下锻炼跨文化能力，让学生在跨文化的情境下自如地运用创新创业的能力，同时也能使学生对创新创业跨文化的体会更加深刻。在课堂上创设交际情景，围绕共建"一

带一路"国家文化特色开展教学活动,例如,在外语教学中可以向学生插入各个国家见面礼仪的讲解。除了西方国家的亲吻礼节、拥抱礼节,还可以介绍其他地区的贴面礼、合十礼等,使学生在了解文化现象的基础上,通过讨论、分析,加深对世界不同地区文化的认知,提高和改变学生跨文化的意识和态度。另外还要组织多样化的文化实践活动,使学生将学习到的知识运用到实践中。例如,可以在课外组织相关的创新跨文化类活动,如外语演讲、外语辩论。鼓励学生参与到真正的英语交际场景中,在恰当的氛围下运用跨文化能力,激发学生的跨文化意识,培养学生跨文化的态度。

因此,也必须增设跨文化类实践课程,利用国外优质教育资源,加强国际交流和合作办学,为学生创造更多的国际交流机会,鼓励学生参加国内外跨文化实践。另外,要求学生在以下实践项目中任选其一进行实践:①出国留学或交流;②参加国外(境外)学术交流会议;③参与跨文化相关的实践(如模拟联合国);④和留学生组成团队进行社会实践或参与学术竞赛;⑤在中外合资企业或外资企业中实习。

(六)课程评价:细化评价体系,多维度展开评价与反思

1. 细化跨文化课程评价体系

跨文化课程教学要实现的目标要有明确的课程评价体系作为指标。教育部应出台相应的文件对目标进行细化、对学生跨文化能力的培养提出更加具体、可实行的要求。学校应在教育部相关文件的指导下,对跨文化课程的评价制定出更加详细的考查方式或评价标准,对落实培养学生跨文化能力提出更切实可行的政策。

以跨文化课程中的英语课程为例,英语教学要实现的目标要以明确的评价体系为参考标准。教育部门应该更加深入细化相关教育指导文件,对学生跨文化能力的深入培养提出具体要求与考查方式。大多数的大学生学习英语仅仅为了达到学校要求的目标以及通过四、六级。然而现在的四、六级考试当中只有很少一部分涉及文化内容,而该内容也只是与中国文化有关,可以建议以后的四、六级考试内容进行改革与更新,适当地增加关于跨文化知识的考查。

同时,针对跨文化课程中不同方面的培养内容,要开展有针对性的评价。针对意识和态度维度的,应以学生的日常表现为主,从各个方面来体现学生的跨文化意识与态度;针对知识维度,应以终结性评价为主,着重考查学生对知识的掌握和熟悉程度;针对技能维度,应更加注重形成性评价,加大日常训练,把对学生技能的评价融入日常对技能的运用之中,让学生在评价的促进作用中掌握相应的技能(表6-7)。

表 6-7 创新创业跨文化课程评价指标

课程类型	维度	评价方式	一级指标	二级指标
跨文化课程	意识、态度、价值维度	形成性评价	课前学习情况	学习投入
				学习效果
			课堂学习情况	课堂参与
				小组合作表现
			课后学习情况	学习成效
				学习效果
				沟通交流
				团队作用
	知识维度	终结性评价	课程考试成绩	期中考试成绩
				期末考试成绩
	技能维度	形成性评价	课内实践	课堂参与
				课堂交流
			课外实践	课外实习
				课外活动
				课外竞赛

2. 展开灵活且多样的评价方式

学生的跨文化能力不是单一地通过量化的试卷就能评判的，对于学生跨文化能力的评价应该采取更加灵活且多样的方式。当跨文化教育与创新创业教育相结合时，教学考核的标准也应该体现二者的教育理念，必须告别传统单一的以测验为评价依据的评价方式。在评价的过程中应该考虑多维度的、多元化的考核形式，教师应切实地把过程性评价利用起来，不再流于表面形式。在跨文化能力的各个维度，应当设立相应的、细化的考核标准。例如，学生的跨文化交流能力，就不能再单单以试卷的方式进行考核。此外，学生的课堂参与、课外拓展也应该作为重要的考核标准，例如，学生在跨文化课程中提出创新观点时，应当予以加分，在创新创业与跨文化实践活动的参与度，也是重要的依据。同时，教师也可以更新对学生进行考核的方式。例如，把学生分成若干组，分组进行跨文化实践或者跨文化能力的运用，可以通过对学生的语言表达能力、反应能力、相关的知识的积累量进行打分，把这些纳入最后的总成绩中。

在国外的实践中也有鲜明的例子，著名的哈佛大学"剧场之夜"，是用学生的参与程度（如学生的准备工作、现场表演等）来评价学生的能力，美国麻省理工学院把学生的学习日志的撰写情况也纳入了总成绩。

开展学生自评、同学互评的模式。让学生开展自我评价可以让学生在学习的过程中更加清楚每一个阶段的课程目标，以及自己的达成情况，让学生对照目标的达成情况进行自我反思，在自我评价中审视自我，找出自身存在的问题，不断地激励与超越自我。"以人为镜，可以正衣冠。"同学评价相较于教师评价能更敏锐地发现同学身上存在的问题，能够激发学习的兴趣，增进同学之间的感情，在取长补短的同时互相监督、互相促进。同时，学生对教师进行评价，可以反映教师的教学质量以及教学效果，帮助教师进行教学改进，促进师生的共同进步。创新创业跨文化课程评价方式方法如表 6-8 所示。

表 6-8　创新创业跨文化课程评价方式方法

课程名称	课程分类	评价方式	具体内容
跨文化课程组	跨文化课程	学生自评	学生对自己和同学的平时表现打分
		教师评价	教师对学生平时表现和课程考试分别打分
		教师评价反馈	平时及时将评价结果反馈给学生，促进其学习成效与能力提升
		学生评价反馈	学生对教师进行评价，促进教师改进教学达到师生共同进步
	课外实践	学生自评	学生对自己和同学的平时表现打分
		教师评价	教师对学生平时表现和课程考试分别打分
		企业评价	实习单位针对学生实习实践的表现对其打分
		教师评价反馈	平时及时将评价结果反馈给学生，促进其学习成效与能力提升
		学生评价反馈	学生对教师进行评价，促进教师改进教学达到师生共同进步

3. 对课程本身进行反思性评价

课程评价体系由四部分组成：课程目标与计划的评价；课程开设准备与投入评价；课程实施过程评价；课程实施效果评价。根据泰勒目标学习理论，对课程进行评价是必不可少的过程，对课程进行评价可以反过来提出课程中的问题，对课程进行反馈，从而更好地改进课程。学生是课堂的主体。课堂是课程的承载者，也是主要的教学活动的形式。学生是课程质量好坏的直接感受者。学生的评价能最直观地反映课程的质量。建立评价模式，在课后或学期课程结束后由教师和学生一起对课程进行回顾与反思。在跨文化课程中，教师可根据学生对跨文化教学目标的完成来检查课程设置的合理性，学生可以根据自己对跨文化课程的总体感受、自我对跨文化能力的掌握程度等来对课程进行反馈，从而帮助更好地改进课程目标与课程实施。

通过对跨文化课程的评价与反思，可以根据创新创业大学生的学习成效对其跨文化课程的需求进行反推，制定更加合理的、具有针对性的课程目标，构建科学的跨文化课程结构，实施更行之有效的教学过程，以此不断地提高创新创业大学生的跨文化能力。

第七章 "一带一路"倡议下创新创业大学生跨文化能力培养保障措施

本章基于哈尔滨工业大学、北京航空航天大学、陕西建工集团、华为、中兴等多家高校调查与企业专题访谈,结合组织创新理论、资源基础理论、协同演化理论,从组织保障、资源保障、文化保障和措施完善四个方面总结了"一带一路"倡议下创新创业大学生跨文化能力培养保障措施。

第一节 "一带一路"倡议下创新创业大学生跨文化能力培养的组织保障

组织创新理论来源于约瑟夫·熊彼特的基于技术论的创新理论,受约瑟夫·熊彼特创新理论的影响,很多专家学者把组织创新定义为组织采纳一个新设想或新行为,之后人们逐渐认识到组织创新需要组织具有吸取外部信息的能力,以及具有容许结构、人力资源等变革的能力,最具有创新性的组织是那些具有内部发生改变倾向的组织,组织创新实质上就是组织根据变化了的条件实行变革,对整个组织结构进行创新性设计与调整(李伟和张世辉,2018)。高校进行组织创新有助于应对国内外竞争与就业市场需求变化,提升高校教育质量,有助于构建持续性竞争优势。

一、树立复合型人才教育培养理念

树立复合型人才教育培养理念,社会发展需要高校培养出适合地方经济发展的创新创业复合型人才。高校提升教育教学质量和服务地方经济发展都需要强化创新创业教育。"一带一路"倡议的顺利实施和地方经济发展对创新创业人才的市场开拓能力、跨文化能力以及科研创新能力提出了更高的要求。高校应在自身办学定位的基础上重视复合型创新创业人才培养,树立符合自身发展需求及特色的人才培养理念从而形成培养优势,从自身优势的学科和专业领域切入,引领和推进创新创业人才培养路径的创新优化。有研究认为"一带一路"建设致力于借助共建"一带一路"国家更为紧密的开放合作,实现国家间的共同发展、**繁荣**与共赢，而共建"一带一路"国家在语言、文化以及经济发展水平之间的现实差异，对复合型人才提出了更高的要求。服务于"一带一路"建设的创新创业人才除须具备基本的专业知识、创新能力外，还应具有更为开阔的国际视野与跨文化交流能力，以有效促进不同语言、文化风俗国家之间的深入交流合作的实现，更要具备跨学科知识融合与资源整合能力以实现各国在合作交流中的共同发展（程诗婷，2020）。因此地方高校应深入分析"一带一路"建设发展的现实需求，立足地方发展特色，结合自身办学条件与经验，明确人才培养定位，探寻切实可行的办学优势发展方向，为培养具有国际视野的复合应用型创新创业人才保驾护航。

二、采用多效并举的教学方法

本书进行了"'一带一路'背景下创新创业大学生跨文化能力"问卷调查，结果表明：创新创业类实践课程/活动指导教师对大学生创新创业跨文化能力的培养十分重要。教学的目的是让学习更有效，好的教学方法可以让学习事半功倍。创新创业教育的创新精神和创造性对课堂教学的互动体验提出了更高要求。一是在教学方法上采用互动体验式、合作型探究型教学方法，打造"以学生发展为中心"的课堂，如让学生模拟体验工商登记注册，与共建"一带一路"国家的留学生谈判与合作演练，提升学习兴趣，加深对知识的理解；二是在教学形式上充分利用现代信息技术，采用"线上＋线下"混合式课程形式，线上可以促进大学生对创新创业法律风险相关理论知识的学习，线下则针对实际案例或采用模拟体验形式翻转课堂，巩固知识，强化意识。有学者认为专业教师要在专业教学中加入创新创业知识，搜集本专业的最新创新成果、来自本专业的创办企业案例，在专业学习中让学生感受到创新创业的魅力、了解基于专业的创新创业途径，另外，广大学生在接受创新创业价值观教育的同时，还应该全面理解新时代中国特色社会主义发展的布局、理念、思路、措施，深刻认识到当前广泛进行创新创业教育的国家需要、时代需要和个体成长需要，破除对创新创业的疑惑，坚定创新创业信念（盛红梅，2020）。

在高校人才培养中，以项目型的创新创业高校人才的培养为核心，通过社会发展的高校项目的具体实施模式，以高校创新创业教育为导向，锻炼大学生，使大学生在高校项目中凸显自身灵活性，能够以思维发展调动自身所学知识，通过对相关高校项目的实施进行认知，并且在高校项目中促进创意、技能的发展，提升高校人才的质量。"一带一路"倡议对人才高校的需要提出新的要求。研究发现，强调高校创新创业型人才培养的要素结构是一个综合体系，既有高校人才培养的人力要素，也有政府和社会提供的资本要素，还有高校和企业的技术要素等，只有实现这些要素的高度整合，才能为创新创业型人才的培养奠定基础（徐伟明和肖洒，2022）。总而言之，要培养高素质的创新创业型人才，就必须不断优化创新创业型人才培养的生态环境，提升和整合创新创业型人才培养的要素，从而推进供给侧结构性改革，满足创新型经济发展的需要。

三、校企协同育人

"协同"一词来源于希腊语，意味着多元主体、多类要素，基于某种共同目标的达成而系统性地调控，协同演化是"相互影响的各种因素之间的演化关系"将协同思想渗入高等教育的人才培养领域，意味着人才培养主体走向沟通合作，实现高校内部协同培养和外部协同培养的统一。学校内部的协同培养，即学校内部各院系之间、职能部门之间协同培养，实现多样性、个性化的学科交叉创新培养。外部协同是学校利用社会上的各种有利资源，即联合其他学校、政府、行业、企事业单位等各利益主体开展的外部联合培养。协同创新参与主体间协同作用主要包括协同研发、合作研究、教育与技术产业化等模式，其目的在于减少创新成本、降低创新风险、合理配置创新收益，实现参与主体间创新资源的有效共享与优势互补。学校系统积极与外界环境进行物质、技术和信息的交互，对内部原有的技术与环境载体进行重塑，促使学校系统内各主体更新发展观与学习观。以此推动学校系统突破原有状态，实现更高层次的发展，提升整体效能。学校与政府、企业、行业协会以及其他高校等通过体制机制创新搭建协作平台，结成深度交叉融合的利益共同体。

所以校企协同的真正内涵是以高校和企业各自为起点，探索构建企业、高校与大学生都能受益的、校企深度融合的、互相促进、良性互动发展的创新创业支撑体系，产生大学生的创新创业就业示范效应。其与之前的校企合作不同之处主要体现在：在合作模式方面，企业参与创新创业教育的人才培养全链条；在课程体系方面，校企共同参与课程开发、组建师资队伍；在创新创业实践方面，基于校企合作，根据专业的特点提供企业资源，招募学生团队和项目，培养学生能力，解决企业需求。企业将围绕创新创业教育课程，提供相关资料和企业项目，或者根据高年级学生的能力直接定制任务，既为学生提供实习岗位和实践机会，提升高年级学生的创新能力、项目设计和进一步孵化的能力，也为教师提供培训机会、实践机会和专业拓展机会。校企双方基于校企协同创新创业教育进行"创意启发—创意形成—认知能力构筑—落实项目"的人才培养阶段。目前在上述模式中，产学研用结合和全程化模式都提供了全程的创业教育课程设计，为提高学生的创新创业意识、能力等提供了较全面的课程。

第二节　"一带一路"倡议下创新创业大学生跨文化能力培养的资源保障

资源基础理论起源于 1984 年沃纳菲尔特（Wernerfelt）发表的《企业的资源基础论》。20 世纪 80 年代末，资源型企业观对管理研究产生了广泛影响，该理论基于一个企业的资源和能力是异质的观点，强调组织的持续竞争优势主要取决于组织内的关键资源（Penrose，1959）。我国当前的大学中创新创业教育服务资源十分有限，无法完全实现高校与行业或企业之间及时而准确的统一，导致学生创新创业成果无法有效转化。大学生的创新创业项目未能与当下的社会发展情况接轨，这一情况使得大学生的培养方向和社会的现实发展之间存在一定的隔阂，无法高度契合。实现"一带一路"倡议的支撑与关键所在是人才，高校需要通过创新创业教育培养大量的科研创新人才、高校开拓市场培养人才和跨文化交际人才。而共建"一带一路"国家在语言、文化以及经济发展水平之间的差别对创新创业复合型人才提出了更高的要求。服务于"一带一路"建设的创新创业人才除须具备基本的专业知识、创新能力外，还应具有更为开阔的国际视野与跨文化交流能力，以有效促进不同语言、文化风俗国家之间的深入交流合作的实现，更要具备跨学科知识融合与资源整合能力以实现各国在合作交流中共同发展。因此地方高校应深入分析"一带一路"建设发展的现实需求，立足地方发展特色，结合自身办学条件与经验明确人才培养定位，探寻切实可行的办学优势发展方向，为培养具有国际视野的复合应用型创新创业人才保驾护航。高校要在"一带一路"倡议背景下，取得创新创业教育的实际性成效与进展，必须打破大学生创新创业教育与专业教育、通识教育和实践教育之间的孤岛问题。创新创业教育要贯穿高校人才培养过程的始终，使得高校有限的教育资源被充分利用，最大限度地提升教育效率。

一、建立科学合理的课程体系

目前各地方高校大多都已开设"创新创业基础"等必修课程，并由学校教务处或者创新创业机构负责，可在内容设置上增加跨文化交际等内容，并鼓励教师开设如"跨文化大学生创新创业"等创新创业类通识素质选修课程，丰富创新创业类对外交流意识培养课程。高校应推进"专创融合"，即将各专业融入创新创业教育课程体系，依托专业教育开展创新创业教育是未来发展趋势，而优秀的创新创业人才培养需要优质的专业素养，通过专业与创新创业教育融合课程，有利于培养新时代创新型专业服务人才。高校应开展形式多样的第二课堂，实现创新创业意识培养的可持续发展，例如，通过开展创新创业跨文化情景训练营、国际商务谈判等进一步提升对外交流意识。例如，哈尔滨工业大学将创新创业教育融入相关专业课程，依托专业必修课、专业限选课和全校任选课打造课程内容相互补充、形式自由开放、学分系统管理的创新创业课程体系，面向全体学生开设纳入学分管理的新生研讨课、创新实验课、创新研修课和创新创业课程。自主开设创新创业教育慕课课程、国家精品视频公开课、国家精品资源共享课等。

二、提供创新创业实践平台

在国家大力倡导"双创"的背景下，通过引入企业的导师、资源、项目等，以平台、团队等多种模式，实现创新思维训练、创新项目实践、创业管理教学等目标。基于各自的目标将双方的优势和资源充分地结合起来，使得这些有利资源和要素充分地互动、协调整合、协同发展，从而实现学生能力提高和校企双方互利共赢。研究发现优化资源统筹配置，促进优质要素集聚，创新创业实验室应强化各类资源集聚（程聪慧和刘昱呈，2022）。一是整合学校资源，以研讨会、座谈会、论坛等形式，为不同专业或院系的学生与学生之间、学生与学者之间的交流提供渠道，促进思想火花的碰撞，充分利用各地人才引进政策，组建由有企业实践经验、海外考察经验的人才构成的优质导师团队；二是实行项目导师负责制，鼓励导师参与学生创新创业项目的管理咨询，为学生项目提供实质性指导；三是设立校友创新创业基金，或与企业联名设立创业投资基金，为学生创新创业模拟提供资金支持。例如，美国顶尖大学创新创业实验室培养了大批既具有专业技能、又具有创业能力的复合型人才，见证了大量依靠师生创新成果转化为初创企业产品的过程，由学生创办的新企业数量越来越可观，新企业影响力也持续增强。每年在麻省理工学院媒体实验室中孵化的创业研究项目超过 350 个，引领可穿戴设备、可触摸用户界面和情感计算等前沿技术。已经从哈佛大学创新实验室"毕业"的公司所筹集的风险资本总计超过 1 亿美元，彰显了该实验室在帮助校友创业公司迈出艰难第一步方面取得的巨大成效。以斯坦福大学 Start-X 为例，自 2011 年以来已陆续有 700 家创业公司入驻该实验室，每个公司平均筹集到的资金高达 1100 万美元，有 92%的被孵化初创企业处于壮大阶段或已被收购。

三、产学研深度融合

设置合理的创新创业学分，建立创新创业学分积累与转换制度，将学生参加创新创业培训、在线开放课程学习、开展创新实验、参与学科竞赛与课题研究、发表论文、获得专利和自主创业等情况折算为学分，以多种方式鼓励并支持大学生创业。坚持开放办学，面向校外，破除围墙，联合政府、企业、行业主动融入产业发展，也就是以大学为核心，形成产业链、资金链、人才链、技术链"四链合一"的成果转化生态，全产业链塑造的形式打破了高校、科研院所、企业在不同轨道上的固态运行，通过讲好"基础研究＋应用研究＋产业化"的科学链故事，填补了源头创新与市场需求之间似近实远的距离。

建立联合攻关与成果转化机制。鼓励企业、科研机构、高校建立产业技术联盟，将企业对技术的需求快速传递到科研机构和高校，利用科研团队开展联合技术攻关、协同创新，最终实现成果快速转化。高校应围绕战略性新兴产业和未来产业发展需求，积极与业内龙头企业合作举办高等教育、科学研究与实践运用于一体的特色学院，直接参与科技成果转化，促进产学研用发展。搭建科技成果转化平台。积极建设技术转移全球交易、技术项目中试熟化、国际并购等平台网络，连接技术转移服务机构、投融资机构、高校、科研院所、企业等主体，支持技术转化活动，激励研发团队开展科技成果转化。制定相关条例，明确高校、科研机构全部或者主要利用财政性资金取得的职务科技成果，赋予科技成果完成人或者团队所有权或者长期使用权；约定按份共有的，科技成果完成人或者团队持有的份额不低于 70%。鼓励高校和科研院所成立科研成果孵化基地，推行内部孵化政策。支持教师脱产创业，将研究成果推向市场。

第三节 "一带一路"倡议下创新创业大学生跨文化能力培养的文化保障

一、制度文化

政府在创新创业文化引领中发挥着主导作用。通过制定出台相关的政策文件，形成鼓励创新创业愿望、支持创新创业行为、尊重创新创业成果的鲜明导向。大力培育企业家精神和创客文化，打造创新创业活动品牌，表彰创新创业先进典型，提供创新创业政策资金保障，建设创新创业容错纠错机制，充分调动全民创新创业的积极性，让创业者在自由、宽松的环境中最大限度地释放创新才华。培养跨文化型创新创业人才，高校、地方政府、企业等社会力量要通过体制改革和制度创新建立协同育人机制，建立产学研深度融合的合作机制，打造育人高地，形成内部整合、外部联动的良好局面，通过多主体联合培养模式提升培养效能和培养质量，高校应将"一带一路"倡议、新时代育人理念贯穿于深化高校综合改革、促进高等教育内涵发展和质量提升的核心任务之中，加快提升"一带一路"倡议下大学生创新创业跨文化能力，通过全面构建和实施一体化的跨文化型创新创业人才培养体系，为共建"一带一路"可持续发展提供保障措施。

二、精神文化

社会在创新创业文化引领中发挥着导向作用。通过制作创新类节目、挖掘社会创新创业人物典型，利用互联网的传播优势大力宣传，在社会上传播尊重劳动、尊重知识、尊重人才、尊重创造的理念，倡导敢为人先、敢冒风险、宽容失败的新风尚，促进创新创业价值在人们之间的传播。近年来，一批鼓励创新创业的优秀节目，如中央电视台的《赢在中国》、江苏卫视《最强大脑》、东方卫视《我为创业狂》等，之所以得到认可，就是因为准确把握了"尊重劳动、尊重创造"的时代脉搏，深度契合了"劳动光荣、创造伟大"的社会风尚和时代召唤。

在创新创业大学生跨文化能力培养中，在文化习俗与跨文化交际中会面临很多文化冲突，在参与的过程中，给予学生接触国外该领域先进知识的机会，了解不同民族的思维方式，增加国内外不同民族学生进行直接交流的机会，由此不断提高学生跨文化交往各方面的能力。根据《中华人民共和国中外合作办学条例》的有关规定，国家鼓励在高等教育、职业教育领域开展中外合作办学，鼓励中国高等教育机构与外国知名的高等教育机构合作办学[①]。高校应结合"一带一路"倡议对人才的要求，突出自身院校优势，积极创办国内外合作办学项目。在选择时，重点考虑与科研水平较高和学科优势较强的院校或机构进行合作，提高高校的办学质量和在校学生的整体水平，鼓励学生积极投入学校合作办学项目当中。在"一带一路"倡议的引领下，我国与国际贸易往来频繁，这就需要具有国际化思维、国际化能力、国际化语言能力、创新创业能力等的复合型人才，在人才的作用下，推进我国与多个国家贸易往来，促进我国文化的广泛传播，进而促使我国不断加快发展进程。

三、物质文化

实习实训基地是实践养成的重要载体。实现知行合一，必须注重学生的主体体验。通过高校建设诸如众创空间、创业园、孵化器、虚拟创业等各类实习实训基地，大学生众创空间具有国内一流的硬件环境，但是创新创业软环境的建设还不够，氛围营造和人文关怀有待加强，缺少设计感和闪光点，需要在走廊公共空间原有展板的基础上，统筹探索更为贴近创意创新创业主题和学生心理需求的设

---

① 《中华人民共和国中外合作办学条例》，http://www.moe.gov.cn/jyb_sjzl/sjzl_zcfg/zcfg_jyxzfg/202204/t20220422_620494.html。

施、软装、文化元素，将墙面作为承载创新创业与文化创意交融的新载体。在众创空间的教室、团队办公室、共享讨论室、创意工社墙面添加文化创意装饰元素，包括墙绘、贴纸、相框、搁架等，内容涵盖人物故事、团队成长、创意作品、视觉标识等，追求创新、崇尚不同，传递多种多样的故事和价值理念，将文化创意元素与创客教育理念相融合；可以在众创空间的楼宇硬件建设方面强调建筑造型和空间布局的个性，希望以此来激发创业者的想象力。

四、行为文化

创新创业大赛是实践养成的重要抓手，"互联网＋"大学生创新创业大赛连续多年举办，吸引了越来越多的学生参与，在提升大学生创新精神、创业能力方面起到了积极的促进作用。高校在组织开展创新创业类竞赛时，要注重面向全体学生，注重发挥竞赛的育人作用，避免重获奖轻建设倾向，将竞赛"选拔"的单一模式转变为"培养""选拔"并重的模式，通过全员参与，让学生在竞赛中重视创意的激发、创新创业能力的提升，而不是对奖项的追逐。支持校校、校企、校地、校所共建创新创业实验室、创新创业园、创新创业基地、大学生创新创业实践教学基地等，争创国家级创新创业学院、创新创业教育实践基地。加快建设海峡两岸青年大学生融合发展和创新创业创造中心。在基地中以"真刀真枪"的实战演练，使学生在参与体验中获得创业的感性认识与经验积累，实现对创新创业价值的体验、认同、内化，这个体验过程中，学与做实现了高度统一，帮助大学生强化原有创新创业价值观中对的部分，修正错误的部分，促进观念转化为生活，想象转化为现实，打破旧的创新创业知识体系和价值观念，促进创新创业新的认知、逻辑、观念的生成。

第四节　"一带一路"倡议下创新创业大学生跨文化能力培养的措施完善

当前高校开设的很多课程都是围绕创新思维激发培养或者市场营销技能、商业模式构建等课程内容进行建设，缺乏面向"一带一路"需求的实践、跨文化交际等综合课程教育。优化课程在大学生创新创业培养中发挥重要作用，注重与"一带一路"相关的跨文化能力提升，有助于创新教学内容、构建良好的课程教育实施模式，实现校内专业教师＋企业资深大咖相互协作的教师队伍建设，完善创新创业大学生跨文化能力培养措施。

一、跨文化能力提升

有学者提出在"一带一路"倡议实施背景下，我国与国际贸易往来，涉及的国家繁多，但文化教育的实施力度不足（任丽娟，2020）。不同国家文化存在差异性，且其语言输出也是不同的。人才在"一带一路"发展视角中，应多知晓共建"一带一路"国家的文化，进而才能够实现语言交流的畅通性。如果人才不具有文化信息内容，其在交流中会形成语言障碍，不利于其项目的进一步实施。因此，高校在践行共建"一带一路"的过程中，需要融入文化，以文化为契机，培养大学生文化素养。当前高校人才培养实践，凸显文化教育实施力度不足的问题，这影响到非通用语言型、国际组合型、项目型的创新创业人才。研究发现，在"一带一路"建设过程中要跟许多国家打交道，合作发展就要相互了解，要了解对方的文化习俗以及发展特点，这就需要专门性的语言人才，虽然英语是世界通用的语言，但是并不是每个国家都会说英语，就算说英语也可能无法表达出自己历史文化的特点所在（曾逸群和蔡斌，2018）。只有熟练掌握当地的非通用语言，才能更好地促进各国之间的政策外交、文化以及媒体交流。但是目前我国高校对于通用语言人才的培育并不是很重视，对于这种人才的需求还远远未被满足，需要尽快改变当前这种人才缺失的局面。

在新时期"一带一路"倡议提出的背景下，高校老师可以尝试改进原有的教学方式，尤其是外语相关课程，可以通过邀请外国教师或学生进入班级交流、将外国文化与我国文化差异进行比较、播放有关外国文化的短片、在教学中设置相应的外语情景语境、引导学生进行课外阅读以及布置与"一带一路"国际性跨文化交往相关的话题让学生课后找资料学习。教师需要将"一带一路"倡议、国际性跨文化交往与自己教授的课程结合起来，改变原有单一知识性传授的教学方式，在语言课程中鼓励大学生勇敢表达自己的观点，通过类似于戏剧表演的方式让学生投入角色当中以更好地理解其他国家的文化，使学生通过更加轻松、愉悦、乐于接受的方式学习外国文化，在学习的过程中树立正确的跨文化交往态度和意识、获得跨文化交往所需的技能。

二、教学内容创新

实现课程教学内容的创新，在高校专业课程教学中，不仅要重视专业课程、思政课程等信息传递，也要重视高校文化信息的传递。例如，课程教材围绕"一带一路"建设进程展开，根据"一带一路"思想，高校重构教材体制，并在教材中融入共建"一带一路"国家文化内容，使大学生通过课程信息知晓共建"一带一路"国家的文化,以此为国际贸易持续发展打下基础。在文化素养培养中,可以采取文化比较手段,让大学生深化对各个国家文化的理解,进而实现多种类型的创新创业人才培养。同时,融入国际化信息内容,助力于国际化创新创业人才培养。在课程教学革新中,实现课程实施方法的多元化,以此推进课程体制革新。例如,在课程教学中,高校运用案例教学方法,结合"一带一路"下经济贸易发展模式的案例,引领大学生分析市场信息因素,助力于大学生的社会化、生活化的发展进程。

首先,在社会实践过程中,将所学理论知识应用于各种具体实践,在实践中检验个人的所思所想,所学所创,从而发现其与实践的契合程度,调整相关设想和方案。这一过程能积累一定的实操经验,更能培养自我的创新创业意识和创业精神。其次,要通过加强大学生思想政治教育,进一步激发大学生创新创业精神,帮助大学生构建良好的心理素质,使其从容地面对创新创业过程中遇到的困难与挑战。高校要强化创新创业教育的实训与实践环节。高校要在学校、学院和学科等不同的层面上争取开拓资源,借助"一带一路"倡议实施的契机,开展校、政、企合作,开展适合国际化环境下的创新创业模拟训练高校与实践,增强大学生对创新创业过程的体验感,从而激发创新创业兴趣,实现自身价值,营造创新创业氛围。最后,要多层次搭建创新创业教育的合作平台。高校为学生提供有针对性的创新创业实践途径是开展高校学生创新创业各项能力培养的有效推力和前提。高校要借助政府和社会的力量,为创新创业人才培养提供不同阶段的支持。高校要实现教育教学资源的整合,契合"一带一路"倡议对创新创业人才所提出的更高要求,构建多角度教育合作平台。

三、师资队伍建设

高校为了培养大学生的创新创业跨文化能力,必须对教师定期开展培训,针对跨文化相关知识开展定期或不定期的专业培训,培训内容要涉及教学发展史和发展理论、跨文化的理论及其内涵,另外,高校可以外派教师出国参加学习及培训,使他们对文化间的差异有所体会,无论是对当地的人文习俗,还是文化背后体现出的与本国不同的教育教学方式都能有更多的了解,只有加强有跨文化交际能力的师资队伍建设,提高教师整体的人文素质,才能对学生的跨文化交际学习进行有效的指导,也在一定程度上推动我国"一带一路"的发展进程。

高校的创业教育团队必须注重专业化建设,打造更多专业性强的创业型教师和成功的企业家,促进高校创新创业教育和思想政治教育相融合,共同成长,相互协作。创新创业人才的培养和创新创业实践活动的开展需要创业理论的指导和创业经验的积累,大学生不能盲目投身于社会创业的浪潮中去,而是需要通过创业教师队伍的正确引导（张金山和徐广平，2019）。国外部分高校已经打造了拥有各自特色的创业教师团队，国内有关创业教学的研究也都指出了创业教师队伍建设的重要性。创业教师队伍由创业理论教师和创业实践导师组成，创业理论教师作为校园内创业教学体系的关键要素，通过教授各专业学生基础性、通识性等与创业活动相关的理论知识，为创业实践提供科学依据。创业理论教师的教学方式可以是多样化、多层次的，不局限于书本和课堂，根据学校实际情况和学生专业的特点来调整创业教学内容。创新创业跨文化能力问卷结果表明经常邀请跨文化创新创业领域专家开设课程对创新创业跨文化能力的培养十分重要，创业实践导师是指拥有创业经历对创业有所思考并取得成就的企业家。他们可以分享创业经验，提供创业资源，为创新创业大学生在创业实践中遇到的无法解决的实际问题进行指导。创业导师的指导能够帮助创新创业大学生迅速成长，降低创业风险，为创新创业大学生提供了智库支持，使创新创业大学生能够将创新科技成果或创新想法转化为商业成果，加速创新创业人才的成长，为社会创造经济价值。

第八章 "一带一路"倡议下创新创业大学生跨文化能力培养的特色实践

第一节 清华大学创新创业大学生跨文化能力培养实践

清华大学位于我国首都北京，地处政治、经济、文化建设的中心，具有良好的国际合作条件，跨文化氛围浓厚，为创新创业教育的开展奠定了良好基础。清华大学处于政治中心，能及时地捕捉到最新的政策变化，制定与国家政策步调相一致的发展方案。清华大学作为我国顶尖的研究型大学，在我国众多领域扮演着领头人的角色，清华大学最早借鉴麻省理工学院的大学研究计划，开启了创新创业教育的新篇章，成为我国该领域的典范高校。北京为清华大学的创新创业教育带来了极大的便利，主要包括几个方面：一是强大的经济实力为清华大学创新创业教育的开展提供了经济支撑；二是政策倾斜，为清华大学创新创业教育的开展开辟了较为顺畅的道路；三是国际交往中心，为清华大学获取国际成熟的创新创业教育经验提供了借鉴和交流的平台；四是传统文化和新兴文化的激烈碰撞，加速了文化革新；五是科技创新中心建设，构建了较为完善的创新创业设施。除此之外，出于清华大学发展的需要和深圳发展的需要，清华大学与深圳政府共同创建了深圳清华大学研究院，与深圳的发展深度关联，致力于高效的产学研体系的建设。

一、清华大学创新创业教育理念

经过百余年的发展与革新，清华大学已成为享誉世界的一流综合性大学，并积极引进国外办学经验，在创新创业教育方面更是起到了典范作用。从 20 世纪 80 年代发起的大学生"挑战杯"竞赛开始，清华大学便开启了创新创业教育建设的快车道。经过不断探索，形成了融合科研、课程、教学、实践、孵化一体化的创新创业教育系统，先进的教育理念指导着教育实践。

清华大学创新创业教育系统历经发端探索阶段、试点革新阶段、深入发展阶段，就国内高校而言，已经具备了较为完整的框架体系，并形成了特色的教育理念。最初的创新创业竞赛，为清华大学带来了新鲜的教育模式，随后这种校园内的创新创业竞赛模式推广到了我国范围内的高校，全国性的高校联盟成立了，使得清华模式受到更多效仿。清华大学在各种创新创业活动中不断汲取经验教训，形成了具有清华特色的教育理念。首先是在竞赛活动过程中，明确创新创业教育的目标是人才培养，初创企业的成立不是最终目的。其次随着创新创业资源的不断扩充，教育内部系统不断完善，人才培养维度涵盖了价值、知识和能力三位一体，通过塑造学生的价值观，获取创新创业知识和能力，培养真正意义上的新一代人才。再次利用校内外平台，构建创意、创新和创业三创融合的培训模式，培养学生的开创性能力。最后打通本科生和研究生一体化培养模式，促进本研协同发展。

二、清华大学创新创业教育系统实践

（一）创新创业教育系统规划

清华大学根据我国的相关政策指引，全面制定了创新创业教育的实践框架，其中包括清华大学的创新创业教育实施的平台、清华大学创新创业教育的定位、清华大学创新创业教育的实施路径、清华大学创新创业教育的主要任务以及清华大学创新创业教育实施的保障机制，如图8-1所示。

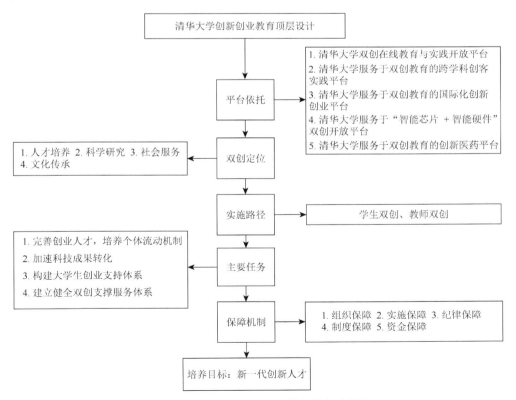

图8-1 清华大学创新创业教育的实践框架

1. 打造五大创新创业教育示范基地

清华大学在创新创业教育系统的建设中加入创新创业教育示范基地建设规划，紧跟时代发展，立足本校优势，构建创新创业教育五大重点工程。例如，在线教育平台的建设，包含了学习管理系统建设、智能教学中心、模拟实训中心、幸福科技发展中心和创新创业孵化区。此部分是创新创业教育服务支撑的内容之一，详细的内容将在本节的第四部分进行详细论述，故在此不加以赘述。

2. 定位教学、科研、社会服务及文化传承

清华大学创新创业教育定位于实现"人才培养""科学研究""社会服务""文化传承""国际交流"五位一体的大学职能，超越传统的教学、科研、社会服务职能，凸显了高校在文化传承和国际交流等方面的重要作用。在"人才培养"方面，清华大学打造清华创客交叉融合空间和国际创新创业平台，提供跨区域、跨学科、跨文化的创新创业教育实践，培养具有跨文化能力的科创人才。在"科学研究"方面，清华大学依托五大平台，加强基础研究和应用研究，并建立科技成果孵化转化平台，实现科技学术成果向现实应用的转化，从而创造新的产业和新价值。在"社会服务"方面，清华大学通过在线教育平台进行创新创业教育资源的共享，发起建立创新创业教育联盟，推广创新创业教育经验。在"文化传承"方面，清华大学作为我国顶尖的研究型大学，从优秀的传统文化中汲取智慧和营养，并在此基础上发挥文化创新和文化交流的作用，通过创新创业教育，营造容错、敢于拼搏的创新文化，激活校园文化活力。在"国际交流"方面，通过与国内外高校的合作与交流，将中国的优秀文化展现给世界，促进中外文化的交流。

3. 开展学生教师"一体两翼"的双创实施路径

学生和教师是创新创业教育系统中的重要主体，两者在创新创业过程中，具备不同的特征且不可分割。清华大学根据不同的主体制定了不同的创新创业教育政策，开展"一体两翼"的创新创业示范基地建设实施路径。学生双创路径主要在于人才的培养，以互联网背景下的科技产品和商业模式为创新创业的主要对象，在往后数十年能够显示其教育效果。教师双创则是在于学术研究成果的现实转化，能够带来直观的经济生产力。

4. 确定清晰的创新创业教育建设任务

清华大学创新创业教育的顶层设计在明确平台依托、"双创"定位及实施路径之后，一是明确提出了双创教育的建设任务是深化双创教育改革，更新人才培养模式，建立完善的双创教育系统，落实人才流动机制，促进海内外人才流动。二

是下放科研资金的处置权,提高科研人员成果收益比例,促进科研人员创新创业热情,开放校园创新创业教育资源,打造开放式的创新创业系统。三是促进大学生创新创业,开展大学生创新创业计划,并提供全面的创新创业保障措施,包含师资队伍建设、创业空间建设、创业服务指导机构及弹性的休学创业制度。四是在创新创业课程建设、师资建设、实训平台建设等基础上,提供完备的法律资助、知识产权保护、技术交流平台,为师生提供全面的创新创业服务。

5. 确保全方位的创新创业机制保障

清华大学在创新创业教育系统的规划中,架构了组织层面、实施层面、纪律层面、制度层面和资金层面的保障机制,在整体的设计框架中设计了全面的保障机制。在组织层面,以校长为核心,携手全校重要的部门如学生处、就业处等共同组成有领导力、执行力的组织队伍。在实施层面同样发挥了组织队伍的作用,促进该方案的实施,监督该方案的落实。在纪律保障层面,通过对各创新创业项目的审查、验收和信息公开,接受领导组织和社会的监督。在制度保障层面,组织领导部门设立专项小组,规划各项目的进度计划,并协调各部门,及时跟进项目的落实。在资金保障层面,成立资金管理小组,实现专款专用。该部分是顶层设计方案的一部分,同时也是创新创业教育系统服务支撑的组成部分,将在本节的第四部分加以详细介绍。

(二)创新创业教育系统课程教学体系

高校创新创业教育体系的核心是构建高质量的课程体系(权宇,2020)。当前高校创新创业课程的组织模式主要有两种,一种是商学院或者管理学院全权负责课程的开发,且只面向该学院学生,另一种是学校开展"普及模式"的创新创业教育,按照教学活动开展的院系又分为集中在创新创业学院的磁石模式和在各学院展开的辐射模式,及磁石模式与辐射模式相结合的混合模式(梅伟惠,2010)。清华大学属于三种模式中的混合模式。清华大学创新创业教育是面向全体学生的广谱式教育,课程体系遍及各个学段,如表8-1所示。

表 8-1 清华大学创新创业教育课程体系

课程层次	课程学习		
	专业课程	创业创新课程	项目学习课程
社会人士、校外学生、本校学生(可同上一节课)		校园开放课程:管理信息系统、生产管理、中国金融实务课、公司并购	共享课程:当代西方、批判性思维导论、创意思维简介 ……	清华大学数据科学在线认证证书项目:数据科学导论、数据挖掘——理论与算法、高级大数据系统、大数据机器学习、数据可视化、知识产权法律及实务

续表

课程层次	课程学习		
	专业课程	创业创新课程	项目学习课程
面向全体学生		通识课程："创新与创业：硅谷洞察""创新与创业：中国洞察"	技能课程：体验式学习创新创业全过程、硅谷企业的前沿热点	
清华 MBA[1]创新创业方向		通识课程：创业管理、创业投资管理	技能课程：企业战略创新、组织创新与分析技术驱动商业创新、全球互联时代的商业创新、知识产权、创新与公司战略	
研究生	管理学、教育学、生态学、电子信息、机械、材料与化工、能源动力……	通识课程：创新研究、创业研究、创新方法、设计思维	技能课程：创业机会识别与商业计划、创办新企业、创新创业领导力、设计思维、创业实验室、"研究生创新创业能力提升"项目；创业英才班：创新思维、创意训练……	清华大学学生创新力提升证书项目、清华-伯克利全球技术创业项目
本科生	医学、建筑、工程、能源、互联网＋、金融类、新能源、新材料、管理科学与工程……	通识教育：技术创新管理、创业管理、创业训练营		管理学工商管理专业第二学位创新创业领导力方向、优秀人才创业计划

1）MBA 是 master of business administration 的缩写，指定向于培养工商管理实践人才的专业硕士学位

　　（1）立足高质量的基础课程、丰富的学科门类，打造基础牢、敢拼搏的清华学子。清华大学设置了约 91 个本科专业，本科生课程近 3000 门，大部分课程由高级教授授课。除此之外，清华大学共有 64 个博士学位和硕士学位授权点，研究生基础课程设置丰富且专业度高。这些基础课程为学生提供了大量专业学习的资源，打牢专业基础，在学校教学中有着不可替代的作用。

　　（2）构建本科生层次的创新创业启蒙课程，提高学生意识，激发学生潜能。本科教学是清华大学的重要教学组成部分，致力于培养学生全球视野和全球胜任力，在全面发展的同时激发个性，成为有使命感、责任感的人。在时代激流中，创新创业能力成为新时代人才的重要素养，清华大学作为中国先锋思想和教育改革的重镇，当仁不让地走在了时代前沿，提供了形式多样、内容丰富且经得起实践检验的本科生课程。创业管理系列课程旨在让本科生了解创新创业过程中的原理，激发其创新创业意向，培养本科生的创新创业精神，了解创业程序和可能面对的各种困难，并结合案例教学给予解决方案指导（清华大学，2020）。技术创新管理是清华大学在我国率先推出的辅修专业，专注于前沿科技的探索研究，包含智能硬件、智能交通和机器人，培养这 3 个领域的专业科创人才，通过各个学科

之间的碰撞交叉融合，挖掘跨学科创新创业潜力。学生在经过 1.5 年的学习且修满不少于 25 个学分，并在获得第一学位的前提下，学校为其颁发清华大学辅修证书。另外，清华大学"优秀创业人才培养计划"主要面向具有双创意识的优秀本科生，旨在通过提供学术、创业、领导力三个方向的培养计划，结合沉浸式的体验学习方式，让学生获得深入的专项学习经历，从而培养出具备创新创业意识和潜力的学生。

（3）深化研究生创新创业理论学习体系，着重构建研究生创新创业实践训练课程，以激发研究生的创新创业活力。清华大学为研究生提供了丰富的理论课程，除了基础的创新创业理论普及课程和深化的课程，还与美术学院、管理学院联合研究推出了研究生辅修课程设计思维、创新方法和从创造力到商业化，旨在提高研究生的创新创业能力，在课程结束之后，颁发清华大学辅修证书。研究生的创新创业技能提升课程是研究生创新创业教育课程的重要组成部分，具有理论性、实践性和定制性等特点。其他主要课程包括创业机会识别与商业计划、创办新企业、创新创业领导力、创业实验室、研究生创新创业能力提升系列课程和创业英才班系列课程，这些课程融合专业教育，并将创新创业理论教学、实践教学、案例教学等融合，是一个从理论到实践的系统性的创新创业教育课程体系。其中项目式的创新创业教育课程旨在培养具有全球视野、适应未来创新的复合型人才，项目式的学习方式有利于将理论延伸到实践中，在实践中总结经验和验证理论，为学生展现了完整的创新创业过程，使学生形成对创新创业的系统性认识。

（4）为具有良好创新创业基础的人群提供专业方向的课程，在原有基础上提高学生的创新创业能力。清华大学 MBA 创新创业方向课程是面向清华大学 MBA 群体中具有创新创业热情，以创业为个人事业的学生，他们拥有浓厚的创新创业、实践氛围。此课程将为他们提供理论和实践学习，还能获得授课教师、指导教师、团队、同学、学长等众多的人际关系网络。此课程高度融合理论学习和实践学习，并专门进行创业管理和创业投资的训练，重点以现实中的企业最新特点为研究对象，了解企业发展的最前沿。

（5）结合线上线下课程，共享精品课程，更好地发挥清华大学的教学、科研、社会服务职能。清华大学在培养本校学生创新创业能力的基础上，为社会人士、外校学生提供了创新创业相关课程，向社会开放部分课程，在保障本校教学有序进行的情况下，吸纳社会人才参与到课堂当中，使得课堂成员多样化，为在校学生和社会学生提供了共同学习和探讨的平台，加深他们对创新创业的理解，打造了一门学员多样化、视角多元化的课程。同时，为加强对学生跨文化能力的培养，清华大学还积极与同区域的其他院校建立共享课程平台，如清华大学深圳国际研究生院与哈尔滨工业大学（深圳）、北京大学深圳研究生院合作，共享高质量的国际课程，相互开设了多个课程席位，以培养学生的全球胜任力，促使教育资源利用更大化。除此之外，清华大学还利用在线教育平台，开展清华大学数据科学在线认证证书项目系列课程，将各门慕课排列成循序渐进的学习路径系统，使得学习者的学习呈现层层递进趋势，同时建立了专业的课辅团队，营造社区学习氛围，提供在线答疑、讨论平台，为学生提供沉浸式学习体验。清华大学 x-lab[①]还联合了国际平台上有影响力的创业公司 Facebook 联合推出"创新与创业：硅谷洞察"和"创新与创业：中国洞察"学分课程，旨在开阔学生的全球视野，获取创新创业案例，了解硅谷与国内最新科技信息和创新创业热点。

（三）创新创业教育系统校园文化

1. 整合校内资源，打造立体化实践平台

实践对于教育的价值经过学者的广泛和深入的研究，已经成为"一个无须多论证的理论"（王占仁，2015b）。这极大地促进了"实践的教育价值"的探索，古今众多的教育家以不同的教育理论述说着这一共识。皮亚杰在其认知发展理论中指出一切知识从功能机制上来说是同化和顺应的统一，是内因和外因共同作用的结果。美国实用主义教育家杜威则提出"学校即社会""做中学"，学校需要提供能够引起思维的经验的情景。除此之外，我国古今学者对实践的教育价值也有相当丰富的研究，如大教育家孔子的"学思行结合"的教育思想，明代诗人董其昌的"读万卷书，行万里路"，近代教育家陶行知的"生活即教育"的教育思想，都强调了实践的教育价值。除此之外，传统的专业教育难以应对社会的各种需求与挑战，传统专业教育与现实需求难以有效衔接，人们对于传统的专业教育产生了怀疑，这是传统教学和多变的现实之间的冲突。张民杰（2006）在反省传统教学的基础上提出实践的教育价值是通过实体的呈现，促进理论和实物的结合。实践的教育价值探索是对传统教育积弊的反省，以体验式教学让学生从实践中去建构和积累属于自己的学习经验，有利于将理论和实践深度融合衔接。

创新创业教育本身具有十分明显的实践性特点，开拓"实践导向"的创新创业教育平台是对创新创业教育第一课堂的必要补充。王占仁就创新创业教育开展了深入广泛的研究，指出"实践导向"培养体系的参与体验平台建设是从理论到实践的过渡，该平台主要有以下形式：创业计划竞赛、大学创业实践园、实际创业实习、网络虚拟创业（王占仁，2012）。清华大学作为国内创新创业教育的示范高校，从"挑战杯"到"清华科技园"，依托清华大学校园资源和丰富的社会资源，

---

① 清华 x-lab（清华 x-空间）于 2013 年 4 月 25 日发起成立，培养面向未来的创意创新创业人才。"x"代表：探索"未知"（exploring unknown）、学科"交叉"（cross-discipinary collaboration）；"lab"代表：体验式学习（experiential learning）、团队合作（teamwork）。

建设多平台的创新创业教育实践体系。目前，清华大学创新创业教育实践平台主要有主价值链众创实践中心、创新创业计划竞赛平台、校企实践平台、虚拟仿真平台、实践训练课程平台，如表 8-2 所示。

表 8-2　清华大学创新创业教育实践平台

创新创业教育实践类型	主要内容	主要职能
主价值链众创实践中心	1. 清华大学 iCenter 2. 清华大学创 + 3. 清华大学 x-lab 4. 清华南山协同创业中心（i-space） 5. 学生科技兴趣团队	1. 为大学生提供创业导师、创业基金、创业空间、创新创业机会，搭建功能齐全的创意创新创业平台 2. 在师资、创业资金、创业团队、项目孵化等方面为学生提供全面支撑
创新创业计划竞赛平台	1. 清华大学"校长杯" 2. SDG 开放创新马拉松挑战赛 3. 清华学生大创意挑战赛 4. 清华大学公益创业实践赛 5. "昆山杯"清华大学创业计划大赛 6. 京津冀-粤港澳大赛	1. 为大学生提供真实的创业竞争平台，培养学生的商业思维和意识，锻炼大学生的创新创业能力 2. 培育"竞争性"创新创业文化氛围 3. 挑选有潜力的创新创业项目和人才，连接人才和市场
校企实践平台	截至 2022 年，分布于全国各地的 14 个国家工程实践教育中心和 7 个国家大学生校外实践教育基地搭建成功	1. 提供实践观摩平台 2. 加强学生与企业的联系 3. 产学研平台
虚拟仿真平台	国家虚拟仿真实验教学项目共享平台	1. 培养学生实践能力，提升实验教学体验感和真实感 2. 扩大数字教育资源的作用
实践训练课程平台	1. 清华区块链在线实验课 2. 创业特训营 3. 工作坊/训练营 4. 清创集训营 5. 创新沙龙	1. 激发学生的创意创新创业灵感，启迪学生思考 2. 提高学生的创意创新创业能力，激发学生的创新创业兴趣

注：iCenter 为清华大学基础工业训练中心；SDG 英文全称 sustainable development goals，可持续发展目标

（1）集结校内外资源，邀请著名的创新创业导师，专注于创新创业兴趣的激发，建立项目路演、文化沙龙、训练营等实践训练课程平台。清华大学利用校内外的创新创业教育资源，举行短期的实践训练营，邀请经验丰富的创业导师答疑解惑，并通过项目路演的形式选拔有潜力的创新创业团队进行集中训练和指导。例如，"创意创新训练营""从创意到产品/服务雏形""设计思维&创业战略"等训练营，注重学生的创造性设计思维的培养。实践训练课程还进行跨学科、跨行业、跨文化的组合训练，培养创新创业人才的领导力，以及创业须具备的商业知识的培训，如"服务设计与商业创新""领导力训练营""'税'与争锋"等训练营。这些实践训练营将经典的案例、企业的前沿战略作为主要研究对象，在短期内极大地激发了学生的创造力，让其体验创意创新的乐趣。

（2）利用虚拟仿真平台和在线数字教育资源，扩大有限资源的惠及面。虚拟

仿真平台在创新创业教育实践中的运用是信息化时代创新创业教学新的探索。有学者指出网络虚拟创业平台是利用校园教育资源，结合课内和课外，实现理论学习和线上创业实践互动，突破时间和空间的限制，打造线上创新创业实践共享平台，为学生提供个性化的学习机会（潘玉香，2007）。清华大学基础工业训练中心是清华大学最大的工程实践教学基地，承担了工程训练和创新创业的教学任务，每年的实践教学成果可观。在全球新冠疫情时期，虚拟网络创业实践教育平台的作用更加凸显。该中心的创新工程实践教学模块及时调整了以往单纯进行实践训练的教学模式，将线下的理论教学调整为线上，借助各种线上教育平台，引导学生自主学习，加强师生互动，通过线上直播让学生体验实验过程，实现了特殊时期理论教学和实践教学的在线有机统一。该中心充分利用虚拟仿真平台，其开发的三维全景导览，让学生可以看见实践模拟所需要的设备，部分可实现学生远程虚拟模拟实践。

（3）加强校内外合作，与企业合作建立实践教育基地，为学生提供"走出去"实践平台。校内的多种创新创业教育实践都是立足于校园，多停留在案例研究和模拟上，离真正创立企业还存在较大差别。国内高校清华与企业紧密合作，是产教融合的典范。清华大学除了主动与企业建立实践教育中心，还获得了教育部的支持，设立国家级的实践教育中心，推动学校和企业的合作。截至2022年，清华大学在全国各地有14个国家工程实践教育中心和7个国家大学生校外实践教育基地，涉及行业广泛。这些实践教育中心不仅为学生提供实习机会、培养学生跨文化能力，还与高校共同进行人才培养，建立产学研合作平台，实现国家需要、企业需要、高校需要的紧密结合。例如，在教育部支持下，清华大学响应国家工程人才建设的号召，与腾讯共同创建了工程实践教育中心，在辅助清华大学的正常教学情况下，培养学生掌握计算机专业知识和技能，培养学生将获得的知识转化为实际能力，以解决现实需要。除此之外，清华大学还与腾讯合作开发互联网技术课程，实施卓越工程师培养计划，进行校企学术交流，及时共享社会前沿技术。

（4）搭建创新创业竞赛体系，挖掘师生科技活动新载体，极大地促进创新创业氛围的形成。创新创业竞赛已经成为高校创新创业教育的有效形式，竞赛平台成为校企合作、激发创新创意、科技成果转化的重要平台（金津和赵文华，2011）。清华大学作为国内创新创业竞赛的发端者，借鉴国外的优秀经验，在中国的创新创业教育竞赛中一石激起千层浪，带动了我国众多高校参与联动，极大地促进了创新创业竞赛的推广。清华大学构建了较为稳定的创新创业竞赛体系，截至2022年共举办了七届"校长杯"、两届SDG开放创新马拉松挑战赛、九届清华大学创意大赛和三届"京津冀-粤港澳大赛"。除此之外，全国性的创新创业"挑战杯"和"互联网＋"比赛也为清华大学的创新创业教育提供了重要平台。

清华大学利用创新创业竞赛发挥社会服务职能，开展公益创业实践赛，将社会公益与创业竞赛相结合,培养学生的创新意识和公益意识。清华大学在丰富的创新创业竞赛实践中不断汲取经验,从失败中吸取教训,明确高校创新创业竞赛的目标是培育创新创业人才,而非创立初创企业,从而实现了创新创业竞赛理念的转变,清晰界定了创新创业竞赛的教育功能,更好地促进了高校创新创业教育的开展(中华人民共和国教育部高等教育司组,2006)。向春和雷家骕(2011)以清华大学学生为样本,研究了学生的创业态度和倾向的影响因素,研究结果显示参加过创新创业竞赛、有过创新创业经历及创业失败过的学生的创业意向要强于没有这些经历的学生。由此可见,学生能够在双创竞赛中培养双创兴趣,并推动学生参与更多的双创活动。

（5）为学生打造双创一站式服务,建立全价值链的众创空间。众创空间是高校双创教育的实践平台,为学生提供所需的知识储备、风险投资、指导教师、团队、创新创业氛围,由浅入深地形成理论和实践相贯通的活动链系统(黄亲国,2006)。高校众创空间有利于帮助学生辨别创新创业和社会工作实践的区别,相比社会实践经历的简单积累,其更着重培养学生的创新创业实践素养(白莉莉和徐滢,2011)。清华大学利用自身和社会资源建立了一批功能齐全的众创空间,如清华 x-lab,围绕创意创新创业进行学科交叉、探索未知、体验式教学,学生可以获取充足的创新创业资源。清华南山协同创业中心通过整合各类资源,高度聚集创新创业要素,促进跨学科研究,为清华学子提供专业辅导,并配备项目孵化中心,促使项目的顺利转化,是一个集聚创新创业训练、创新创业空间、创新创业基金及创新创业成果转化的一体化平台,促进学生的全价值链成长。清华大学 iCenter,是清华大学校内最大的工程实践教学基地,同样建构了基础课程、基地实践、在线教育、科技竞赛等一体化的教学资源,是全球最大的校园创客空间。清华创＋成长平台是由学校、地方政府、天使投资、学生通力合作组成的创业教育平台,为不同阶段的创业团队提供具有针对性的长期指导,该平台具有公益性和商业性特征。清华大学的学生科技兴趣团队自 2010 年开展以来,以学生的兴趣为导向,鼓励学生自主探索,同时辅以专业指导、资金资助、联合校内外资源和推动学生的创新探索。

2. 调动校园创新创业氛围,营造鲜活的校园文化

高校创新创业文化是高校在开展创新创业教育的过程中表现出来的思想观念、行为方式及学校的管理制度的文化,大学生创新创业的思想意识以及鼓励创新创业的文化、接受创新创业失败的容错文化(王贤芳,2011)。高校创新创业文化包含观念文化和制度文化两个层次(施险峰,2009)。观念文化是高校的创新创业教育理念、学生的创新创业意识以及校园整体创新创业氛围相融合而成的;制度文化是关于高校的创新创业教育体系建设和运行的一系列制度。

　　清华大学立足于时代前沿,从理论和实践中提出了"三位一体、三创融合、开放共享"的创新创业教育理念,以培养健全价值观、卓越能力、知识获取一体的新时代人才,激发创意、培养创新、进行创业的三创教育模式,搭建开放共享的创新创业教育平台,从理论高度对系统框架做了指导布局。共青团清华大学委员会(简称清华大学团委)是清华大学先进青年的群团组织,在创新创业教育方面起到了重要作用,主要包括 12 个机构,其中 4 个机构主要服务于学生创新创业。清华大学团委是重要的学生组织,开展学生活动的同时,组织带动学生参与创新创业活动,促进学生交流互动,发挥朋辈影响力。学生团体是创新创业教育的重要主体,清华大学学生创客团队通过走出校门,将创新创业文化带给更多的人,学生团队"青橙创客"三创研学活动到我国 20 多个高校进行宣讲,让更多的人感受创新创业文化。除了先进的教育理念和丰富的学生创客文化,清华大学从各种制度上给予创新创业教育支持。清华大学在 2015 年推行了学分等级制,不再以百分数作为评价学生成绩的标准,考核成为评定学生的主要方式,这项改革主要针对学生的功利心态,通过淡化分数差异,让学生根据自身兴趣选择课程,发挥兴趣的引导作用。同时清华大学还建立了弹性学制,学生可以申请休学创业,提高了学生创新创业热情,解决了完成学业的后顾之忧。校内专职教师队伍和校外兼职教师队伍共同为学生提供专业指导,为学生提供跨学科学习体验。

　　清华大学从教育理念、学生团队的建设、专职和兼职结合的教师队伍,以及弹性学制和学分改制等层面,持续不断地营造校园双创气氛。结合完善的创新创业教育体系,融合发展,不断扩大该体系带来的教育效应,将创新创业融入校园基因之中。

(四)创新创业教育系统服务支撑

1.依托五大平台,推进创新创业教育示范基地建设

　　五大平台推进创新创业教育示范基地建设,包括双创在线教育和实践开发平台、创客空间教学实践平台、创新创业教育国际化平台、"智能芯片+智能硬件"服务双创建设平台、创新医药助推双创建设平台。

　　(1)清华大学双创在线教育和实践开放平台。"学堂在线"是清华大学创新创业教育开展的另一重要平台,汇集运行了国内外众多一流高校约 2300 门精品课程,涉及 13 个学科门类。2015 年 3 月在"学堂在线"平台上开设"中国创业学院",聚集了国内外众多创新创业教育资源,线上线下相结合、课堂教学和实践训练、指导教师和专家讲座相结合的方式,有针对性地开设教师培训项目和学生微学位课程,为全球学习者提供创意、创新、创业的教育服务。截至目

前，"中国创业学院"共汇聚了全球高校共 1286 门创新创业课程，其中清华大学开设了 148 门创新创业课程，处于开课状态的课程占到了近 98%，每门开设的课程的选课人数都在上千人。通过开展在线教育，拓展传统课堂教学的范畴，对教学数据进行跟踪与保存。创建创新创业教育线上平台，搭建创新创业幸福科技中心，提升学生在创新创业过程中的幸福感。此外，建立创新创业孵化示范区，将其打造为线上资源汇聚与交流的枢纽。

（2）创客空间教学实践平台。创客空间是学生锻炼创新创业实践能力的重要平台，以"实践"为主要特征。清华大学以第二课堂为依托，以竞赛为载体，以培养双创人才为目标，使学生获得全系统的双创学习机会，包含科研训练、实践课程、指导教师、融资、成果转化等一系列服务。清华大学的创新创业教育实践平台包括学生科技兴趣团队、清华大学创＋、清华大学 iCenter、清华大学 x-lab 等，为学生提供了丰富的实践机会，并开拓跨学科研究，融合不同学科特性，寻找新的双创机会。创新创业竞赛是学生培养创新创业意识和能力的重要途径，也是营造和传播创新创业文化的重要方式。

（3）创新创业教育国际化平台。清华大学是世界一流大学，与全球众多高校建立了长久深入的联系，共同致力于全球问题、跨文化、交叉学科的研究，如清华-伯克利全球技术创业项目、清华-帝国理工学术与职业发展博士生暑期项目、全球创新学院（Global Innovation Exchange，GIX）等，在创新创业国际交流中起到了重要作用。后面将详细介绍，故不在此赘述。

（4）"智能芯片＋智能硬件"服务双创建设平台。该平台主要有两个作用。一是在发挥清华大学在"双智"建设方面的优势，提高"智能芯片＋智能硬件"赋予创新创业的能力，建成高水平的双创开放服务系统。二是将此系统推广至全国，起到了辐射全国创新创业教育的作用。

（5）创新医药助推双创建设平台。该平台主要依托清华大学医药领域的优势学科，建立一个高效运营、功能完善、实力拔尖和产业孵化的全球一流创新医药服务平台，为初创企业提供学术和技术支撑，推动高水平医药技术产业化。

2. 建立完善的成果转化服务体系

清华大学开展的创新创业教育除建立多维创新创业教育课程和创新创业教育实践平台外，持续、完善的创新创业教育成果转化服务平台的建设也是创新创业教育体系的重要组成部分之一。2017 年，清华大学专利国内申请总数近 3000 项，国外申请总数近 500 项，国内授权总数约 2000 项，国外授权总数近 400 项，有效维持专利管理约 900 件。以上显示，清华大学的发明专利成果显著，为了提高科技成果的转化率和利用率，提升科技成果的社会经济价值，清华大学出台了《清华大学关于深化科研体制机制改革的若干意见》，规范科技成果转化的各个环节，通过优化成果转化程序，提高科研人员成果转化的收益分成，加大股权激励，激发科研人员创新创业热情。清华大学还专门成立了成果与知识产权管理办公室和技术转移研究院，建立清晰的产权保护、技术转移、收益分配管理政策和流程。成果与知识产权管理办公室主要包含科技奖励、专利管理、技术转移和综合法务，包含了国内外专利、软件著作权的申请流程和审批流程，还制定技术秘密管理流程，为技术开发者提供了有效的保护措施。技术转移研究院主要包括知识产权部、技术转移部、综合事务部、国际技术转移中心等，协助前景好、不成熟的创新性技术提高成熟度和市场接受度，实现成果转化的第一步，紧跟校园最新科技成果，对具备较高的市场应用价值的成果进行专利挖掘，并提供专项支持，保护科技成果的产权和市场价值，提供技术转移服务，配备专业的技术转移经理，为师生提供全链条的技术转移服务，对已经转化的科技成果进行跟踪服务。清华科技园是清华大学创新创业教育开展的重要场所，集聚成果孵化、高新企业研发、创新创业人才培育、成果转化为一体，提供办公空间、中介服务、资金筹集服务，高度聚集创新创业教育要素，发挥集聚效应提高创新创业效果。另外，清华科技园被纳入北京中关村科技园区规划，与众多科技公司建立了有效合作，实现共赢，能够与中关村科技园双向互动，实现创新创业资源的高效流通。

由此可见，清华大学的创新创业教育成果转化体系较为完备，与企业、政府建立了良好的运转平台，为科技成果转化提供了良好平台。

3. 加强国际合作，提供创新创业国际交流平台支撑

创新创业教育是基于创业教育，顺应时代发展和国内实际发展起来的本土教育。国内高校在借鉴学习和研究国外创业教育研究的基础上，积极促进本土化与国际化的融合。清华大学在进行本土创新创业教育研究的基础上，积极地与国际平台建立联系，促进本土创新创业教育与国际创新创业教育接轨。清华大学积极开拓国际资源，与众多国外高校、教育平台建立了广泛深入的联系，开展联合培养、共建研究学习共享中心、师生交流等活动，推动了本土创新创业教育和国际创新创业教育的接轨。

在微软公司的支持下，清华大学与美国华盛顿大学共同创办了全球创新学院，该学院以全英文、学科交融的学科体系结合创新创业实践机制，探索全球性挑战问题，旨在打造全球顶尖的智慧互联科技创新平台，培养具有全球视野和创新能力的人才。同时，清华大学各院各系还利用现有资源与国外高校建立了深入的联系。例如，截至2022年，清华大学深圳国际研究生院创新创业教育国际合作伙伴遍及11个国家11所大学及研究机构，与9个国际教育机构展开联合培养人才计划，与国际教育机构建立了5个科研实验室，并在高校管理、海外学术交流、高

校行政等方面，开拓了稳定的国际交流平台。清华-伯克利全球技术创业项目，是清华大学成功搭建国际交流平台的有效实施，该项目的学生在规定时间内修满学分，在学期间完成既定的商业计划考核，便可获得双方合作学校共同签发的结业证书。该项目鼓励学生参加创新创业比赛，在比赛中提高领导力和管理能力，并将所学运用到实践中。清华-帝国理工学术与职业发展博士生暑期项目也旨在为博士生提供深度学习创新创业的机会，强化学生与导师之间的联系，提高博士生的创新创业意识和能力。

创新创业教育国际平台的构建，有利于国内和国际创新创业教育的及时接轨，提升学生的跨文化学习能力和全球胜任力，培养未来学习者，依托创新创业人才带动社会发展。

4. 构建协同创新的创新创业教育保障制度

清华大学在创新创业教育的顶层设计中，高度重视建立完善的保障体系。在组织保障层面，成立专门的教育协调委员会和教学（专项）委员会对创新创业教育的教学、实践、成果转化、服务等进行组织协调，并组建由校长、副校长、党委书记等组成的教育领导小组，教务处牵头，与校园相关部门合作，构建全校联动的制度协调机制。在实施保障层面，继续完善五大依托平台，在校级领导小组下设分管领导小组，与各系、各院保持紧密联系，建立有效的实施监督体系，确保各院创新创业教育计划的深度实施。在纪律保障层面，为了保障创新创业教育计划的稳步推进，通过建立定期公示制度，进行质量管控，并向社会公示项目进度、内容、资金使用、研究结果。在制度保障层面，进行创新创业教育长效机制研究，注重创新创业教育理论研究，从教育实践中吸取经验，形成理论指导，在创新创业教育的实践中不断地总结调整，最终形成稳定且具有弹性的创新创业教育系统。在资金保障层面，为确保资金的利用最大化，建立专门的资金管理小组，实现资金的统一管理。

三、清华大学创新创业教育系统运行机制

清华大学从最初举办"挑战赛"到"三位一体"的创新创业教育模式、"三创融合"的创新创业教育理念，最终建成了贯穿科研、课程、实践的创新创业教育系统，同时还成为带动我国高校创新创业教育的重要力量。

前面详细地介绍了清华大学创新创业教育系统要素和实践，并对要素进行了提取和归类，最终得出清华大学创新创业教育系统的核心要素及职能。如图 8-2 所示，清华大学创新创业教育系统是在国家政策导向下，由学校制定整体规划，依托校园的五大平台，从而开展校内外、国内外的创新创业教育合作。清华大学

创新创业教育系统的主体包含了创新创业科学研究（理念、模式）、创新创业课程体系、创新创业实际和孵化的实践体系、创新创业成果与技术转化和校内各种资源的整合。

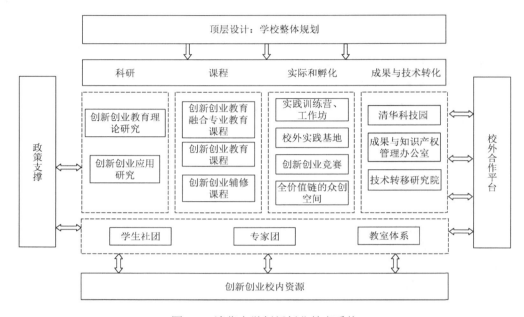

图 8-2   清华大学创新创业教育系统

经过长期的创新创业教育的理论探索和实践探索，清华大学明确了教育的最终目标不是创新创业，而是创新创业人才的培养，而人才培养的关键在于教育先行。清华大学秉持创新创业教育通识化，创新创业教育全校性覆盖，不再是覆盖少数人的专有课程，这有利于创新创业校园文化的形成和创新型大学的建成。清华大学的创新创业教育旨在培养学生的创造性精神、创造性思维，提升学生创造性能力和执行能力。

清华大学突破传统的创新创业教育模式，尝试从跨学科、跨领域、专业教育和创业教育融合中寻找创新创业教育的新突破点。清华大学基于已有的专业基础，充分利用自身的资源优势，积极探索专创融合、跨领域、学科交叉的创新创业教育。专创融合的创新创业教育是清华大学的重要规划，也是重要举措。各院系积极加入创新创业教育过程中，以本专业领域为基础，融合创新创业教育，培养具备专业素养、创新创业意识、创新创业技能的人才。清华大学利用自身优势资源，与国际平台进行国际合作、学科交叉、跨界融合研究。

创新创业教育具备"一体两面"的特质，是素质教育和职业教育的融合发展，是以培养具有开创性的个人为主要目标，能够创造性地解决岗位和工作上遇到的问题，除了具备开创性能力，还须具备创造就业和创办企业实体的能力（王占仁，2015b）。在开展创新创业教育的过程中，必须协调平衡好培养具有开创性的人与将开创性转化为现实的人才目标。清华大学以培养具有创新创业意识的创新型人才为目标，发挥专业优势和师资优势，结合第一课堂和第二课堂，激发学生的创造力和创新能力，培养学生的创业能力，并在第一课堂的基础上，充分发挥第二课堂的优势，衔接好第一课堂和第二课堂，搭建好理论知识向实践能力的过渡。

清华大学创新创业教育系统是政策导向为主的自上而下的运行模式，具有自身的生态特征，但系统缺乏足够的活力。社会合作和政策是清华大学创新创业教育系统的外部驱动力，能够促进该系统与外部环境互动。政策导向和顶层设计为创新创业教育的实施奠定了良好的文化氛围和导向。科学研究、课程体系、双创平台和实践体系，在系统之中促进信息、能量的转换，激活系统内部活力，形成系统内部驱动力。该系统在外部驱动力和内生驱动力的共同作用下，呈现动态共生状态，如图8-3所示。

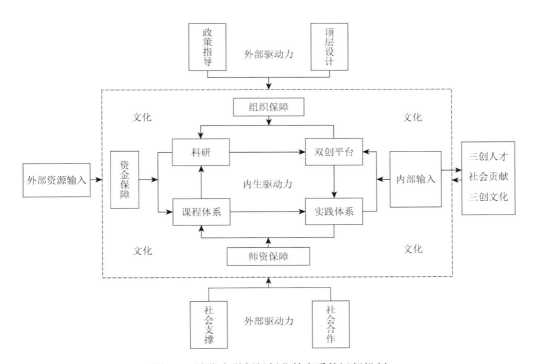

图8-3 清华大学创新创业教育系统运行机制

四、小结

本节主要围绕清华大学创新创业教育系统教育理念、教育实践和运行机制展开了介绍。清华大学是世界一流大学，其创新创业教育系统的构建也深入国际合作领域。通过众多项目、平台，与国际领先的机构建立合作关系，培养学生在多元文化中的合作发展的跨文化素养和国际视野。

跨文化的元素是清华大学创新创业教育系统的重要元素和肥沃土壤。清华大学创新创业教育经历了探索起步阶段、试点改革阶段和深入实施阶段，逐渐构建起了较为完善的创新创业系统，清华大学也依据自身的优势制定了适切的创新创业教育实施方案，发挥着对创新创业教育系统构建的指导作用。清华大学创新创业教育系统的构成要素众多，构筑了从科研到实践平台相衔接的创新创业教育系统，立足本土，放眼国际。清华大学创新创业教育系统进行着资源和信息的流动，在政策的驱动和自身系统需求的双向驱动下，处于不断完善和革新的过程中。

跨文化既是清华大学不断走向世界的方向，也是推动其走向世界的动力。清华大学通过构建国际化、结构化、系统化的创新创业教育系统，从而推动具备跨文化能力、跨文化意识的创新创业人才的培养。

第二节　加利福尼亚大学伯克利分校创新创业大学生 跨文化能力培养实践

加利福尼亚大学伯克利分校位于享誉全球的科技创新湾区——旧金山湾区，湾区内构建了以硅谷为核心的世界顶级创新创业生态系统，这是一个相互联系且深度耦合的系统，在经历多重危机时表现出了高度的弹性，能够快速实现系统要素的转换重组，以快速面对新的危机和挑战。图 8-4 是高度简化的旧金山湾区创新创业生态系统，包含了该体系中的主要要素及要素间的联系。旧金山湾区科技创新体系的要素构成复杂，要素间建立了纷繁复杂的关系网络，各个要素间包含了合作、所属关系，通过要素间的高频互动实现资源流转，最终促进科技创新的持续产生。该体系主要由高等教育集群、国家实验室和联邦研究机构、孵化器和加速器、风险资本、设计服务机构、联邦与企业实验和创新中心等多个机构和创新行动者组成，并在不同文化背景下相互分享如何创造价值，共同构成了湾区动态的非线性创新体系。

伯克利分校作为加利福尼亚大学的创始校，在湾区具有悠久的发展历史，作用于又受益于湾区的发展。伯克利分校的教职工、学生建立了规模可观的初创公司，其中约 55% 的初创公司位于旧金山湾区，带动了湾区的就业和经济发展。如图 8-4

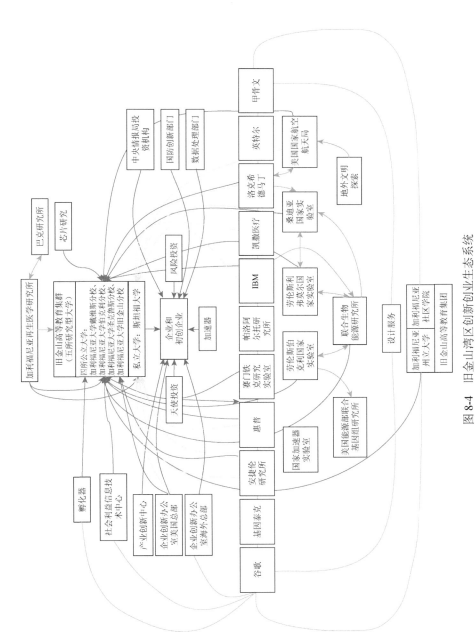

图 8-4　旧金山湾区创新创业生态系统

IBM，全称 International Business Machines Corporation，指国际商业机器公司

可见，伯克利分校作为湾区高等教育集群的重要组成部分，与湾区的各要素建立了不可分割的联系，实现价值相互输送与知识共享。

一、加利福尼亚大学伯克利分校创新创业教育理念

卓越的教育理念是开展卓越教育的前提，是卓越大学的精神内核。"加利福尼亚理念"生长于自由先行的加利福尼亚，加利福尼亚州州长和大学校长不遗余力地进行高等教育投入，专注优秀与公平的大学理念，注重大学社会服务职能塑造，投身于社会公益服务，坚持教育重塑和推动社会发展，在教育中寻找机会，制造机会（布瑞斯劳尔等，2011）。伯克利分校是加利福尼亚大学创始校区，更是深受"加利福尼亚理念"的影响。伯克利分校自成立起便确立了开放、自由的办学基调，树立了世界一流大学的远大目标。伯克利分校注重人才的培养，本科生和研究生数量在全美国高校中保持着绝对优势，对社会的发展输送源源不断的动力。伯克利分校作为世界顶尖的研究型大学，不仅承担着教书育人的社会重任，而且将服务社会作为核心目标之一，其办学具有三大宗旨：一是教育本科生，二是赞助研究计划，三是回馈大众，显示了大学的责任感和使命感。基于此，伯克利分校在进行创新创业教育的过程中，也继承了伯克利分校开放、包容、探索、服务的先进教育理念。

明确而具有前瞻性的目标是创新创业教育的基础。由伯克利分校研究副校长办公室（the Office of the Vice Chancellor for Research）发布的报告——《加利福尼亚大学伯克利分校的企业家精神》（Entrepreneurship at UC Berkeley）指出，伯克利分校作为顶尖的研究型大学，教育使命是将学生培养成富有创造力和生产力的公民，生产有利于人类发展的创新性知识，并将其转化为创新和有价值的产品（UC Berkeley，2018）。而创新性知识从概念到实践的转变的过程中，还面临着诸多困难，如何促进知识向产品的转化，伯克利分校选择了构建以培养学生创业精神为目标的创新创业教育系统。具体目标包含以下三个方面：一是聚焦于学校培养学生的核心教育使命，培养具有创造力和生产力的本科生、硕士研究生、博士研究生；二是发挥大学的社会服务职能，创造与人类发展紧密相关的知识，促进知识向革命性的产品转化，扩大大学的社会效益；三是在公立大学财务系统中，在政府财政投入减少的背景下，创业精神的培养可以直接和间接地产生新的收入来源，有利于构建新型的大学财务模型，促进公立大学持续稳定地发展。

二、加利福尼亚大学伯克利分校创新创业教育系统实践

伯克利分校的创新创业教育系统由正式网络和非正式网络构成，系统内部各个要素相互联结，构成了动态的创新创业教育网络系统。美国主要有聚焦模式、

磁石模式、辐射模式三种创新创业教育模式,伯克利分校结合这三种模式于教学中形成了混合模式,面向全校学生开展双创教育,利用商学院和工程学院的优势带动全校双创教育(时晨晨,2018)。伯克利分校创新创业教育系统在规模庞大、种类丰富、实力雄厚的基础课程和针对性强、学科交叉的创新创业专业课程基础上,积极聚集校内资源,建立多样化的学生团体,提高学生的参与性,开展一系列的创新创业比赛,激发学生参与积极性,为学生提供便捷、针对性强的双创资讯和学术研究资讯,建构专业的教师队伍,带动校友企业家参与到创新创业教育中来。除了充分调动校内资源,伯克利分校创新创业教育系统还提供了全方位服务支撑,主要包括法律服务支撑、融资服务支撑、技术转化服务支撑、初创企业孵化器服务支撑、创新创业文化支撑。

(一)创新创业教育系统规划

伯克利分校研究副校长办公室全面负责伯克利分校的各类研究,研究副校长主要领导研究政策、研究计划和研究管理,还负责促进大学和企业之间的交流与合作,各类研究成果转化的规定设定。创新创业研究是研究副校长办公室五大研究重点之一,规划和发展受到其主导和管理。该办公室主要包含副校长领导层、财务预算和服务、人力资源管理办公室、行政和政策支持办公室、对外关系办公室、伯克利研究发展办公室。除此之外,伯克利分校首任创新创业负责人于2020年1月1日就职,主要目的在于促进伯克利分校动态创新创业网络的发展,实现学术研究向现实应用的转化。伯克利分校开展了众多校内外联动的发展计划,镶嵌在各个学院的计划之中,还对创新创业教育系统中的各个要素进行了职能划分[①]。

伯克利分校的创新创业教育研究与发展有专门部门负责计划的制订和实施,并与众多的研究计划相互关联,在很大程度上有效连接了更多资源为创新创业教育系统建设服务。

(二)创新创业教育系统课程教学体系

课程是学校教学系统的核心,同样是创新创业教育系统的核心。伯克利分校将基础课程和双创课程相结合,打造了优质的专创融合课程。

1. 整合和发挥基础课程体系优势

伯克利分校开展广谱式的创新创业教育,各个院系都相继参与到创新创业教育中,依托各院的优势学科开展交叉学科的创新创业活动。截至2022年,伯克利分

---

① Innovation & Entrepreneurship, https://vcresearch.berkeley.edu/innovation.

校拥有约 3000~4000 门本科生课程，分为大一、大二的低年级课程和大三、大四的高年级课程，低年级课程主要进行基础性知识学习，高年级课程则为学生提供本科向研究生阶段过渡的学习课程。除此之外，伯克利分校约有 2000~3000 门研究生课程，拥有全美高校最多的优质研究生课程，在 52 门优质课程中，48 门课程分别位于各自领域的前十名（Kuh and Voytuk，2011）。伯克利分校课程的学习方式多样，融合了调动学生学习和因时而变的设计思维。伯克利分校发布的 2021 年春季教学计划根据课程的类型和学生所处的学习阶段的不同，设置了不同的学习方式，新生须参加新生研讨会，以更深入地了解学校和获得未来学习的便捷信息，本科生主要采取实地调查、小组学习和自我监督式独立学习，硕士研究生和博士研究生则主要以自主学习为主。

2. 体系完善的创新创业课程体系

伯克利分校创新创业教育课程主要由哈斯商学院的莱斯特创业中心（Lester Center for Entrepreneurship）和工程学院的科技创业中心（Center for Entrepreneurship & Technology）组成。

哈斯商学院莱斯特创业中心所提供的课程既面向刚接触创新创业的学生，也面向希望深入创新创业团队构思与组建、客户发现与反馈、开始创业三阶段的学生。如表 8-3 和表 8-4 所示，面向本科生和硕士研究生及以上学生提供创新创业课程，课程紧紧围绕创新创业过程展开，促进创新创业知识的层层递进。哈斯商学院的创新创业课程依托精益创业（Learn Launch），为学生在学习探索创新、创业和初创企业的过程中，提供沉浸式、实践性的学习，学生在课程结束时，能对创新创业有更深入的认识，并能够组建团队，开展创新创业活动。哈斯精益创业计划主要包含资深教授的课堂教学、企业家专题讲座、前往硅谷的实地调查学习等内容，教学分为定义、学习、革新、加速四步骤，通过对创新创业概念的辨别、寻找创新创业机会、初创企业商业模式构建、初创企业创业模式的调整革新、初创企业创业模式的最终形成与创建，最终促使学生组建团队，实施商业计划，构建初创企业。

表 8-3　哈斯商学院本科生的创新创业课程表

学期	课程编号	课程名称
秋季	L&S 5/UGBA 5	创业导论
	192N	社会学创业
	195P	创业视点
	195T	风险资本、私募股权和基金避险：导论
春季	195A	企业家精神

表 8-4 不同主题的全日制和非全日制的创新创业教育课程

学期	课程名称及编号	主题			
		创建公司	风险投资	创业通识课	初创企业
秋季	292T 创业的社会影响	√			
	295T 社会投资学	√			
	294 风险投资专题讲座		√		
	294 私募股权专题讲座		√		
	295B 风险投资&私募股权		√		
	295A 企业家精神			√	
	294 创业者生活			√	
	294 创业家专题讲座			√	
	295M 商业模式创新&创业策略			√	
	295C 机会识别：科技创业			√	
	295T 创业实验室				√
春季	295I 创业工作坊	√			
	295T 投资学	√			
	295D 新创企业融资		√		
	295A 企业家精神			√	
	292N 企业家精神社会学			√	
	295C 机会识别：科技创业			√	

　　哈斯商学院的创新创业课程为处于不同创新创业阶段的学生提供了针对性的课程。如图 8-5 所示，对于刚接触创新创业阶段的学生，学院主要提供了企业家精神、创业的社会影响等课程，帮助学生深入了解创新创业的意义；而对于已经逐步开始创建初创企业的构建的初创者，则提供了投资学、创业实验室等课程。当初创企业建立并进入企业融资阶段时，主要进行风险投资的学习。其中商业模式的创新、创业者的生活和机会识别是整个创新创业学习过程中的核心课程。

　　工程学院的科技创业中心是伯克利分校的又一重要创新创业教育课程提供机构和创新创业教育中心。自 2005 年成立至 2018 年，科技创业中心为约 5000 名伯克利学生提供了创新创业课程，创建了约 100 个企业，与约 500 名的硅谷企业高管和全球数十所大学建立了合作关系。与此同时，科技创业中心还通过创新创业课程、创新创业训练营、创新创业马拉松吸引了大量学生参与到创新创业中来，其中 50% 的学生来自工程学院，其他学生则广泛地分布在其他学科（UC Berkeley，2018）。如表 8-5 所示，科技创业中心主要包含创业基本法课程、创业技术证书课程、

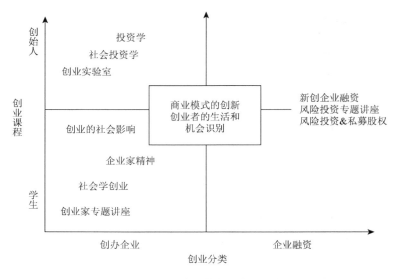

图 8-5　不同阶段的创新创业课程

创新实验室课程、创业学期课程。以上几类课程之间相互支撑，各有侧重点，主要在于培养学生如何利用创新技能和创业技能，创建初创企业，克服企业运作中的风险。工程学院的创新创业课程呈现半开放式状态，主要面向工程学院学生和伯克利分校学生，而社会团体和个人则须支付一定的费用才能参与课程的学习。

表 8-5　工程学院的创新创业教育系列课程

课程名称	课程目标	课程范围	具体课程（部分）	课程对象
创业基本法课程	创新和企业家精神的基本概念 技术领导者和创新创业者	机会识别、熟悉企业的发展技术战略、了解创业支撑系统、规避风险、技术与新商业模式的融合、熟悉风险融资	1. 机会识别课程 2. 团队构建课程 3. 演讲技能课程 4. 团队运作课程 5. 伯克利创业基础法和心态训练课程 6. 初创企业价值评估 7. 成功案例分析课程 8. 创新文化专题讲座课程 9. 企业核心竞争力及技术战略	全球在校大学生（无偿） 社会团体和个人（有偿）
创业技术证书课程	学习创新和创业精神，加强思维方式和技能的训练，成为行业的创新领导者	构建创新创业网络、启动和发展创业公司	1. 企业领导力 2. 产品管理 3. 企业融资 4. 创业启动：硅谷概论 5. 创新和企业 6. 科技和创业	伯克利分校学生

课程名称	课程目标	课程范围	具体课程（部分）	课程对象
创新实验室课程	关注创新，指导行业未来发展	集中重点领域创新、人工智能、5G 技术	1. 工业工程与运筹学专题课程 2. 工业工程与运筹学：创新与创业	伯克利分校学生数据科学、工程学等专业学生
创业学期课程	构建团队、扩大网络、立足硅谷创新创业生态系统	构建技术公司、扩大企业社会影响、企业内部创新、强大的导师网络、加入世界领先的创新创业生态系统	1. 成功创业者的经验分享专题讲座 2. 初创企业挑战实验室课程 3. 科技创业中心选修课系列（领导力、产品管理、技术创业）	伯克利分校学生

如图 8-6 所示，工程学院的创新创业课程是在伯克利三要素教学法的框架下展开的，促使学生了解企业家的心理，提升抗打击能力和抗压能力，提升学生的团队协调能力和创新创业的信念，使得学生以企业家的思维方式和行为方式学习创新创业。除了心理层面、思维层面和行动层面的创新创业教育，工程学院的课程还培育学生在现实创新创业过程中，创建企业并良好运作企业的能力，主要包含企业运行所需的基础设施和支持服务、制定权责清晰的企业规则、领导企业生态网络的能力。另外，培养学生的创新创业格局也是伯克利教学法的重要关注点，包括培养学生识别创业机会、进行企业融资、建构高效的商业运作模型、形成企业家精神，构建学生创新创业的能力框架。

图 8-6　工程学院的伯克利三要素教学法

（三）创新创业教育系统校园文化

伯克利分校位于多元文化的旧金山湾区，具有天然的跨文化环境优势，跨文化要素渗透在创新创业系统的全链条中，此优势对于国际化人才的培养具有重要的推动作用。与此同时，其哺育的跨文化人才反推伯克利分校乃至本地区的高速发展。

伯克利分校的创新创业教育系统在庞杂多样的核心课程的基础上，从校园内部丰富的创新创业教育环境中汲取能量，主要包括专业且经验丰富的教师队伍、富有挑战的创新创业竞赛、及时的创新创业资讯、庞大而复杂的校友网络、前沿的学术研究、学生团体等。校园内部各种创新创业教育资源不仅仅是创新创业课程的重要补充，也是校园创新创业教育微系统的组件，拥有培育创新创业精神的共同目标，发挥着创新创业教育的不同职能，每一种资源的汇集都最终形成了校园文化的一部分。

1. 多元的创新创业师资文化

专业的教师队伍是创新创业教育中的核心主体之一，传授创新创业信念和技能，引领学生参与创新创业活动。伯克利分校的师资队伍包含了学校的师资和校友企业家师资。伯克利分校重视人才，并积极引进优质教师，其终身教授人数达 1000 多人，且具有不同的文化背景和研究领域，另外还有规模庞大的企业家校友开设专题讲座传授创新创业经验。伯克利分校将教师的社会服务指标作为教师绩效评估的重要指标，而教师参与创新创业，将学术研究转换到现实的创业过程中是社会服务的途径之一。相关报告显示，伯克利分校的教师普遍认为参与到创新创业过程中，是学术工作的逻辑延伸，创造财富，贡献社会，是与大学的使命相一致的，致力于前沿基础研究并将其转换为实际产品，这一举措深刻地影响了学术研究中针对现实问题开展的研究，使得学术研究具有深刻的实践意义（UC Berkeley，2018）。教师在创新创业教育过程中兼具角色众多，多重角色相互交织影响。教师在教学过程中，是知识传授者，抑或是企业的组织者和管理者，学生获得专业知识，同时也获得实习经历，在学习过程中不断学习企业家的思维模式和行为模式。

2. 活跃的创新创业竞赛文化

富有竞争性的创新创业竞赛是实施创新创业教育的重要载体，深度融合了理论与实践，极大地激发了学生的创新创业意识。伯克利分校的创新创业竞赛不仅是商业计划的竞赛场,同时还是创新创意诞生的沃土,在激烈、紧张的创意角逐中迸发思想的火花(陈宝文和马国栋,2017)。伯克利分校主要的创新创业竞赛项目有大创意(Big Ideas)、创新核能训练营(Nuclear Innovation Boot Camp)、创新对撞杯(Collider Projects)、黑客马拉松(Hackathon)、全球社会企业创业大赛(Global Social Venture Competition)和风险投资竞赛(Venture Capital Investment Competition)。这些创新创业竞赛设置了严苛的参赛队伍选拔标准,并经过层层淘汰筛选出最优秀的队伍,可获得可观的竞赛奖金,还能获得入驻孵化器的机会,在专业导师的指导下,同时吸引风险投资者进行投资,极大地增加了竞赛项目落地的概率。而在竞赛过程中,学生的创新意识、创业能力能极大地提高。例如,在大创意竞赛中,主要参赛团队是跨学科构建的团队,他们围绕影响人类发展的重大问题,从跨学科的视角,跳出传统教育基础的束缚,运用他们所学,致力于提出解决人类发展问题的革新方案。创新创业竞赛极大地补充了创新创业课堂教学,提供了理论知识转化为实际应用的机会,同时由一个个竞赛所形成的竞赛氛围极大地提高了校园创新创业的氛围,更有利于拉动学生和教职工参与到创新创业中来,促进了创新创业教育的良性循环。

3. 实时的信息交替氛围

及时、便捷的信息资讯网络,为创新创业者提供了前沿信息和资源获取通道。学生在创新创业的全过程中,时刻获取最新的资讯,而有组织的资讯门户将极大地缩短资讯获取的时间成本,同时形成标志性的资讯平台,在校园内进一步营造创新创业的氛围。近年来,通过加利福尼亚2664号州议会法案的资助的伯克利创新门户(Berkeley Gateway to Innovation,BEGIN)是伯克利分校创新创业资源的重要一站式平台,旨在为帮助学生、教职工、研究人员等快速寻找伯克利分校的创新创业可用资源,以支持开展企业家精神教育、学术成果的商业化和初创公司的发展[①]。如图8-7所示,伯克利创新门户陈列的创新创业资源和资讯,主要涵盖四大板块:校园内的课程、学术研究、重要资讯及学生社团等资源;哈斯商学院与工程学院的产权与产业研究联盟所开展的创新创业教育;包含创新基金会、伯克利创业法律支持及创新孵化平台的加速器和孵化器;由天使投资、政府投资、孵化器投资和行业投资构成的风险投资板块。伯克利创新门户还专设了创业大事记、周边新闻和专门的服务部门。创业大事记主要陈列的是伯克利分校最新的创新创业概况,如工程学院的创新实验室对于各行业展开的热烈讨论、创新圆桌会议的讨论热点等。周边新闻不仅陈列了伯克利分校优秀的创新创业团队及成果,同时还链接了其他区域的重大研究热点。专门的服务部门则是针对无法在创新门

① Berkeley BEGIN,https://begin.berkeley.edu/#begin。

户直接获取资源的用户而设置的,用户通过提交个人的信息和需求而获得创新门户针对性的帮助。创新门户的建立是伯克利分校信息资源网络建设的重要一步,极大地聚集和整理了校内外的创新创业教育资源,一站式的创新创业平台提供了系统的课程链接、资金和孵化器平台等。

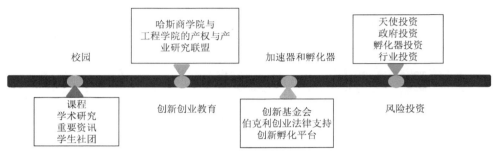

图 8-7　伯克利创新门户

4. 连接校内外的校友感恩文化

校友群体作为大学文化的重要组成部分,是连接母校、校友和社会的情感纽带和精神纽带(程军等,2017)。紧密而稳固的校友网络是大学创新创业教育的宝贵资源,通过开设专门的创新创业讲座和校友课程,促进了校园创新创业课程和教学的改革,激活了校园创新创业氛围。校友团体通过直接捐款,建立创新和创业教育基金以及设立奖学金来提供校园反馈,在促进校园活性层面发挥了重大作用。校友网络同时还为在校学生提供了与成功校友沟通交流的平台,影响着在校学生的职业规划和选择、未来的就业方向和潜力,为学生提供了更具有参考价值的职业路径。伯克利分校较为典型的校友网络有伯克利-哈斯校友关系网(Berkeley-Haas Alumni Relations[①])、伯克利创新者(Berkeley Innovators)、伯克利校友会(Berkeley Alumni Association)、伯克利创始人(Berkeley Founders)、伯克利创始人誓约(Berkeley Founders Pledge)和伯克利校友网(Berkeley Alumni Network),伯克利校友通过这些关系网络反哺学校,并且在校友网络中获取有效的发展资源,建立了校友与校园双向受益的互动关系。例如,伯克利-哈斯校友关系网中的校友遍及美国 50 个州、全球 81 个国家和地区,校友成立的代表性公司约 20 000 家。在这个宏大的校友网络中,校友为哈斯商学院带来最新的创业资讯,也为哈斯商学院的学生带来了充满活力的

---

① Berkeley-Haas Alumni Relations,https://haas.berkeley.edu/alumni/alumni-network/.

优质教师队伍、最佳的就业方向。而就校友网络而言，在回馈校园的同时，将获得哈斯商学院积累的优质资源，校友将获得更长久的职业发展路径，如参与哈斯商学院的企业高管教育课程，与校友网络中的其他优质校友建立联络，以及招聘具有无限发展潜力的哈斯商学院学生。建立和维护校友网络将有利于在校园和校友、校园和社会之间建构起交流的桥梁，更广泛地发挥伯克利分校创新创业教育系统非正式网络作用。

5. 自主和灵活的学生文化

学生社团是大学生按照某一共识和兴趣，构建的职能丰富的组织结构，具有自主性、广泛性和灵活性特征，有利于培养大学生自我管理和自我服务的能力，在校园创新创业教育中充分发挥朋辈作用，调动学生的参与性。伯克利分校有学生参与事务管理的优良传统，通过高年级学生带动低年级的学生参与学生活动，培养大学生组织能力和社会适应力（杨单单和高布权，2014）。伯克利分校现较为成熟的学生社团有伯克利创业者协会（Berkeley Entrepreneurs Association）、伯克利能源与资源合作社（Berkeley Energy & Resources Collaborative）、个性化投资（Free Ventures）、风险战略解决方案（Venture Strategy Solutions）和西格玛（Sigma Eta Pi），学生社团在校园中的作用突破了传统的学生活动社团的概念，为学生提供创新创业相关课程，举办包含教师、企业家、学生在内的研讨会，是校园文化建设的重要组成部分和校园创新创业教育系统的微观系统。例如，伯克利创业者协会，旨在成立学生思想交流、寻找合作伙伴、学习创业和培育独角兽公司的学生社区，根据学生的研究兴趣，提供针对性的方案，培养学生的企业家精神和创新创业技能，最终创建有潜力的初创企业。

6. 浓厚的学术研究氛围

前瞻性的学术研究资源为创新创业教育奠定了扎实基础，跨领域和学科交叉研究为创新创业教育提供了充足的灵感源泉。教职工和学生在各自的领域开展领先的学术研究，并在此过程中产生了规模可观的专利，创业者通过大学技术许可办公室（The Office of Technology Licensing，OTL）的技术许可开办具有核心技术的初创企业。伯克利分校的创新创业活动是在强大的学术背景下进行的，在伯克利分校学生创办的初创企业中，约70%的创始人拥有研究生学位，约24%的创始人拥有学士学位。可以看出，大多数初创企业家都拥有雄厚的学术背景。伯克利分校还创建了巴卡尔研究员计划（The Bakar Fellows Program），旨在提升STEM +领域教师的创新创业精神，协助教师将开创性的创新成果转化成可行的商业方案。该计划不仅包含实力雄厚的教师，还筛选有创新精神和创造力的研究生、博士、博士后加入其中,他们与教职工共同合作,实现创新成果的商业转化,并能获得广泛的校园资源,实现从学术研究人员到企业创始人的转变。

(四)创新创业教育系统服务支撑

伯克利分校创新创业教育系统是一个较为成熟的系统,具备完善的课程体系,以及浓厚的创新创业文化。除此之外,还扎根于旧金山科技创新体系之中,借助旧金山湾区得天独厚的创新创业环境,构建了校内外创新创业教育支撑服务体系,以助力伯克利创新创业教育的实施,主要包含了技术转化支撑、孵化器和加速器支撑、融资支撑、法律支撑、文化建设支撑。以上创新创业教育支撑相互渗透,编织了一张巨大、复杂的服务网络,极大地推动了创新创业教育的实施和创新创业成果的转化,保障了伯克利分校创新创业教育系统的有序运行,并使得该系统深度融入旧金山科技创新体系之中,服务于更广泛的区域发展。

1. 多功能的技术许可办公室服务

技术许可办公室是发明和专利向现实经济贡献转变的重要关口,通过"技术推拉"促进创新创业的实现(University of California,2016)。伯克利分校的技术许可主要由知识产权和产业联盟研究办公室(Office of Intellectual Property & Industry Research Alliances,IPIRA)负责,由产业联盟办公室(The Industry Alliances Office,TAO)和技术许可办公室组成。产业联盟办公室主要是与企业建立深入的联系,管理行业赞助,并与企业建立创新和创业计划。技术许可办公室则集中于专利、技术许可的审查和披露,创建初创企业。知识产权和产业联盟研究办公室旨在促进伯克利分校与各行业建立多样的关系及新的互动模式,将教职工开发的专利提供给企业或用来创建新企业,从中获取专利使用费和企业分红,以实现技术推动经济的发展,拓展大学的经费来源,同时吸引行业赞助大学的学术研究,这类研究相比于联邦政府投入的学术研究更加具有实用性。自 2004 年 IPIRA 成立之后,已经获得超过 10 亿美元的行业赞助和 2.5 亿美元的技术许可收入,依托 IPIRA 技术许可成立的 66 家旧金山湾区初创企业,已经吸纳加利福尼亚州大约 1500 人就业,年收入达到 1.95 亿美元。

2. 设施完善的孵化器平台

设施完善的孵化器和加速器为初创企业的成长提供温床,确保处于初期的初创企业稳健成长。伯克利分校孵化器主要是位于校园内的加利福尼亚大学伯克利分校定量生物科学研究所[The Californiainstitute for Quantitative Biosciences at UC Berkeley（QB3-Berkeley），QB3〕和伯克利空中孵化平台（Berkeley SkyDeck）。入驻孵化器的初创团队必须具备完整且可行性高的商业运行模型，并具备基本的企业组织架构，初创团队将获得足够的办公空间、创业顾问的专属指导和初创企业成长启动资金。入驻孵化器的初创团队成员大部分是伯克利分校学生，他们在毕业之后将有机会进入大型的创业公司就职，而继续运行的初创企业将会从 SkyDeck 的 SkyLab（伯克利天台加速器）计划中获得持续的人脉和资源支持。伯克利分校的加速器主要是位于劳伦斯伯克利国家实验室（Lawrence Berkeley National Lab）的回旋加速器和社会利益信息技术研究中心。回旋加速器主要招募各大创新创业竞赛的冠军，为他们提供为期两年的项目基金，回旋加速器的参与者在此期间须全身心投入，他们可以使用现有的设施设备，获取相关的专业知识（UC Berkeley，2018）。伯克利分校的顶尖人才有机会在回旋加速器中获得快速的成长，本科生也有机会在跨文化的环境中实习和学习。CITRIS Foundry[①] 同样为初创企业家提供办公基地、创业基金、基础设备和专业指导，CITRIS Foundry 自 2013 年成立以来，截至 2022 年孵化了 23 家初创企业，并持续每年资助 10 家初创企业。

3. 稳定多样的融资渠道

持续多样且稳定的融资渠道，为创新创业教育系统提供持续不断的资金支持，是创新创业教育不断前进的驱动力。伯克利分校创新创业教育系统的发展依赖于旧金山湾区的创新创业生态系统，湾区内的融资生态同样为伯克利分校的创新创业教育系统服务，并且主要有天使投资、政府投资、孵化器投资、行业投资和风险投资。旧金山湾区分布着美国最大的风险投资群，约 300 家风险投资公司和私募股权公司在旧金山湾区寻找投资机会，美国 50% 的风险投资公司分布在伯克利分校附近，伯克利分校的创始人可以快速地获得资金创建公司[②]。虽然天使投资主要由个人发起投资，投资份额小于风险投资，但其投资方式更为灵活，可以投资规模较小的企业或初创企业。行业赞助是伯克利分校创新创业教育的重要资金来源，通过与成熟的企业建立合作关系，共同推进新的研究，可以获得企业的资金资助，同时还提高了研究的实用性。孵化器提供的种子基金也是伯克利分校创新创业教育的重要资金来源，激励着学生持续创新创业，同时还推动初创企业的成长与发展。伯克利分校作为美国顶尖的公立研究型大学，获得州政府和联邦政府拨款，美国国家科学基金会（National Science Foundation，NSF）的年度调查显示

---

① CITRIS Foundry 位于加利福尼亚大学伯克利分校，是伯克利科技方面的创业项目孵化器。

② UC Berkeley：Stimulating Entrepreneurship in the Bay Area and Nationwide，An Exploration of the Economic Contributions of UC Berkeley through Company Formations by Alumni，Faculty，and Affiliates，https://g-city. sass.org.cn/_upload/article/files/36/2f/78d88eea4055b9e507e833ceb742/2891ce9f-87c5-4d07-bd48-86642b98b8ee.pdf.

伯克利分校总研究经费的 50%由联邦政府拨款①。伯克利分校创新创业教育资金来源广泛，同时分散于各个研究计划和支持计划之中，为各种形式的创新创业计划提供明确、及时、充足的支撑。

4. 专业可靠的法律服务

专业的法律服务是创新创业过程中不可或缺的一部分，构建了坚实的法律基础，以确保创新创业教育的完整性，解决初创企业面临的法律问题。伯克利分校创新创业教育的顺利开展依靠强有力的法律支撑，渗透在各个项目和机构之中。创业&伯克利法律（StartUp & Berkeley Law）是主要的法律服务机构，由伯克利法律与商业中心（Berkeley Center for Law and Business）和伯克利法律与技术中心（Berkeley Center For Law & Technology）共同设立，服务对象包含伯克利法学院学生、企业家和投资者，并针对不同的服务对象提供针对性的法律课程、培训和服务②。法律服务范围涉及知识产权、商业秘密、公司治理、股权问题、财务欺诈、企业并购、风险投资和技术相关的法律课程、培训计划和专题讲座，主要围绕企业建立和企业运营过程开展法律服务，不仅为学生提供体验式的法律学习，还为伯克利创业团体提供法务帮扶。伯克利分校专业的法律服务，让初创企业树立了强烈的法律意识，在创建企业时有利于创业者合理、快速地处理遇到的法律问题，确保企业的正常运行。

5. 层次丰富的校园文化

校园文化包含智能文化（学术水平、学科设置、科研成果），物质文化（文化设施、校园营造等），规范文化（学校制度、校风校纪、道德规范等），精神文化（价值体系、观念、精神氛围等）（史洁等，2005）。狭义的校园文化是指在大学的发展过程中，逐渐形成的一种集体价值取向和行为规范，反映了群体共有的生活方式、学习方式和思维方式。伯克利分校校园文化的精神文化和规范文化是相互交融成长的，从而形成了别具特色的校园氛围，影响着学生的学习方式、思维方式和行为方式。伯克利分校的学生来自全球各地，具有多种多样的文化背景，形成了天然的多样文化环境，极大地促进了学生的跨文化学习的能力。同时，伯克利分校还十分重视女性群体教育，关注男女平等，鼓励伯克利女性积极追求自我成功。在伯克利分校的企业家队伍中，女性企业家的占比不断提升，据调查，1950 年毕业的女性企业家占据企业家队伍的 3%，而 2000 年毕业的女性企业家占据了企业家队伍的 21%，

---

① The Bay Area Innovation System: Science and the Impact of Public Investment，http://www.bayareaeconomy. org/files/pdf/BayAreaInnovationSystem2019.pdf.

② StartUp @ Berkeley Law，https://www.law.berkeley.edu/experiential/ startupberkeleylaw/.

女性企业家的数量有了显著提升①。在规范层面，伯克利分校设立了主要负责建设有差异与具有包容性的校园副校长职位，还设立了文化、多样性和群体关系实验室（Culture，Diversity & Intergroup Relations Lab），研究人的多样性和多元文化背景下归属感、包容性的培养（王银花，2014）。通过长久的文化建设，伯克利分校形成了开放、包容、多样、有活力、敢挑战的校园文化氛围，指引着伯克利学生的价值取向。

三、加利福尼亚大学伯克利分校创新创业教育系统运行机制

在详细剖析伯克利分校创新创业教育系统的构成要素及其要素职能后，本书在众多的要素之中提取了创新创业系统最为关键的要素，并依据要素的职能勾画了伯克利分校创新创业教育系统的精简模型。如图 8-8 所示，伯克利分校创新创业教育系统已经形成了成熟的课程体系，实现了基础课程和创新创业课程的融合互补。同时校内的创新创业竞赛、师资团队、学生社团、校友网络、创新创业资讯和学术研究等成为创新创业教育实施的重要资源。以上要素共同营造了资源丰富、共生互动的校园创新创业环境。除此之外，伯克利分校创新创业教育系统已经突破了高校壁垒，参与到了更广阔的旧金山湾区创新创业生态系统之中，借助更成熟的创新创业教育支撑系统，为校园创新创业教育系统输送资源，并反馈社会，促进社会的发展。

伯克利分校的创新创业教育系统具有高度的弹性，各要素作为主体，在生态系统中出于生存的需要，进行资源的选取，寻求最适合自身发展的路径。在各要素不断优化自身的同时，要素所处的系统也因要素的变化，得以改组升级。伯克利分校创新创业教育系统的优越性主要体现在以下几个方面。

一是伯克利分校创新创业教育系统的运行机制驱动力主要依靠系统本身的生态特性。该系统的主要内驱力是系统各要素在促进自身发展的同时，向着共同的系统目标前行。系统内部具有多个创新创业氛围，如哈斯商学院的创新创业氛围主要是围绕商学院进行的，哈斯商学院推出的伯克利-哈斯创业计划（Berkeley-Haas Entrepreneurship Program），是一个聚集了课程培训、专业指导教师、多样的种子基金和空间、学生竞赛和加速孵化的创新创业系统，部分项目面向全校开放，部分项目仅针对本院学生，由此形成了和整个校园系统互动的生态网络。伯克利分校校内外的创新创业教育系统相互连接，融为一体，在相互调适中彼此适应，系统本身的生态特性推动了系统的发展。

---

① UC Berkeley：Stimulating Entrepreneurship in the Bay Area and Nationwide，An Exploration of the Economic Contributions of UC Berkeley through Company Formations by Alumni，Faculty，and Affiliates，https://g-city.sass.org.cn/_upload/article/files/36/2f/78d88eea4055b9e507e833ceb742/2891ce9f-87c5-4d07-bd48-86642b98b8ee.pdf.

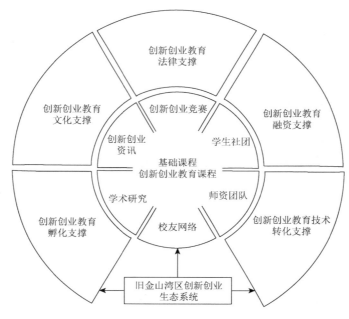

图 8-8　伯克利分校创新创业教育系统

　　二是伯克利分校创新创业教育系统的构成要素规模庞大，为该系统的发展提供了多种多样的资源。该系统规模从 2000 年发展至今，加入该系统的要素数量有了极大的提升，并实现了校内外要素的联动和资源的互通。多样的要素丰富了创新创业教育系统的多样性，聚集了更多的资源来促进该系统的发展。规模庞大的要素群跨越了高校与社会之间的壁垒，从而在一定程度上带动了高校紧跟社会需求的步伐，甚至逐渐走在社会发展的前列，极大地发挥了高校的引领作用。

　　三是伯克利分校创新创业系统的区位环境优越，是该系统发展的重要生态环境。旧金山湾区依托天然的港湾优势、强劲的经济增长、完善且不断优化升级的科技创新体系，已成为首屈一指的世界级创新经济湾区。

　　伯克利分校创新创业教育系统的运行机制如图 8-9 所示，依托于广泛的旧金山湾区创新创业生态系统，创新创业教育系统的主体通过科研、课程和竞赛相结合的立体教育系统，培养创新创业精神和创新创业技能，并在这个过程中产生专利和初创企业。技术许可办公室审查通过技术许可，获得资金用以资助学术研究和初创企业的发展。孵化平台也从技术许可办公室、竞赛、科研中获得技术许可，支持初创企业加以孵化。法律支撑贯穿在整个创新创业教育系统之中，为科研、初创企业、企业家、技术转化等提供有力的法律帮助以解决创新创业过程中遇到的问题。融资支撑同样渗透在创新创业教育系统的各个要素和环节，要素不仅接受外部融资，还利用自身资源扩展融资渠道。

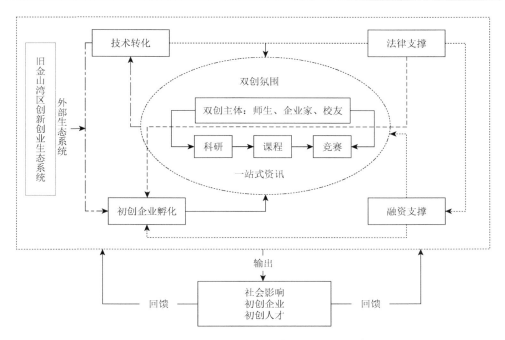

图 8-9 伯克利分校创新创业教育系统的运行机制

四、小结

跨文化背景下,伯克利分校的创新创业教育理念、构成要素和运行机制的范围都得到了极大的扩展。伯克利分校面向全世界招生,通过其先天及后天的优势,吸引了大批具有多元文化背景的人才,推动了多元文化相互碰撞、融合,从而有力地推动了跨文化人才的培养。

本节对伯克利分校创新创业教育理念、构成要素和运行机制做了详细梳理和介绍。其中伯克利分校依托旧金山湾区的创新创业生态系统,并冲破了校园的壁垒,实现了校园内部的创新创业教育系统与旧金山湾区更广泛的创新创业生态系统相衔接。伯克利分校创新创业教育系统的构成要素主要包含了核心的创新创业课程体系、规范有序的校园资源包和更广泛的创新创业教育支撑系统,广泛的创新创业教育支撑系统主要包含课程、创新创业教育中心、孵化器、加速器、风险投资等,要素间相互关联,建立了错综复杂的关系网络,实现资源的输送和系统的运作。伯克利分校创新创业教育系统主要依靠自身的生态系统运行,自发地进行信息和资源的流动。

第九章　结　　论

　　承载时代使命世纪工程的"一带一路"倡议是构建人类命运共同体的伟大实践，该倡议的实施对我国创新创业人才跨文化能力培养提出了新要求。共建"一带一路"国家的历史文化、语言文字、社会制度及经济发展水平有很大的差异，对实现"共商、共建、共享、共赢"的战略目标带来了很大的挑战。如何化解跨国创新创业中的文化抵触、文化冲突是创新创业人士需要学习和提高的方面。由此可见，国际人才须具备的除了专业素质、语言、国际视野，还需要具备与不同文化背景的专业人士能有效沟通并建立良好关系的跨文化能力。因此，培养一大批与"一带一路"倡议相适应，具有全球化视野、跨文化沟通能力和家国天下情怀的创新创业型人才，不仅能够缓解国家"一带一路"局部战略的燃眉之急，更能在全球化时代下为国家发展积攒重要的人才资源，使我国在"全球化""地球村"的经济社会发展中具备核心竞争力。那么，深化创新创业教育改革，培养创新创业大学生跨文化能力是时代赋予我国高等教育的使命，是高等教育人才培养中不可忽视的新课题。

　　本书在"一带一路"背景下，通过分析创新创业大学生跨文化能力培养的现实性、时代性、针对性和迫切性，从培养目标、培养模式和保障机制等方面探索构建创新创业大学生跨文化能力培养体系，从知识、技能、态度和意识四个维度，重点研究"一带一路"倡议下创新创业大学生跨文化能力的结构和形成机制，得出以下结论。

　　第一，在创新创业大学生跨文化能力培养的理论建构上，从跨文化研究的视野出发，集中介绍了 ICC 模型，探讨其与创新创业的关联和创新创业大学生跨文化能力培养研究的适切性，创新创业的实践特质与 ICC 模型的要点高度契合，ICC 全面观照了创新创业行为的三大类人类根本认知旨趣，ICC 对全球化、国际化、"一带一路"背景下创新创业行为的跨文化特质有极强的解释力。本书基于 ICC 模型，从意识、态度、知识、技能四个维度对创新创业大学生跨文化能力的内涵与结构进行了分析，形成关于"一带一路"背景下创新创业大学生的跨文化能力初步模型。

　　第二，在国外创新创业大学生跨文化能力培养研究方面，在全球化背景下，高等教育国际化深入发展，各国将跨文化能力的培养列为关键内容。美国、英国、澳大利亚、北欧的瑞典和芬兰以及新加坡等国家通过政府措施、高校人才队伍、社会资源支撑等方式共同构筑起创新创业大学生跨文化能力培养的保障支柱：政府相关法案的颁布和专项资金的支持引领高校有力开展多种举措；高校重视职前教师教育和提升师资队伍的国际化素质，保障引导学生发展的师资队伍素质提升；丰富的社会资源如企业、基金会、校友会、创新相关组织等紧密配合高校创新创业教育的落实。基于近年来共建"一带一路"国家发展战略报告和高等教育发展战略报告、政策文件等，各国在培养创新创业大学生的跨文化能力方面有相同的发展趋势：一是重视高等教育在地国际化，提升全体学生的国际化水平；二是将跨文化理念融入课程，贯穿课程全过程；三是重视现代远程教育，实现在线互动合作；四是深度融合跨文化和双创教育，培养国际化双创人才。

第三，在国外创新创业大学生跨文化能力培养典型实践的分析中，研究发现相关国际组织、高等院校均将跨文化素养列为人才培养的关键内容。国际组织拥有雄厚的资源力量，能够广泛搭建发展平台，积极推进国际和区域合作，为跨文化素养培养提供更多机遇。各国高等院校在经济全球化浪潮下，也纷纷将培养目标指向具有"全球竞争力"的现代公民，从人才培养的课程、实践、师资和各种保障机制着手开展创新创业跨文化教育，并取得了显著成效。综合来看，欧美国家较早在创新创业教育中融入跨文化能力的培养，并将其作为一种重要的教育理念融入"政产学研"四位一体合作平台，构建了相对完备的创新创业教育体系，其突出特征主要在于充实的政策和经费支持以及强烈的市场需求。共建"一带一路"国家也致力于推动高等教育国际化，并借助"一带一路"平台开展国际科学技术合作、创新创业和文化交流。

第四，在对创新创业大学生跨文化能力培养调查研究中，发现目前创新创业大学生跨文化意识、态度的整体情况良好，能够有意识地去了解和解决在创新创业活动中的文化冲突，能以积极、友好的态度对待不同文化；但在知识和技能方面，创新创业大学生有所不足，主要体现在没有充分掌握国内外创新创业相关的法律法规、政策文件、管理与金融知识、跨国（地区）经营企业或项目的知识，不能很好地运用不同语言解决跨文化带来的相关问题，也不能很好地发现国内外的创新创业机会。在对不同背景的创新创业大学生跨文化能力现状做进一步研究时发现，不同的学历、学科、出国经历都会影响创新创业大学生的跨文化能力。进一步探究影响创新创业大学生跨文化能力的提升因素，发现课程、活动、教师和专家在不同程度上帮助学生提升跨文化能力。由此提出创新创业大学生跨文化提升的核心策略：一是营造跨文化氛围，提供跨文化交流空间；二是积极鼓励学生参加国际性创新创业活动；三是多渠道促进学生获得国际性创新创业知识；四是优化师资队伍结构；五是组建不同背景的创新创业跨文化团队。

第五，在创新创业大学生跨文化能力培养模式与实施路径方面，提炼总结以下几方面内容。首先，"一带一路"倡议下创新创业大学生跨文化能力培养的师资研究。创新创业跨文化教师不同于传统的专业课教师，更加强调注重创新创业理论与实践相结合。创新创业跨文化教师的来源不单是某个学科、某个学院的教师，而是融合不同学科、不同部门，校内外相结合的专兼职教师队伍。创新创业跨文化教师需要兼具创新创业素养和跨文化教育的双重素养能力。然而，目前的创新创业跨文化教师队伍建设体现出在创新创业跨文化活动中的积极性和主动性不足，跨文化素养有所欠缺的现实问题。本书从动机、能力、机会三个层面出发，探究"一带一路"倡议下创新创业跨文化师资队伍建设。一是在动机层面，学校需要激发教师内驱力，鼓励教师主动从事创新创业跨文化活动。一方面，从意识上引导教师投入双创跨文化教育中；另一方面，从激励发放上引导教师投入双创跨文化教育中，如绩效激励、职业晋升路径。二是在能力层面，学校要明确双创跨文化教师的能力标准。学校对创新创业跨文化师资培养和筛选要有严格、科学规范的制度设计。三是在机会层面，学校需提供体系化的创新创业跨文化活动，如产教融合、搭建校内外创新创业跨文化平台、营造创新创业跨文化氛围等。其次，"一带一路"倡议下创新创业大学生跨文化能力培养的课程体系研究。本书根据 50 所高校的《指导意见》与《培养方案》，以及对十余所高校进行问卷调查，分析了当前高校创新创业大学生跨文化课程的现状及问题。在课程目标方面，存在目标设置不全面，目标的具体要求不细致；课程目标没有针对性，学生完成度不高等问题。在课程结构方面，存在高校间课程设置差异过大，划分不明确；跨文化课程必修与选修课程比例失衡；课程间缺乏连贯性和层级性等问题。在课程内容方面，存在课程数目少且内容不完整；课程内容不够丰富；跨文化课程内容设置忽视中国故事；创新创业和跨文化能力课程缺乏交叉等问题。在课程实施方面，存在忽视理论与实践相结合；学生参与度低，发挥作用不佳；授课方式单一，师资力量不足；学习过程中的重语言、轻文化现象；对知识和能力的培养不足等问题。在课程评价方面，存在课程评价体系不规范，信度效度待提升；评价方式单一，过程性评价受忽视；评价意识不明确，课程评价的区分度较低等问题。在总结以上问题的基础上，结合 Taylor 的目标学习理论和 Byram 的 ICC 模型，从课程目标、课程结构、课程内容、课程内容以及课程评价五个方面提出完善创新创业大学生跨文化课程的相应对策，主要包括：定位时代需求，细化培养目标；厘清隶属模块，构建课程联动模式；优化横向组织，建设"跨文化能力模型"课程组；重视传统课堂，丰富课堂教学方法与课外实践；细化评价体系，多维度展开评价与反思等。再次，"一带一路"倡议下创新创业大学生跨文化能力培养的实践研究。在创新创业大学生跨文化能力培养方面，实践教学内容不同于理论课程，并不主要依赖于具体的知识框架，而是更加注重在实践过程中实现知识累积，真正做到"做中学"。传统的实践教学各环节相对独立和分散，并且以单一学科为主，并没有形成一条能力培养的主线并贯穿始终。本书重点着眼于跨文化能力培养，致力于构建国内外/校内外多级联动的多层次、融入式的实践教学体系:①依据各实践环节的复杂程度和对创新能力的培养程度进行划分,构成基础层次、综合层次以及创新层次的实践教学分类,并将每个层次均纳入跨文化能力培养任务;②实施学科交叉融合,鼓励跨专业协同创新合作,设置"综合实践课"、跨学科毕业论文设计、开展跨学科项目实验和竞赛等;③基于项目和竞赛,以实践能力为导向开展实践教学。在此基础上,为推进创新创业跨文化实践教学的顺利开展,应从宽松灵活的政策制度制定、丰富多元的平台建设、专业负责的教师聘任及培养等方面入手,优化实践教学保障体系。推动创新创业大学生跨文化能力培养实践教学体系实现内部协调和外部优化,构建更为合理的创新创业大学生跨文化能力培养的实践教学体系。最后,"三合一多"的创新创业大学生跨文化能力培养模式研究。随着社会知识经济和信息化时代的到来,社会发展也迫切需要培养出具有创新性、开拓性的人才,人才培养的核心在于课程,传统的课程教学模式教条化、静态化、模式化,在一定程度上限制了对学生的创新能力的培养。从"一带一路"倡议下创新创业大学生跨文化能力培养模式与实施路径上,本书从教学与课程角度,对创新创业大学生跨文化培养的教学模式进行分析研究,提出"三合一多"的创新创业大学生跨文化能力培养模式。首先,"三合"指静动结合的沉浸式课程教学模式、时空融合的开放式教学模式、知行耦合的学训一体教学模式;其次,"一多"是指师生多维互动,其内涵是从教师主导到学生中心、从课堂讲授到项目化管理、从传统模拟到实战演练以及主体间性师生关系的建立;再次,从课堂实施的角度来说,需要更为重视传统课堂,丰富课堂教学方法与课外实践;最后,从课程评价的角度来说,要细化课程评价体系,多维度展开评价与反思。

第六,在"一带一路"倡议下创新创业大学生跨文化能力培养保障措施上,研究核心观点主要包括以下四点:首先,服务于"一带一路"创新创业人才培养需要,高校应树立复合型人才培养理念,多效并举,立足地方发展特色,结合自身办学条件与经验,明确人才培养定位,探寻切实可行的优势发展方向。尝试构建企业、高校与学生三方受益,校企深度融合,良性互促的创新创业支撑体系,放大大学生创新创业示范效应。其次,高校应建立科学合理的课程体系,推进"专创融合",即将各专业融入创新创业教育课程体系,以平台、团队等多种模式,实现创新思维训练、创新项目实践、创业管理教学等目标,形成产业链、资金链、人才链、技术链"四链合一"的成果转化生态,全产业链塑造的形式打破了高校、科研院所、企业在不同轨道上的固态运行。再次,政府应通过制定出台相关的政策文件,形成鼓励创新创业愿望、支持创新创业行为、尊重创新创业成果的鲜明导向;社会须制作创新类节目、挖掘社会创新创业人物典型,在社会上传播尊重劳动、尊重知识、尊重人才、尊重创造的理念,倡导敢为人先、敢冒风险、宽容失败的新风尚;高校要通过建设诸如众创空间、创业园、孵化器、虚拟创业等各类实习实训基地，使学生在基地中以"真刀真枪"的实战演练，使学生在参与体验中获得创业的感性认识与经验积累。最后，高校在专业课程教学中，应实现课程实施方法的多元化，融入国际化信息内容，助力于国际化创新创业人才培养；也需要对教师定期开展培训，针对跨文化相关知识开展定期或不定期的专业培训，打造拥有各自特色的创业教师团队。

参 考 文 献

艾兴，李苇. 2021. 基于具身认知的沉浸式教学：理论架构、本质特征与应用探索[J]. 远程教育杂志，39（5）：55-65.

白莉莉，徐滢. 2011. 普通高校建立学生创业园研究[J]. 北方经贸，（4）：176-177.

包水梅，杨冬. 2016. 美国高校创新创业教育发展的基本特征及其启示：以麻省理工学院、斯坦福大学、百森商学院为例[J]. 高教探索，（11）：62-70.

布瑞斯劳尔 J W，杜瑞军，常桐善. 2011. 加州大学伯克利分校何以久负盛名：历史性动因的视角[J]. 清华大学教育研究，32（6）：1-14.

蔡烨. 2022. "一带一路"背景下高职酒店英语教学中跨文化交际能力的培养策略研究[J].英语广场，（18）：114-117.

曹虹剑，王嘉熙. 2022-04-18. 英国以商学院为主体发展创新创业教育[N]. 中国社会科学报,（7）.

曹然，梁晶，肖丹，等. 2019. 美加教师教育跨文化课程及其启示[J]. 教师教育学报，6（6）：101-107.

曹盛华. 2019. 澳大利亚教师国际理解素养培养研究[D]. 南京：南京师范大学.

陈爱雪. 2017. "互联网+"背景下大学生创新创业教育的新模式探究[J]. 黑龙江高教研究，（4）：142-144.

陈宝文，马国栋. 2017. 以竞赛为载体培养大学生的创新创业能力[J]. 天津职业大学学报，26（1）：53-56.

陈翠荣，杜美玲. 2021. 英国牛津大学跨学科培养研究生的理念、路径及趋势分析[J]. 黑龙江高教研究，39（2）：75-81.

陈广正. 2019. 大学生创新创业能力现状调查及提升路径[J]. 现代教育，（20）：43-44.

陈明昆，张雨洁. 2022. 政策及要素分析视角下 21 世纪中美高等教育国际化特征比较[J]. 黑龙江高教研究，40（7）：58-65.

陈审声. 2021. "一带一路"倡议背景下的高校创新创业人才培养机制研究[J]. 创新创业理论研究与实践，4（18）：72-74.

陈诗豪. 2020. 英国高校"全球胜任力"培养研究[D]. 上海：上海师范大学.

陈世伟，易开刚. 2017. 美国高校创新创业教育对我国高校的启示[J]. 黑龙江高教研究，（8）：82-84.

陈肖艳. 2022. 多维互动教学模式在高校英语教学中的运用探究[J]. 海外英语，（19）：215-216.

陈艳霞. 2019. 澳大利亚高校创新创业教育特色研究[D]. 厦门：厦门大学.

陈尧，付垚，曾伟珉. 2020. 高等教育国际化视域下的双创型人才培养策略探析[J]. 科教文汇（上旬刊），（4）：18-19.

陈佑清. 2022. 对学习中心教学有关问题的再思考：关于《对学习中心教学论的质疑与批判》一文的回应[J]. 教育学报，18（6）：40-51.

陈泽，黄宇. 2019. 高校创业教育生态系统的组成要素：基于新加坡南洋科技创业中心的分析[J].

创新与创业教育，10（6）：135-142.

陈正，钱春春. 2011. 德国"跨文化教育"的发展及对中国的启示[J]. 高校教育管理，5（2）：
　　53-58.

程聪慧，刘昱呈. 2022. 高校创新创业实验室建设的国际镜鉴：美国顶尖大学的经验及启示[J].
　　现代远程教育研究，34（2）：85-92，102.

程军，李京肽，王舒涵. 2017. 美国大学校友文化建设研究及其启示[J]. 西南交通大学学报（社
　　会科学版），18（5）：8-19.

程诗婷. 2020. "一带一路"建设背景下地方高校创新创业人才培养研究[J]. 南京工程学院学报
　　（社会科学版），20（4）：30-33.

崔丽丽. 2013. 高等学校通识教育跨文化课程体系建设研究[J]. 沈阳农业大学学报（社会科学
　　版），15（6）：725-729.

戴晓东. 2011. 跨文化交际理论[M]. 上海：上海外语教育出版社.

丁玲. 2011. 从联邦政府的行动透视 21 世纪美国高等教育国际化[J]. 高等教育研究，32（4）：
　　97-102.

封鸽. 2017. 中国与新加坡高校创业教育的比较研究及启示[D]. 西安：西安电子科技大学.

冯惠玲，胡娟，惠新宇. 2011. 高等教育国际化：内涵、挑战与取向[J]. 中国高等教育，（11）：
　　30-31.

奉小斌，陈丽琼. 2015. 外部知识搜索能提升中小微企业协同创新能力吗？——互补性与辅助性
　　知识整合的中介作用[J]. 科学学与科学技术管理，36（8）：105-117.

傅建明，余海燕. 2014. 职前教师多元文化技能的培养：日本和芬兰的经验及启示[J]. 外国中小
　　学教育，（6）：51-55.

傅颀，李宗彦，徐静. 2018. 创新创业理念在会计国际化专业教育中的应用研究[J]. 商业会计，
　　（8）：113-116.

高荣伟. 2017. 瑞典高校科研经费管理有何过人之处？[J]. 华人时刊，（1）：62-63.

高一虹. 1998. 跨文化交际能力的"道"与"器"[J]. 语言教学与研究，（3）：39-53.

葛龙，梁莉，马继春，等. 2013. 大学生创新创业教育意识状调查研究[J]. 甘肃科技，29（2）：
　　72-73，49.

龚乐，魏长龙. 2020. 地方应用型本科院校大学生就业能力现状及融入创新创业教育的培养路径
　　研究[J]. 科教导刊，（26）：173-174.

顾建新. 2008. 跨国教育发展理念与策略[M]. 上海：学林出版社.

顾旻灏，张锦，郭肇明，等. 2022. "能力-动机-机会"理论视角下物流工程专业转型驱动机制
　　研究：基于教育部高等学校物流教指委的 2021 年调研数据分析[J]. 供应链管理，（4）：67-82.

郭蒙蒙. 2020. 美国研究型大学科研发展中联邦政府的角色研究[D]. 长沙：湖南师范大学.

郭孟杰，闫志利. 2022. 发达国家创新创业教育体系建设的特点及启示[J]. 创新与创业教育，
　　13（3）：147-156.

国际 21 世纪教育委员会. 1996. 教育：财富蕴藏其中[M]. 北京：教育科学出版社.

国家发改委政研室. 2018. 中国政府与联合国开发计划署共同推进"一带一路"建设[J]. 中国设
　　备工程，（9）：2.

韩立. 2017. 大学生创新创业能力现状及培养路径[J]. 中国高校科技，（Z1）：121-123.

郝连才，李晓力，郝雅歌. 2022. 北欧创新生态系统对山东区域创新的启示[J]. 科学与管理，

42（1）：89-94.

洪柳.2018.基于核心期刊和 CSSCI 数据库文献计量的创新创业教育研究综述[J].民族教育研究，9（4）：129-134.

侯建军.2015.新时期高职院校课程评价现状及发展趋势探析[J].卫生职业教育，33（6）：28-30.

胡剑，张妍.2019.麻省理工学院创新创业教育课程体系建设特点研究[J].高教探索，（12）：69-73.

胡文仲.2006.跨文化交际课教学内容与方法之探讨[J].中国外语，（6）：4-8，37.

胡文仲.2013.跨文化交际能力在外语教学中如何定位[J].外语界，（6）：2-8.

胡英芹，吴坚.2018.美国高校开展创新创业教育的路径与特征：以美国贝勒大学为例[J].高教探索，（8）：80-86，120.

黄彩媚，陈云.2023.高师院校英语教学法课程线上线下混合教学模式探究[J].才智，（36）：73-76.

黄海明.2019.高校创业教育 KAB 与 SYB 比较研究[J].大学教育，（1）：165-167.

黄亲国.2006.论大学科技园对大学创业教育的作用[J].江西教育科研，（6）：36-37.

黄兆信，张中秋，赵国靖，等.2016.英国高校创业教育的现状、特色及启示[J].华东师范大学学报（教育科学版），34（2）.

黄志成，韩友耿.2013.跨文化教育：一个新的重要研究领域[J].比较教育研究，35（9）：1-6.

黄志成，魏晓明.2007.跨文化教育：国际教育新思潮[J].全球教育展望，36（11）：58-64.

姜亚洲，黄志成.2018.作为核心素养的跨文化素养：欧盟的经验与启示[J].比较教育研究，40（11）：52-57，105.

姜友文.2018.AMO 视角下高校大类招生人才培养模式优化研究[J].大学教育，（4）：125-127.

蒋建武，赵曙明，戴万稳.2010.战略人力资源管理对组织创新的作用机理研究[J].管理学报，7（12）：1779-1784.

蒋瑾.2015."跨文化能力"框架的确立：以欧盟 INCA 项目为例[J].全球教育展望，44（11）：33-44.

蒋玉梅，孙志凤，张红霞.2013.教师视野中的高校课程国际化：基于对中英大学教师的调查[J].开放教育研究，19（4）：74-83.

降雪辉.2015."互联网+"时代大学生创新创业教育新模式[J].重庆科技学院学报（社会科学版），（12）：54-56.

金津，赵文华.2011.美国研究型大学顶级创业大赛的比较与借鉴[J].清华大学教育研究，32（5）：79-85.

靳晓燕.2016-06-06.研究报告指出：未来公民七大素养最受重视[N].光明日报，（8）.

柯飞.2021."一带一路"跨文化交流人才培养的几点思考[J].浙江海洋大学学报（人文科学版），38（6）：62-66.

郎永杰，张冠蓉，李培凤.2017.斯德哥尔摩创业学院创新创业教育的实践及启示[J].扬州大学学报（高教研究版），21（2）：80-84.

雷家骕.2007.国内外创新创业教育发展分析[J].中国青年科技，（2）：26-29.

李春晓.2008.大学生母语文化英语表达能力调查研究[J].牡丹江教育学院学报，（3）：106-107.

李春燕.2014.教师专业发展视域下高校教师实践能力发展研究[J].中国大学教学，285（5）：81-84.

李化树，杨璐僖.2013.美国高校战略联盟建设及启示[J].西南交通大学学报（社会科学版），

14（5）：70-77.

李慧静，张翔. 2016. 当代大学生创新创业意识和能力的调查研究：基于哈尔滨市 7 所高校的抽样调查分析[J]. 黑龙江畜牧兽医，（16）：258-262.

李江，张戈，王义利. 2017. "互联网+"环境下国内外高校个性化创新创业教育探析[J]. 创新与创业教育，8（2）：99-102.

李娜. 2019. 新时代大学生创新创业能力结构与现状研究[D]. 长春：东北师范大学.

李瑞星. 2016. 中国创新创业教育模式发展趋势研究[J]. 中国大学生就业，（8）：50-54.

李伟，张世辉. 2018. 创新创业教程[M].北京：清华大学出版社.

李昕照. 2020. 世界一流大学国际化战略的实施路径及其启示：以新加坡国立大学为例[J]. 高等理科教育，（2）：70-79.

李元正. 2018. 全球化背景下的新加坡高等教育国际化发展策略：以新加坡国立大学为例[J]. 教师教育论坛，31（11）：69-77.

林大津. 1996. 跨文化交际能力新探[J]. 福建师范大学学报（哲学社会科学版），（3）：58-62.

林大津. 1999. 美国跨文化交际研究的历史发展及其启示[J]. 福建师范大学学报（哲学社会科学版），（2）：87-93.

林鉴军，陈逢文，苏勤勤. 2018. 大学生创业教育教学模式研究：基于"三全育人"理念[J]. 重庆科技学院学报：社会科学版，（6）：107-109.

林志东，王忠，谢春晖. 2009. 以"项目化"实践教学培养应用型人才创新能力[J]. 中国大学教学，（3）：36-37.

刘坚，魏锐，刘晟，等. 2016. 《面向未来：21 世纪核心素养教育的全球经验》研究设计[J].华东师范大学学报（教育科学版），34（3）：17-21，113.

刘薇. 2020. 基于"学训一体"教学模式的法科学生创新创业教学改革路径[J]. 创新创业理论研究与实践，3（1）：132-135.

刘伟，邓志超. 2014. 我国大学创新创业教育的现状调查与政策建议：基于 8 所大学的抽样分析[J]. 教育科学，30（6）：79-84.

刘燕华，綦书锐. 2022. 知行耦合下的高校教师创新创业素养提升路径探索[J]. 创新创业理论研究与实践，5（20）：107-109，154.

陆春萍，赵明仁. 2020. 世界一流大学创业教育实践项目的特点分析：以麻省理工学院和斯坦福大学为例[J]. 高等工程教育研究，（4）：174-179.

路海玲，吕坤，徐嘉. 2019. 基于战略地图的应用型本科高校创新创业教育路径[J]. 教育与职业，（23）：68-73.

罗亮. 2018. 澳大利亚大学生创新创业教育研究[J]. 学校党建与思想教育，（3）：93-96.

毛家瑞，彭钢，陈敬朴. 1992. 创业教育的目标、课程及评价[J]. 教育评论，（1）：26-30.

梅伟惠. 2010. 美国高校创业教育[M]. 杭州：浙江教育出版社.

米银俊，许泽浩，罗嘉文. 2018. 全程多维协同的大学生创新创业实践教育探索[J]. 实验室研究与探索，37（5）：236-239.

潘崇堃. 2006. 加强课程设置改革，建立培养跨文化交际能力超越模式的课程体系[J]. 陕西教育·理论，（12）：67-68.

潘亚玲. 2008. 我国外语专业学生跨文化能力培养实证研究[J]. 中国外语，（4）：68-74.

潘玉香. 2007. 基于 B/S 模式下高校创业教育虚拟网络平台的设计与实现[J]. 中国教育信息化，

（5）：39-42.

庞丽娟，洪秀敏. 2005. 教师自我效能感：教师自主发展的重要内在动力机制[J]. 教师教育研究，（4）：43-46.

庞沫迪. 2015. 芬兰高等教育国际化发展战略研究[D]. 重庆：西南大学.

乔娜. 2019. 新加坡创新创业教育体系的建设与启示[J]. 世界教育信息，32（1）：39-45，53.

清华大学. 2020. 清华大学 2018—2019 学年本科教学质量报告[R]. 北京：清华大学.

权宇. 2020. 以"创新创业能力"为导向的"大学英语"课程体系改革研究[J]. 山西能源学院学报，33（3）：47-49.

任丽娟. 2020. "一带一路"视域下高校创新创业人才培养模式研究[J]. 商业文化，（35）：8-10.

沈娜. 2017. 英国教师国际理解素养培养研究[D]. 南京：南京师范大学.

盛冬梅. 2021. 大数据背景下外语专业创新创业人才培养机制构建[J]. 吉林工商学院学报，37（5）：121-122.

盛红梅. 2020. 新时代大学生创新创业价值观研究[D]. 长春：东北师范大学.

施险峰. 2009. 试论当前大学创业文化的建设[J]. 高校辅导员学刊，1（5）：28-30.

时晨晨. 2018. 澳大利亚"新科伦坡计划"政策及其实施效果探析[J]. 郑州师范教育，7（1）：30-36.

史贵全，徐炳亭. 1995. 跨文化教育：迎接国际经济竞争挑战不容忽视的问题[J]. 上海高教研究，（3）：56-58.

史洁，冀伦文，朱先奇. 2005. 校园文化的内涵及其结构[J]. 中国高教研究，（5）：84-85.

宋彩萍，郝永林. 2017. 地方本科院校大学生跨文化胜任力测评：基于上海市 6 所院校的实证研究[J]. 中国高校科技，（9）：63-65.

宋强. 2016. 世界公民教育思潮研究[D]. 长春：东北师范大学.

宋妍，王占仁. 2016. 高校创新创业教育与思想政治教育关系研究的意义与现状[J].黑龙江高教研究，（8）：100-103.

苏娜. 2006. 罗蒙诺索夫莫斯科国立大学[J]. 世界教育信息，（5）：37-38，63.

苏庆伟，王立国，吴荣秀. 2019. 瑞典高等教育国际化战略的理念、目标及支持体系：基于《瑞典高等教育和科研国际化战略》的研究和启示[J]. 黑龙江高教研究，37（3）：65-70.

孙福全. 2007. 发达国家的产学研合作创新：基本经验及启示[M]. 北京：经济管理出版社.

孙钦秀，高汉峰. 2013. 高校创新创业教育的意义与实践[J]. 创新与创业教育，4（4）：49-51.

孙锐，赵晨. 2016. 战略人力资源管理、组织情绪能力与组织创新：高新技术企业部门心理安全的作用[J]. 科学学研究，34（12）：1905-1915.

孙秀丽. 2019. 英国大学创新创业教育体系的研究及启示[J]. 广东外语外贸大学学报，30（2）：138-144.

孙有中. 2016. 外语教育与跨文化能力培养[J]. 中国外语，13（3）：1，17-22.

谭敏. 2009. 从欧盟"伊拉斯谟世界计划"看研究生跨国交流与合作[J]. 学位与研究生教育，（12）：64-67.

谭雪萍. 2020. 跨文化视角下大学生创新创业能力培养探究[J]. 创新创业理论研究与实践，3（8）：1-3.

汤钰文，张亮. 2022. 新时代高校创新创业平台建设再探[J]. 学校党建与思想教育，673（10）：79-80，84.

唐嘉芳. 2008. 创新创业教育与大学生自身可持续发展[J].教育与职业, (29): 189-190.

唐静, 赵烨. 2018. "一带一路"倡议与高校外经贸双创人才培养优化[J]. 广东外语外贸大学学报, 29 (1): 139-144.

滕珺, 张婷婷, 胡佳怡. 2018. 培养学生的"全球胜任力": 美国国际教育的政策变迁与理念转化[J]. 教育研究, 39 (1): 142-147, 158.

田峰, 丛聪, 李大鹏, 等. 2018. 面向国际化的高校创新创业人才培养探索与实践[J]. 教育教学论坛, (52): 87-88.

万幼清, 胡强. 2015. 产业集群协同创新的风险传导路径研究[J]. 管理世界, (9): 178-179.

汪霞. 2010. 大学课程国际化中教师的参与[J]. 高等教育研究, 31 (3): 64-70.

王宝平. 2016. 基于跨文化交际能力培养的英语教学策略[J]. 教育理论与实践, 36 (26): 49-51.

王俊. 2010. 芬兰高等教育国际化新战略探析[J]. 河南师范大学学报(哲学社会科学版), 37(6): 256-259.

王俊烽. 2012. 美国高等教育国际化探析[D]. 天津: 天津师范大学.

王莉芳, 苏坤, 王克勤, 等. 2020. 工科院校国际化复合型创新创业人才培养新模式: 以西北工业大学为例[J]. 创新创业理论研究与实践, 3 (20): 119-122.

王璐, 邱武霞, 尤陆颖. 2021. 英国促进高校学生外向流动发展状况、动因及策略[J].比较教育研究, 43 (10): 86-95.

王明静. 2018. 战略人力资源管理、组织创新氛围与研发人员创新的研究[J]. 现代商业, (27): 2.

王瑞英. 2022. "一带一路"背景下基于中外教师合作的跨文化交际教学模式构建[J]. 湖北开放职业学院学报, 35 (10): 170-171.

王盛水. 2012. 从美国高等教育的特点看创新型人才培养[J]. 高校教育管理, 6 (2): 65-71.

王贤芳. 2011. 高校创业文化建设路径探析[J]. 中国青年研究, (5): 103-105.

王旭燕, 倪好, 梅伟惠. 2015. 促进亚太地区创业教育的举措与倡议: 第四届联合国教科文组织亚太地区创业教育会议综述[J]. 世界教育信息, 28 (23): 17-20.

王亚楠, 霍楷. 2022. "多层次、进阶式、立体化"高校创新创业实践教学体系研究[J].创新创业理论研究与实践, 5 (4): 51-54.

王焰新. 2015. 高校创新创业教育的反思与模式构建[J]. 中国大学教学, (4): 4-7, 24.

王银花. 2014. 美国高校包容性校园氛围建设理念与实践: 以加州大学伯克利分校为例[J]. 高校教育管理, 8 (2): 61-66.

王占仁. 2012. "广谱式"创新创业教育导论[M]. 北京: 人民出版社.

王占仁. 2015a. "广谱式"创新创业教育的体系架构与理论价值[J]. 教育研究, 36 (5): 56-63.

王占仁. 2015b. 高校创新创业教育观念变革的整体构想[J]. 中国高教研究, (7): 75-78.

文秋芳, 王立非. 2004. 影响外语学习策略系统运行的各种因素评述[J]. 外语与外语教学, (9): 28-32.

沃林, 彼得. 2014. 新加坡的全球校舍战略: 撤退还是重新调整?[J]. 高等教育研究, 39 (5): 874-884.

吴格非. 2017. 美国高等教育国际化转型背景下的外语政策与全球公民教育[J]. 外语研究, (1): 59-65.

吴惠英. 2016. "双创" 背景下高职院创新创业的现状分析及对策研究[J]. 轻工科技, 32 (9): 178-179.

吴佳颖. 2020. 澳大利亚文化软实力研究：以澳大利亚高等教育国际化为例[D]. 上海：上海师范大学.

吴坚. 2009. 当代高等教育国际化发展[M]. 北京：人民出版社.

吴静超. 2019. 创业教育可持续发展的实现路径：来自国际组织的经验[J]. 教育发展研究，39（3）：48-54.

吴巨慧. 2003. 研究生创新能力培养的过程要素及整合的研究[D]. 杭州：浙江大学.

吴伟, 翁默斯, 王雪洁. 2015. 国际化带动产学研合作的创业型大学案例分析[J]. 高校教育管理，9（4）：18-23.

吴卫平, 董元兴, 李婷. 2015. 跨文化传播视域中的陌生化翻译策略研究：以赛珍珠《水浒传》英译本为例[J]. 中国地质大学学报（社会科学版），15（6）：153-159.

向春, 雷家骕. 2011. 大学生创业态度和倾向的关系及影响因素：以清华大学学生为研究对象[J]. 清华大学教育研究，32（5）：116-124.

肖才远, 李金成, 邹淑珍, 等. 2022. 应用型本科高校实践教学评价体系构建研究[J]. 邵阳学院学报（社会科学版），（1）：95-99.

解建红, 陈翠丽, 王彤. 2018. 跨学科多专业综合实践教学有效性路径探索[J]. 高等农业教育，307（1）：52-55.

解学梅, 刘丝雨. 2015. 协同创新模式对协同效应与创新绩效的影响机理[J]. 管理科学，28（2）：27-39.

熊岚. 2018. 欧盟委员会启动"伊拉斯谟+虚拟交流"项目[J]. 世界教育信息，31（7）：79.

徐斌艳. 2013. 跨文化教育发展阶段与问题研究[J]. 比较教育研究，35（9）：7-12.

徐帅, 赵斌. 2018. 从外塑到内修：教师专业发展的内驱力生成[J]. 教育理论与实践，38（25）：39-42.

徐伟明, 肖洒. 2022. 供给侧结构性改革视域下高校创新创业型人才培养路径[J]. 科技管理研究，42（6）：76-82.

徐文婷. 2016. 高校创业教育质量保障机制研究[D]. 重庆：西南大学.

徐晓红. 2013a. 论澳大利亚八校联盟高等教育国际化战略及启示[J]. 高教探索，（3）：64-68.

徐晓红. 2013b. 论澳大利亚大学教师发展：莫纳什大学的经验与启示[J]. 河北师范大学学报（教育科学版），15（6）：61-66.

许德涛. 2013. 大学生创新创业教育研究[D]. 济南：山东大学.

许力生. 1997. 交际能力与跨文化交际[J].浙江大学学报（社会科学版），（3）：105-110.

阎啸. 2010. 中国高校跨文化交际课程现状分析[D]. 济南：山东大学.

颜春静. 2022. "互联网+"时代的外语课堂教学：基于微课、在线开放课程和翻转课堂的分析和思考[J]. 海外英语，（8）：149-150.

杨单单, 高布权. 2014. 学生社团对大学生创新创业素质培养功效的探索[J]. 学理论，（15）：258-261.

杨东杰, 王维倩. 2013. 大学英语文化教学生态失衡与对策研究[J]. 黑龙江高教研究，31（12）：150-152.

杨伟伟. 2016. 高校"广谱式"创新创业教育研究[D]. 上海：华东理工大学.

杨晓斐. 2015. 芬兰大学"外语作为教学语言学位项目"述评：基于学术型大学与应用科学大学比较视角[J]. 黑龙江高教研究，（10）：69-73.

杨晓慧. 2015. 我国高校创业教育与创新型人才培养研究[J]. 中国高教研究, (1): 39-44.

杨亚丽, 杨帆. 2013. 非英语专业研究生跨文化交际能力培养框架研究[J]. 黑龙江高教研究, 31 (10): 155-157.

杨盈, 庄恩平. 2007. 构建外语教学跨文化交际能力框架[J]. 外语界, (4).

杨颖, 武兵. 2016. 创新创业教育实践教学体系设计[J]. 创新与创业教育, 7 (2): 21-24.

姚圣卓, 王传涛, 金涛涛. 2022. 新工科人才培养视域下高校创新创业教育实践平台建设研究[J]. 教育与职业, (10): 70-75.

姚顺良. 2014. 澳大利亚多元文化课程开发及实施研究[D]. 桂林: 广西师范大学.

殷志, 王莉芬, 彭仲生, 等. 2017. 高校大学生创新创业能力培养现状及对策研究[J]. 高教学刊, (20): 22-25.

于学友. 2004. 主体间性: 理解师生关系的新视角[J]. 当代教育科学, (19): 10-12.

余江舟. 2015. 论大学生创新创业教育与社会主义核心价值观教育的有效融合[J]. 山东农业工程学院学报, 32 (3): 114-116.

袁西玲, 崔雅萍. 2010. 美国经验对我国通识教育中跨文化课程建设与发展的启示[J]. 理论导刊, (6): 94-96.

臧小佳, 车向前, 尹晓煌. 2021. 跨学科思维与跨文化素质: 美国经验于大学本科教育之借鉴[J]. 南京师大学报 (社会科学版), (1): 139-146.

曾满超, 王美欣, 蔺乐. 2009. 美国、英国、澳大利亚的高等教育国际化[J]. 北京大学教育评论, 7 (2): 75-102, 190.

曾逸群, 蔡斌. 2018. "一带一路"倡议下如何进行高校大学生创新创业人才的培育[J]. 北京印刷学院学报, 26 (4): 163-165.

翟俊卿, 巫文强. 2018. 新加坡高等教育国际化政策探析: 以新加坡国立大学为例[J]. 世界教育信息, 31 (3): 40-45.

张春海, 成丽宁. 2020. "一带一路"背景下民族院校教师跨文化交际能力培养: 基本特征、时代呼声与实践模式[J]. 民族教育研究, 31 (2): 155-160.

张春燕. 2015. 关于"跨文化交际学"课程设计的探讨[J]. 云南师范大学学报 (对外汉语教学与研究版), 13 (4): 14-18.

张红玲. 2012. 以跨文化教育为导向的外语教学: 历史、现状与未来[J]. 外语界, (2): 2-7.

张建林. 2008. 基于创新能力的研究生培养机制改革探索[J]. 中国高教研究, (3): 34-38.

张金山, 徐广平. 2019. 创业文化视阈下高校创新创业人才成长因素研究[J]. 中国高等教育, (5): 43-45.

张兰. 2003. 跨文化交际中中国文化失语现象分析[J]. 西南民族大学学报 (人文社科版), (8): 339-341.

张民杰. 2006. 案例教学法: 理论与实务[M]. 北京: 九州出版社.

张茉楠. 2016. 国际创新创业发展战略新趋势及启示[J]. 宏观经济管理, (1): 85-88.

张伟, 刘宝存. 2017. 在地国际化: 中国高等教育发展的新走向[J]. 大学教育科学, 8 (3): 10-17, 120.

张为民, 朱红梅. 2002. 大学英语教学中的中国文化[J]. 清华大学教育研究, 23 (S1): 34-40.

张湘洛. 2013. 英国诺丁汉大学海外办学之探索[J]. 洛阳师范学院学报, 32 (4): 37-42.

张晓刚. 2022. 基于"互联网思维"的高校思想政治理论课开放式教学模式的建构理路[J]. 现代

教育科学，（4）：90-95.

张兄武，谢冉. 2016. 服务"一带一路"战略建设工程的国际化人才培养研究[J]. 教育探索，（11）：96-99.

张艳波. 2019. "一带一路" 建设背景下翻译专业创新创业人才培养及其完善路径[J]. 佳木斯职业学院学报，（8）：180-181.

张应强. 2010. 大学教师的专业化与教学能力建设[J]. 现代大学教育，（4）：35-39，111.

张映婷. 2021. 英语教学中跨文化教育与创新创业教育双融合的路径探究[J]. 沈阳工程学院学报（社会科学版），17（2）：114-119，134.

赵桂荣. 2002. 浅谈研究生教育中创新能力的培养[J]. 科技·人才·市场，（6）：34-36.

赵中建. 1998. 21 世纪世界高等教育的展望及其行动框架：98 世界高等教育大会概述[J]. 上海高教研究，（12）：4-11.

中国大学生就业创业发展报告课题组. 2016-02-04. 创新创业教育：多少瓶颈待突破[N]. 光明日报.

中华人民共和国教育部高等教育司组. 2006. 创业教育在中国：试点与实践[M]. 北京：高等教育出版社.

周红锋. 2020. 大学生创新创业课程全过程项目化管理探讨[J]. 科技创业月刊，33（10）：150-152.

周慧，罗剑平. 2014. 美国高等教育国际本土化的特点及对我国的启示[J]. 吉首大学学报（社会科学版），35（6）.

周玉青，都宏霞，许宁. 2019. 新形势下大学生创新创业研究进展[J]. 教育教学论坛，（35）：124-126.

周志成. 2011. 高等教育哲学视阈下的创新创业教育[J]. 北京交通大学学报（社会科学版），10（3）：122-125.

朱帅. 2020. "一带一路"倡议下跨文化交流的中国路径[D]. 长春：吉林大学.

朱新宁，杨汀滢，张春红，等. 2020. 面向科研素养的大学生创新教育探索与实践[J]. 北京邮电大学学报（社会科学版），22（6）：108-118.

朱亚宾，朱庆峰，朱杨宝. 2017. 基于 SIYB 与 KAB 创业培训模式推进高校创业教育研究[J]. 高校教育管理，11（6）：47-52.

朱叶丹. 2022. 基于"沉浸式"教学理念的高职商务英语专业教学标准：引入必要与研制要义[J]. 高等职业教育探索，（4）：76-80.

朱治亚，王海艳，潘荣杰. 2020. 美国高等教育国际化竞争力研究及其启示[J]. 黑龙江高教研究，（12）：68-74.

卓泽林. 2017. 芬兰阿尔托大学创业生态系统主体功能及实现路径[J]. 比较教育研究，39（1）：52-58.

卓泽林，王志强. 2016. 构建全球化知识企业：新加坡国立大学创新创业策略研究及启示[J]. 比较教育研究，38（1）：14-21.

祖晶. 2005. 对我国中小学体育教师的课程意识现状调查及其对策研究[D]. 上海：华东师范大学.

祖晓梅. 2004. 《跨文化交际》课教学模式的实践和思考[J]. 南开语言学刊，（1）：118-124，198-199.

Barcan A. 1980. A History of Australian Education[M]. New York：Oxford University Press.

Beelen J，Jones E. 2015. Redefining mnternationalization at home[M]//Curaj A，Matei L，Pricopie R，et al. The European Higher Education Area. Cham：Springer International Publishing：59-72.

Bennett J M. 2015.The SAGE Encyclopedia of Intercultural Competence[M]. London: Sage Publications.

Bijnens, H, Boussemaere, M, Rajagopal K. 2006. European Cooperation in Education Through Virtual Mobility: A Best-Practice Manual[M]. Heverlee (Belgium): Europace.

Busenitz L W, Lau C M, 1996. A cross-cultural cognitive model of new venture creation[J]. Entrepreneurship Theory and Practice, 20 (4): 25-40.

Busenitz L W, West G P, Shepherd D, et al. 2003. Entrepreneurship research in emergence: past trends and future directions[J]. Journal of Management, 29 (3): 285-308.

Byram M. 1997.Teaching and Assessing Intercultural Communicative Competence[M]. Clevedon: Multilingual Matters.

Byram M. 2015. Culture in foreign language learning-the implications for teachers and teacher training[M]// Chan W M, Bhatt S K, Nagami M, et al. Culture and Foreign Language Education. Berlin: De Gruyter Mouton: 37-58.

Chen, G M. Starosta, W J. 2005. Foundations of Intercultural Communication[M]. Maryland, USA: Rowan & Littlefield Pub Inc.

Daquila T C. 2013. Internationalizing higher education in Singapore[J]. Journal of Studies in International Education, 17 (5): 629-647.

de Wit H. 1995. Strategies for Internationalization of Higher Education: A Comparative Study of Australia, Canada, Europe and the United States of America[M]. Amsterdam: EAIE Secretariat.

Deardorff, D K. 2009. Implementing intercultural competence assessment[J]. The SAGE Handbook of Intercultural Competence, (s2): 52.

Eesley C E, Miller W F. 2012. Impact: Stanford University's economic impact via innovation and entrepreneurship[R]. California: Stanford University.

Fantini A E. 2000. A central concern: developing intercultural competence[J]. SIT Occasional Paper Series, 1 (1): 25-42.

Fantini A E, Arias-Galicia F, Guay D. 2001. Globalization and 21st Century Competencies: Challenges for North American Higher Education[M]. Boulder, CO: Western Interstate Commission for Higher Education.

Foss L, Gibson D V. 2015. The Entrepreneurial University: Context and Institutional Change[M]. London: Routledge.

Glaser B G, Strauss A L.1967. The Discovery of Grounded Theory: Strategies for Qualitative Research[M]. Chicago: Aldine Publishing Company.

Gomes R. 2010. Intercultural Learning in European Youth Work: Which Ways Forward?[M]. Strasbourg: Council of Europe.

Hall, E T. 1973. The Silent Language[M]. New York: Anchor.

Hills G E. 1988. Variations in University entrepreneurship education: an empirical study of an evolving field[J]. Journal of Business Venturing, 3 (2): 109-122.

Hudzik J K. 2011. Comprehensive internationalization: from concept to action[R]. Washington, DC: NAFSA.

ILO，UNESCO. 2006. Towards an Entrepreneurial Culture for the twenty-first Century: Stimulating entrepreneurial Sprit Through Entrepreneurship Education in Secondary Schools[M]. Geneva: ILO.

Kahan，D. 2013. Entrepreneurship in Farming [E]. Rome: FAO.

Kuh C V，Voytuk J A. 2011. A Data-Based Assessment of Research-Doctorate Programs in the United States[M]. New York: National Academies Press.

Kuratko D F. 2005. The emergence of entrepreneurship education: development，trends，and challenges[J]. Entrepreneurship Theory and Practice，29（5）: 577 - 598.

Leask，B. 2001. Bridging the gap: Internationalizing Universased Assessment of Research-Doctorate Programs in the United States[M]. Washington，D.C.: National Academies Press，2010.

Leask，B. 2015. Internationalizing the Curriculum[M]. London: Routledge.

Lussier，D. 2011. Language，thought and culture: links to intercultural communicative competence[J]. Comparative and International Education，40（2）: 34-60.

McGaw B. 2013. Developing 21st century competencies through disciplines of knowledge[C]. Muscat，Sultanate of Oman: An International Symposium on Education and 21st Century Competencies.

Mueller S L，Thomas A S. 2001. Culture and entrepreneurial potential: a nine country study of locus of control and innovativeness[J]. Journal of Business Venturing，16（1）: 51-75.

NUS. 2016. NUS Annual Report 2016[R]. Singapore: National University of Singapore.

Penrose，E. T. 1959. The Theory of the Growth of the Firm[M]. New York: Wiley.

Pokrajčić，D. M. 2004. The characteristics of successful entrepreneurs[J]. Economic Annals，49（162），25-43.

Sebaly K P. 1973. The Assistance of Four Nations in the Establishment of the Indian Institutes of Technology，1945-1970[M]. Ann Arbor: University of Michigan.

Shams A. 2006. Global competency，an interdisciplinary approach[J]. Academic Exchange Quarterly. 10（4）: 249-260.

Sierra M L. 2013. Becoming global without leaving home: internationalization at home，a case study of San Jorge，a Spanish private university[D]. Minnesota: The University of Minnesota.

Starr L，Yngve K，Jin L. 2022. Intercultural competence outcomes of a STEM living-learning community[J]. International Journal of STEM Education，9（1）: 1-15.

Tavella E，Bogers M. 2020. Leadership at an Entrepreneurial University: how department heads manage multiple logics at a scandinavian university[J]. International Journal of Innovation and Technology Management，17（5）: 27.

Teekens H. 2003. The requirement to develop specific skills for teaching in an intercultural setting[J]. Journal of Studies in International Education，7（1）: 108-119.

The Council of the European Union. 2008. Council conclusions of 22 May 2008 on intercultural competences[J]. Official Journal of the European Union，（C141）: 14-16.

The European Parliament and the Council of the European Union. 2006. Recommendation of the European Parliament and of the Council of 18 December 2006 on key competences for lifelong learning[J]. Official Journal of the European Union，（L394）: 10-18.

UC Berkeley. 2018. Entrepreneurship at UC Berkeley[R]. CA: Office of the Vice Chancellor for

Research of the UC Berkeley.

UNESCO. 2013. Intercultural Competences: Conceptual and Operational Framework[M]. Paris: UNESCO.

UNICEF. 2012. Child Social and Financial Education[R]. New York: UNICEF.

University of California. 2016. Entrepreneurs, Startups, and Innovation at the University of California[R].CA: The Bay Area Council Economic Institute.

van der Wende M. 1996. Internationalizing the curriculum in higher education[J]. Tertiary Education and Management, (2): 186-195.

附录1 调查问卷

您好!

感谢您在百忙之中支持我们的问卷调查!

该问卷是针对创新创业大学生跨文化能力的一项实证调查。您的回答对我们了解"一带一路"背景下创新创业跨文化能力要素及其培养相关情况,研究高校创新创业大学生跨文化能力培养路径提供重要的依据。您提供的信息和意见对课题研究非常重要。问卷是匿名形式,您填写的所有信息都将被保密处理,调查结果只用于学术研究,请您放心填写!

再次谢谢您的支持,谢谢您为我们课题研究提供的宝贵信息!

"一带一路"背景下创新创业大学生跨文化能力

第一部分 基 本 资 料

1. 您的年龄

A. 15~20 岁　　B. 21~25 岁　　C. 26 岁及以上(26~30 岁　31~35 岁　35 岁及以上)

2. 您的性别

A. 男　　　　B. 女

3. 您的学历

A. 本科在读(本科在读　本科毕业)　　B. 硕士在读(硕士在读　硕士毕业)
C. 博士在读(博士在读　博士毕业)

4. 您就读/毕业高校所在地区

A. 东北　B. 华北　C. 华东　D. 华中　E. 西北　F. 西南　G. 华南

5. 您就读/毕业的学科门类

A. 哲学　　B. 经济学　　C. 法学　　D. 教育学　　E. 文学　　　F. 历史学
G. 理学　　H. 工学　　　I. 农学　　J. 医学　　　K. 管理学　　L. 艺术学
M. 其他学科

6. 您有几次出国经历

A. 无　　　B. 1～3 次　　C. 4～6 次　　　D. 7～9 次　　E. 10 次及以上

7. 您出国累计时间

A. 无　B. 1 周～1 个月　C. 2 个月～6 个月　D. 7 个月～1 年　E. 1 年以上

8. 您能流利使用几种外语

A. 无　　　　　　B. 1 种　　　　　　C. 2 种及以上

9. 您参加过哪些形式的跨文化学习活动

A. 外语课程学习　　　　B. 跨文化类人文社科课程学习
C. 专业课程学习中涉及的跨文化内容　　　　D. 国际学术会议
E. 国际交换生项目　　F. 假期跨文化交流项目　　G. 自学

10.您是否参加过其他国际创新创业项目

A. 没有　　　　　　B. 参加过（请注明具体项目）

第二部分　创新创业大学生跨文化能力

请对下面每一个测量题项按照从 1～5（1 表示强烈不同意，2 表示不同意，3 表示既不同意也不反对，4 表示同意，5 表示强烈同意）的评价结果进行打分。下同。

A	创新创业跨文化能力——意识	1	2	3	4	5
A1	我能察觉到文化差异对行为的影响					
A2	我在不同文化环境中感受到自己的文化身份和他人的文化身份					
A3	我认为具有不同文化的人可以为了共同的事业目标暂时搁置文化冲突					
A4	我知道每个人都会受到自身所处文化的限制，并能批判性地评价不同的文化观点、文化实践和文化产品？					
A5	我尊重不同文化在价值、行为、规范等方面的差异					

续表

A	创新创业跨文化能力——意识	1	2	3	4	5
A6	我认为需要有意识地去了解国内外历史、地理和社会政治知识					
A7	我认为需要从多角度看待国内外的社会、文化、政治、经济问题					
A8	我会反思、学习并寻求妥善解决跨文化冲突和误解的途径					
A9	我尝试用不同的文化模式和思维方式去解释和评价别人的行为					

B	创新创业跨文化能力——态度	1	2	3	4	5
B1	我愿意更好地学习和掌握其他国家（地区）的语言					
B2	我倾向于对不同文化的为人处世方式和法律、道德等规范体系保持学习和理解的态度					
B3	我喜欢寻找国际性创新创业竞赛、创业交流会等可能的机会来拓展创新创业活动					
B4	我会主动站在他人的立场上看问题					
B5	我愿意积极融入不同的社会文化环境当中					
B6	我会尽力克服对其他文化的刻板印象					

C	创新创业跨文化能力——知识	1	2	3	4	5
C1	我熟知国内外的创新创业相关的法律法规					
C2	我熟知国内外关于创新创业的政策					
C3	我熟知国内外创新创业的管理与金融知识					
C4	我具备和其他文化的人沟通和交流的语言知识					
C5	我熟知国内外的不同的文化价值观和信仰体系					
C6	我熟知国内外的礼仪文化、行为规范和民俗风情					
C7	我具备跨国（地区）经营企业/项目的知识					

D	创新创业跨文化能力——技能	1	2	3	4	5
D1	我能识别、解决文化差异带来的相关问题，客观地对待不同文化的行为、价值观和规范体系					
D2	我能与不同文化的人进行良好的沟通，避免在语言和行动上冒犯不同文化的人					
D3	我能从多文化角度看待国内外的政治、经济、宗教问题					
D4	我能快速学习国内外创新创业相关的文化、政治和法律等知识					
D5	我能运用其他国家（地区）语言协商、解决跨文化带来的相关问题					
D6	我能不断发现国内外新的创业机会					
D7	我能接受并处理因为文化差异带来的压力					

第三部分　创新创业大学生跨文化能力培养

1	我认为下列课程和实践能推进创新创业大学生跨文化能力提升				
		1	2	3	4	5
1.1	跨文化创新创业相关的外语基础课程					
1.2	跨文化创新创业相关的管理学、经济学课程					
1.3	跨文化人际交流与沟通技能类课程					
1.4	跨文化创新创业相关的政治学、法学课程					
1.5	跨文化创新创业案例分析类课程					
1.6	参加兼职，自身积累创业经验					
1.7	其他课程或实践（请注明）					

2	我认为下列人员能帮助创新创业大学生提升创新创业跨文化能力				
		1	2	3	4	5
2.1	辅导员、班主任					
2.2	公共课教师					
2.3	专业课教师					
2.4	创新创业类实践课程/活动指导教师					
2.5	行政管理人员					
2.6	成功创业者或企业家					
2.7	其他（请注明）					

3	我认为学校在支持学生跨文化创新创业方面要做好以下工作				
		1	2	3	4	5
3.1	开设跨文化创新创业选修课/必修课					
3.2	提供跨文化创新创业基金帮助大学生创业					
3.3	举办跨文化创新创业大赛					
3.4	设立跨文化创新创业指导机构提供专门服务					
3.5	建设跨文化创新创业实践基地					
3.6	营造宽松的跨文化创新创业环境					
3.7	经常邀请跨文化创新创业领域专家开设课程					
3.8	其他（请注明）					

创新创业大学生跨文化能力培养课程研究

第一部分　基 本 信 息

1. 您的年级是？[单选题]

○大一　　　　　○大二　　　　　○大三　　　　　○大四

2. 您的专业类别的是？[单选题]

○哲学　　　○经济学　　　○法学　　　○教育学　　　○文学　　　○历史学

○理学　　　○工学　　　○农学　　　○医学　　　　○管理学　　　○艺术学

○交叉学科

（注：跨文化课程包括大学英语课程和其他跨文化选修课程）

第二部分　选 择 题

3. 除英语课程外，您是否选修过学校的跨文化课程？[单选题]

○1 门　　　　○2 门　　　　○3 门　　　　○4 门及以上

4. 除英语课程外，您所在学校的跨文化课程可选修学分为？[单选题]

○1 分　　　　○2 分　　　　○3 分　　　　○4 分及以上

5. 您所在的跨文化课程的班级人数是？[单选题]

○10～30 人　　　○30～60 人　　　○60～90 人　　　○90 人及以上

6. 您认为跨文化课程的主要内容应是何种形式？[单选题]

○理论介绍　　　　　　　　　○实践和练习

○既包括理论又包括实践，二者各占一半　　　○以实践为主理论为辅

7. 您现在所上的跨文化课程的教学方式是？[多选题]

□讲授讨论式　　　　　　　　□案例式

□直观演示式　　　　　　　　□教学参观式

□情景模拟式　　　　　　　　□实验实践式

□其他

8. 您认为跨文化课程的教学方式应是？[多选题]

□讲授讨论式　　　□案例式　　　□直观演示式　　　□教学参观式

□情景模拟式　　　□实验实践式　　　□其他

9. 您的跨文化课程老师对学生的考核形式有哪些？ [多选题]

□闭卷考试　　　□开卷考试　　　□随堂考试　　　□撰写报告

□演讲陈述　　　□课堂参与　　　□课后参与　　　□实践经历

□其他

10. 您喜欢的教学形式为？（请按希望程度由高到低依次填入）[排序题，请在中括号内依次填入数字]

[　]以课堂讲授知识点为主

[　]以小组式学习研讨为主，教师引导

[　]课堂+课后实训

[　]多媒体、网络辅助教学

[　]其他

11. 您在跨文化方面存在问题的主要原因在于？ [多选题]

□跨文化类型课程缺乏　　　　□传统教学模式引起的

□教师教学不当引起的　　　　□缺乏跨文化交际氛围引起的

□缺乏跨文化实训的机会　　　□自己不重视引起的

12. 您认为能提高跨文化交际能力且容易实现的途径是？ [多选题]

□出国深造　　　　　　　　□课堂教学

□自学　　　　　　　　　　□引进外籍教师

□参加跨文化实践（到外企实习、参与有外国人的社团组织等）

第三部分　量　表　题

请运用 1～5 的指标刻度，选择最符合您感受的选项。1"非常不符合"2"比较不符合"3"一般"4"比较符合"5"非常符合"

13. 我认为跨文化课程的目标具有针对性。 [单选题]

○1　　　　　○2　　　　　○3　　　　　○4　　　　　○5

14. 我认为我非常好地完成了跨文化的课程目标。 [单选题]

○1　　　　　○2　　　　　○3　　　　　○4　　　　　○5

15. 我认为我所学的跨文化课程的内容非常丰富。 [单选题]

○1　　　　　○2　　　　　○3　　　　　○4　　　　　○5

16. 我认为我所学的课程内容与课程目标十分匹配。 [单选题]

○1　　　　　○2　　　　　○3　　　　　○4　　　　　○5

17. 我对跨文化课堂学生规模的大小（学生人数）非常满意。 [单选题]

　　○1　　　　　○2　　　　　○3　　　　　○4　　　　　○5

18. 我对跨文化课程老师的教学方式（上课方式）非常满意。 [单选题]

　　○1　　　　　○2　　　　　○3　　　　　○4　　　　　○5

19. 我认为跨文化课程教学资源（教材、教辅、实训平台等）非常丰富。 [单选题]

　　○1　　　　　○2　　　　　○3　　　　　○4　　　　　○5

20. 我认为现有的跨文化课程评价的方式非常合理。 [单选题]

　　○1　　　　　○2　　　　　○3　　　　　○4　　　　　○5

21. 我认为学生能够充分地参与到跨文化课程评价中。 [单选题]

　　○1　　　　　○2　　　　　○3　　　　　○4　　　　　○5

22. 我认为在大学生创新创业的过程中，培养跨文化的能力很重要。[单选题]

　　○1　　　　　○2　　　　　○3　　　　　○4　　　　　○5

23. 我认为我校的跨文化课程能够满足我学习跨文化方面的知识。（例如：各国语言、文化、政治、经济、地理、法律、历史、宗教、哲学等） [单选题]

　　○1　　　　　○2　　　　　○3　　　　　○4　　　　　○5

24. 我认为我校的跨文化课程能提升我跨文化方面的技能。（例如：交流互动能力、发现能力、批判性思维能力、自我反思能力等） [单选题]

　　○1　　　　　○2　　　　　○3　　　　　○4　　　　　○5

25. 我认为我校的跨文化课程能够培养我的跨文化态度。（例如：好奇、开放和不带民族中心主义的判断意愿等） [单选题]

　　○1　　　　　○2　　　　　○3　　　　　○4　　　　　○5

26. 我认为我校的跨文化课程能够培养我的跨文化意识。（例如：跨文化敏感性和批判性文化意识等） [单选题]

　　○1　　　　　○2　　　　　○3　　　　　○4　　　　　○5

27. 我认为学校的跨文化课程对我的创新创业很有帮助。 [单选题]

　　○1　　　　　○2　　　　　○3　　　　　○4　　　　　○5

28. 综合来看，我对学校的跨文化课程很满意。 [单选题]

　　○1　　　　　○2　　　　　○3　　　　　○4　　　　　○5

附录 2 访 谈 提 纲

尊敬的老师:

您好!

感谢您在百忙之中接受我们的访谈!我们是国家社会科学基金教育学课题 "'一带一路'倡议下创新创业大学生跨文化能力培养研究"研究团队。很高兴能有机会就课题研究内容向您请教,我们期待通过和您的交流,了解"一带一路"倡议下创新创业跨文化能力要素及其培养相关情况,为我们研究高校创新创业大学生跨文化能力培养路径提供重要依据。您提供的信息和意见对课题研究非常重要!您的访谈信息只用于课题研究,我们会进行匿名处理,请您放心表达您的高见和看法。

再次谢谢您的支持,谢谢您为我们课题研究提供的宝贵信息!

国家社会科学基金写作组

第一部分 基 本 信 息

1. 您目前在学校/公司主要负责哪些方面的工作?

2. 您负责的工作中是否涉及创新创业相关的内容?(根据对方谈话内容,可引导专家具体展开讲一讲)

3. 您负责的工作中是否涉及不同文化交流相关的内容?(根据对方谈话内容,可引导专家具体展开讲一讲)

4. 您自己有何创新创业/跨文化方面的经历?

第二部分 主 题 部 分

1. 我们的课题是研究创新创业类大学生的跨文化能力,根据您的理解,您所理解的创新创业跨文化能力是什么?它的内涵和要素包括哪些方面?(可根据情况续问:我们认为跨文化能力体现在意识、态度、知识、技能维度,您觉得这种划分完善吗?)

2. 您认为在学生/公司的创新创业实践中,需要具备什么样的(跨文化)意识?

3. 您认为在学生/公司的创新创业实践中,要对不同的文化(及不同文化背景下的人/制度/思维等）秉持一种什么样的态度？

4. 您认为在学生/公司的创新创业实践中，需要获取什么样的（跨文化）知识？有什么案例支撑吗？

5. 您认为在学生/公司的创新创业实践中，需要具备哪些基本的（跨文化）技能？

6. 您认为目前在大学生创新创业能力，尤其是涉及跨文化能力培养方面存在哪些问题？（企业专家，可续问：如何评价目前已就业大学生的创新创业能力，尤其是跨文化能力？来自不同高校、区域的大学生有什么差别？）（有出国经历的专家，可续问：您接触的国内外大学生的创新创业能力，尤其是跨文化能力又有什么样的差别？）

7. 您认为大学的哪些因素对提升大学生的创新创业跨文化能力的帮助比较大？

8. 大学应该通过开设哪些方面的课程（如政治学、经济学、管理学、法学、文化、礼仪等）来提升大学生的跨文化创新创业能力？（企业专家，可续问：贵公司对员工有哪些相关的培训？培训的对象、内容、频次、教师等信息？）（高校专家，可续问：贵校开设有哪些相关的课程、或教学内容？课程的对象、教程、教师等信息？）

9. 除课程外，您认为大学还可以通过哪些途径、方式来培养、提升创新创业大学生的跨文化能力？（有出国经历的专家，可续问：您了解国外高校在大学生创新创业能力，尤其是涉及跨文化能力培养方面有什么好的做法？）

10. 您认为共建"一带一路"倡议和"人类命运共同体"理念，以及当前国际局势，对开展跨文化创新创业带来哪些影响？

11. 您认为国家、政府、高校分别应该为学生提供什么样的支持，才能更好地帮助学生开展跨文化创新创业？

针对教师的部分，在上述问题的基础上可融入：

1. 您的学科背景是什么？从事双创教育大概有多长时间？

2. 您之前受过专门的创新创业教育或培训吗？

3. 您如何看待目前的创新创业教育？

4. 您认为一名优秀的双创教师的知识体系应该包含哪些方面？在这个知识体系下，具体而言是哪些学科或领域的知识？

5. 您认为一名优秀的双创教师需要具备哪些能力或技能？

6. 您认为一名优秀的双创教师需要具备哪些专业价值观？

7. 您认为一名优秀的双创教师是否需要一些独特的个性特点？

8. 您会以什么方式提高自己作为双创教师的专业知识和技能？

9. 您是否指导过创新创业活动，谈谈您是怎么开展活动的？

10. 您认为作为一名双创教师，您觉得创业资源对教师来讲重要吗？如果重要，应该需要具有哪些创业资源？

11. 贵校设置的创新创业课程都有哪些？由哪些老师负责讲授？

12. 就课程而言，您认为，上好一堂双创课，老师在课前、课中和课后需要做好哪些准备？

13. 您认为高校目前的双创教师队伍建设存在哪些不足？您觉得该如何改进？

14. 除了上述提到的，您认为专业的双创教师还需具备哪些素质？

按照项目全过程管理来访谈：项目孵化、市场机会发现、项目技术迭代和可行性分析、项目经济可行性分析、项目比赛和项目路演、项目融资、项目可持续发展等。

后　记

　　在本书即将付梓时刻，创新创业大学生、跨文化、能力等关键词依然紧紧地盘旋和萦绕在课题组成员的脑海里。从策划申报并获准该书得到资助的国家社会科学基金项目，到项目开题、持续攻坚克难、取得阶段研究成果的欣喜、形成较为系统的研究成果、出版本书，等等，一幕幕浮想联翩，感谢感激之情更是油然而生。

　　本书作为国家社会科学基金课题成果可以成书，首先要感谢全国教育科学规划领导小组办公室的信任。感谢长期从事创新创业教育理论与实践研究，国家百千万人才工程和国家有突出贡献中青年专家黄兆信教授，当课题组依据多年的教学研究与实践体会，结合面向"一带一路"倡议，深刻感受到须将创新创业和跨文化交织起来开展研究，黄兆信教授坚定地为课题组树立自信，指导和支持申报国家社会科学基金课题。在课题研究实施过程中，鉴于有关创新创业和跨文化交叉研究成果甚少，文本分析可借鉴资源十分有限的困境，是各位热心接受访谈专家的倾心回应、诸多不厌其烦填写问卷学者和同学的悉心作答，使课题研究不断呈现柳暗花明的前景。每次的访谈都让课题组成员深感获益匪浅，他们对每一个调查问卷题项的精准作答都是让课题组成员奋力攻关的不竭动力，令课题组感动。如果没有他们，这本书是不可能面世的，在此，向各位表示深深的谢意。

　　也要感谢杨思佩、林金燕和周元同学，作为教育学在读研究生，选择创新创业和跨文化交叉领域人才培养中的课程、师资和实践教学作为学位论文选题，不畏艰难、潜心问道，历经了曲折也享受了新方向研究成果带来的喜悦。同时，还要感谢刘雨夏、王红、李嘉颐、关晶宇等一批可爱的管理学学科研究生同学，对课题研究从管理学的视角形成了相应研究成果，同时整理了大量的访谈原始记录，出力甚多；刘雨夏同学对本书的过程稿认真地进行了校核，从而为我自己负责的纸质版书稿的终校做了充分的前期准备工作，一并致谢！

　　最后，还要特别感谢科学出版社的抬爱，没有出版社对本成果的认可，就不可能有充分体现学术思想的本书问世；感谢徐倩以及其他编辑，为本书的顺利出版予以极大的热情和重视，并做了卓有成效的工作使课题组深刻领悟到精益求精的真谛。